DUMONT

Andreas Altmann ist das Gegenteil eines Esoterikers. Aber auch ein rastloser Reiseschriftsteller braucht Momente der Ruhe. Die suchte Altmann in Indien. Was er dort fand: ein Trainingscamp des inneren Friedens. Anstrengend, herausfordernd, brutal. Alle mitgebrachten Gegenstände werden eingesammelt. Kein Radio, keine Drogen, kein Sex, kein Strom, keine Gespräche. Altmann befolgt alles, nur eines nicht: das Verbot des Schreibens. Und ganz am Ende bewahrheitet sich die Weisheit, dass Buddha lehrt, Buddha zu überwinden.

Andreas Altmann lebt als Auslandsreporter und Reiseschriftsteller in Paris. Bei DuMont erschienen ›Reise durch einen einsamen Kontinent‹ (2007), ›Im Land der Regenbogenschlange‹ (2008), ›Sucht nach Leben‹ (2009), ›Triffst du Buddha, töte ihn!‹ (2010) und ›Im Land der Freien‹ (DuMont Taschenbuch 2010). Andreas Altmann wurde u.a. mit dem Egon-Erwin-Kisch-Preis, dem Seume-Literaturpreis und dem Reisebuch-Preis ausgezeichnet.

www.andreas-altmann.com

Andreas Altmann

TRIFFST DU BUDDHA, TÖTE IHN!

Ein Selbstversuch

DUMONT

Von Andreas Altmann sind im DuMont Buchverlag außerdem erschienen:
Reise durch einen einsamen Kontinent
Im Land der Regenbogenschlange
Sucht nach Leben
Im Land der Freien

August 2011
DuMont Buchverlag, Köln

Umschlag: Zero, München
Karte von Prof. Alexander Urban
Umschlagabbildung: Getty Images/James Strachan
Satz: Fagott, Ffm
Gesetzt aus der DTL Documenta und der Bell Gothic
Gedruckt auf säurefreiem und chlorfrei gebleichtem Papier
Druck und Verarbeitung: CPI – Clausen & Bosse, Leck
Printed in Germany
ISBN 978-3-8321-6150-7

www.dumont-buchverlag.de

Wenn du an eine Weggabelung kommst,
beschreite sie.

Ein Zenspruch

Ihr sollt niemals aufhören zu leben,
ehe ihr gestorben, welches manchem
passiert und ein gar ärgerliches Ding ist.

Jacques Offenbach

Ende der Welt
durch das Aufhören der Wärme.

Gustave Flaubert

Für jene, die so sich verschwenden kann

Für Ulli S., den Unverbrüchlichen

VORWORT

Zuerst seien die Zarten beruhigt. Auf den 255 Seiten wird keiner geschlachtet, totgemacht oder hinterrücks gemeuchelt. Auch kein Erleuchteter. Der Autor wird sich in kein Kloster schleichen und beim letzten »Om« die Dynamitstangen zünden. Er wird sich auch nicht auf Buddha-Statuen werfen, um sie in Stücke zu sprengen. Das »Töte ihn!« im Titel hat eine ganz andere Bedeutung. Weit weg von Gewalt, von jeder Art Schmerz. Doch, einen Trennungsschmerz gibt es.

Seit Jahren will ich über meine Erfahrungen mit dem Buddhismus schreiben. Die auf drei Kontinenten und über lange Zeiträume stattgefunden haben. Ich habe mich nicht getraut. Aus verschiedenen Gründen, einer heißt schlicht: Unbegabung. Ich bin nicht sonderlich talentiert für Spiritualität. Obwohl ich fähige Lehrer hatte. Bin eher verstockt, eher reserviert. Zudem leicht entnervt vom esoterischen Getuschel, das sich spirituell aufführt und doch nur der weltweiten Verdummung zuarbeitet.

Aber jetzt habe ich das Buch geschrieben. Nicht über die früheren Erlebnisse, sondern über die neuen. Die Reise liegt nur kurz zurück. Den endgültigen Anstoß für das Unternehmen gaben die fünf Meter Literatur zu Buddhas Lehre, die bei mir zu Hause stehen. Nicht, dass ich jeden Band fertig gelesen hätte. Oft habe ich irgendwo in der Mitte abgebrochen, oft ihn verdrossen zurückgestellt. Als Buchleiche, mit dem Vermerk: »Vorsicht, Gutmensch« oder »Vorsicht, Sprüche« oder »Vorsicht, Gebrauchsanweisung für Heilige«. Man will nicht glauben, was alles an Lamas, Oberlamas, Abgesandten des obersten Lamas, an Mönchen vom Berg der sieben Wiedergeburten, an letzten Inkarnationen und Gurus von eigenen Gnaden, was alles an »Erhabenen« in die westliche Welt schwärmt, um uns so prachtvoll-nutzlose Weisheiten zu übermitteln wie: »Der wahrhaft Erwachte kennt kein Ich mehr und keine Wünsche des Ichs.«

Man darf vermuten, dass die Schwärmer – viele von ihnen durchaus guten und weisen Willens – zu lange auf dem Dach der Welt gelebt haben, zu verborgen in Himalaya-Verliesen oder verwunschen einsamen Klöstern saßen. Sie wissen nicht, wie es im tatsächlichen Leben zugeht: Im Fernen Westen, bei uns, den Modernen, den von hundert Ängsten Getriebenen, den Schlaflosen, den Friedlosen, den Freudlosen, den standhaften Wegschauern. Wüssten sie es, die Weisen würden vielleicht ihre Wundertüten voll von »Erleuchtungsgeist« und Nirwana und Ichlosigkeit wieder einpacken. Und etwas anbieten, was uns konkreter, weniger abgehoben und weltfremd hilft. Denn Hilfe, das scheint gesichert, brauchen wir. Viel leerer kann es in unserem Leben nicht werden.

Dazu eine Anekdote, um Klarheit zu schaffen: Ich hatte in allen vier Mathematik-Schulaufgaben eine makellose Sechskommanull hingelegt. Im Abschlussjahr. Makellos, da ich jedes Mal ein vollkommen unbeschriebenes Blatt abgab. Ich war (bin) ein Zahlen-Legastheniker, eine endlose Null, eine »beispiellose Ernüchterung« (mein damaliger Rektor). Frage nun: Hätte ich die abschließende Abiturprüfung geschafft, wenn mir Herr Einstein Privatunterricht zum Thema *Relativitätstheorie* gegeben hätte? Natürlich nicht. Gerettet hat mich ein Freund, der mit mir drei Wochen lang das Einmaleins paukte und mich anschließend auf einen, und nur einen, geometrischen Lehrsatz drillte. Und so kam ich davon, mit einer glorreichen Fünf.

Die Lehre daraus? Man verschone uns mit Aufrufen zur Abschaffung unseres Ichs. Das Ansinnen ist so weltfern wie die Hoffnung eines 20-jährigen Einmaleins-Schülers auf den Nobelpreis für Physik.

Dass uns der Osten etwas beibringen kann, wer würde dem widersprechen? Aber er soll uns nicht überschätzen. Sein Ich gibt der Weiße Mann nicht her. Andererseits: Manche haben auf einmal genug von ihrem Super-Ego, sie wollen es abspecken. Eine Sehnsucht treibt sie nach einem Leben mit weniger Gier, weniger Protz. Und mit mehr Freundlichkeit, mehr Nähe. Und mehr Ahnung von dem, was reich macht, und dem, was erniedrigt.

Dieses Buch erzählt von einem Mann, den ich in Indien getroffen habe. Auch ein Lehrer. Aber (fast) ganz von dieser Welt, zudem radikal spirituell, sprich, radikal antireligiös. Er verschenkt etwas, was teurer nicht sein könnte. Dabei beherrscht dieser Inder kein einziges Wunder, niemand schluchzt vor Ergriffenheit bei seinem Anblick, keiner wirft sich ihm zu Füßen. Im Gegenteil, er fordert von jedem, nie die eigene Verantwortung aufzugeben, nie nach dem Herrgott und anderen Göttern Ausschau zu halten und immer alles – immer – auf den Prüfstand der Vernunft zu stellen.

Sein Geschenk könnte man mit einer Art Rüstung vergleichen. Allerdings luftleicht und wunderbar beweglich. Man kann sie überall tragen. Sie stört nie, im Gegenteil, sie schmückt. Denn sie schützt den Geist vor den Anwürfen der Verblödung und die Innenwelt vor den Frostschäden schleichender Verrohung. Zugleich kann der Panzer ungemein porös werden. Dann lässt er Wärme durch, Wohlwollen, Nachsicht für viele, auch für sich.

Gewiss, das Anlegen der Rüstung dauert. Man muss es lernen, üben, wieder üben. Das tut weh, frustriert, sorgt für Attacken der Mutlosigkeit. Davon redet das Buch. Und von den Glücksgefühlen, die zwischendurch immer wieder aufblitzen. Und im Laufe der Zeit zunehmen, an Zahl, an Tiefe. Davon redet es auch. Wer den Typ in Indien besucht, bekommt ein Krafttraining verpasst. Damit der Herzmuskel nicht nachlässt, ja wieder eine Innigkeit ausbricht, die uns irgendwo, irgendwann verloren ging.

DIE SUCHE

Einchecken in Paris, Flug nach Indien. Lesen. Seitenlang berichtet die Presse über eine Handvoll Terroristen, die vor zwei Tagen über Mumbai (Bombay) hergefallen sind. Mit »Allah Akbar« auf den Lippen mähten sie 168 Männer und Frauen nieder. Als ich im Jahr zuvor nach Sydney aufbrach, waren die Zeitungen gerade voll mit Reportagen über einen Arzt, der mutmaßlich dort als Terrorist agierte. Vor dem Start zu meiner Südamerikareise gab es am Flughafen Charles de Gaulle einen Bombenalarm. Ein Zufall nach dem anderen, unbestritten. Trotzdem, man wünscht sich lustigere Zufälle.

Aber es wird lustig. Makaber lustig. Unter »Vermischtes« steht, dass Gerd Sonnleitner, der Chef des deutschen Bauernverbandes, von einer »Verzehrzurückhaltung« spricht, die nun auch die Milch- und Molkereiprodukte erreicht habe. »Früher«, so der Oberbauer, »wurde etwa ein Drittel der eingekauften Nahrungsmittel weggeworfen.« Leider heute nicht mehr, deshalb der Rückgang. Und der muss aufhören, so seine Mahnung an das deutsche Volk. Es soll, kurzum, wieder mehr einkaufen und mehr wegschmeißen.

Der Irrsinn, von dem ich gerade lese, bestärkt mich. Die einen vernichten Menschen, die anderen das, was in meiner Jugend einmal »Geschenk des Himmels« hieß. Auch deshalb fliege ich nach Indien: um jemanden zu suchen, der weder »Ungläubige« durchlöcherte noch Käsetonnen auf Müllhalden schleuderte. Herrn Buddha. Einen, der cool mit anderen umging und Respekt vor dem zeigte, was wir heute Natur nennen, unsere Welt. Eben jenen, der meinen (unseren) Zynismus mit Gedanken und Ideen bremst, die möglicherweise dabei helfen, dem Wahn der

Gegenwart behänder zu begegnen. Richard Gere wurde einmal gefragt, warum er sich dem Buddhismus zugewandt habe, und seine Antwort klang pathetisch und sonnenklar: »Um nicht verrückt zu werden.«

Natürlich werde ich nicht Buddha treffen. Er ist tot wie alle anderen Toten. Will einen Zeitgenossen finden, der mich (wieder) an ihn, an Buddhas Welt-Anschauung heranführt. Und natürlich will ich kein Buddhist werden. Ich kann es nicht. Seit dreißig Jahren bin ich von ihm fasziniert und noch immer zu schwach für seine Ansprüche. Aber ich will näher an ihn ran, will endlich den Umgang mit einem Werkzeug lernen, das garantiert zur Lebensfreude beiträgt.

Bedenkt man, was uns täglich anranzt und vergiftet, dann scheint mir das Unternehmen gerechtfertigt. Bedenkt man zudem die vielen Griesgrämigen und Trostlosen, Neidhammel und Wichtigtuer, denen man stündlich über den Weg läuft, dann ist zu vermuten, dass wir alle – wir Vielen – eine Brise Leichtigkeit, Menschenfreundlichkeit und Swing vertragen könnten. Denn ich weiß noch immer nichts Innigeres, was einer dem anderen schenken kann, als sein Glück, sein Glücklichsein.

Es gibt viele Möglichkeiten, sich Linderung zu verschaffen. Auch Lachen lindert, wie jetzt bei der Zwischenlandung in Bahrain. Ich gehe auf den Buchladen zu und mitten im Weg steht Paulo, als Bücherturm voller »Brida«-Exemplare. Paulo Coelho hat wieder zugeschlagen. Ich bin schwach wie ein verdurstender Alkoholiker und greife hinein. Furchtbares, ich weiß, erwartet mich, aber ich kann nicht anders. Der Eso-Schwadroneur macht süchtig. Bei P. C. muss man nicht lange blättern, der Schwachsinn lauert an jedem Zeileneck, »... und furchtlos begannen sie Liebe zu machen, weil Gott die Unschuldigen schützt. Sie spürten nicht länger die Kälte. Ihr Blut raste mit solcher Geschwindigkeit durch ihre Venen, dass sie sich einige Kleider vom Leib riss und er auch.« Ist das nicht bestrickend blöd? Und so geht es weiter: »Und sie stand nun vor ihm und schnatterte wie ein Glühwürmchen vor Geilheit. Und er glühte gleich mit. Denn Gott liebt die Nackten und furchtlos Geilen.«

O.k., der Glühwürmchen-Einschub ist von mir, aber der geneigte Leser erkennt sofort, dass ich es auch kann. Schreibt einer so windig über Sex, weil er im tatsächlichen Leben, mitten im Bett, auch nur windigen Sex produziert? Oder fuhrwerkt er zwischen den Laken noch blindwütiger als am Schreibtisch? Wir werden es nicht erfahren.

Von der Propaganda-Maschinerie wird der Brasilianer als »spirituell« verkauft. Das schöne Wort ist ein heftig geschurigelter Begriff, arg verhurt. Ich will mich anstrengen, um als Schreiber nicht selbst in die Untiefen esoterisch verblasenen Schunds abzustürzen. Dennoch, von Coelho, dem Meister argloser Idiotisierung, kann man lernen. »Negative learning«, sagen die Engländer: So nicht!

Beim Weiterflug lese ich über einen, der sich bei dem Thema auskennt. Der Dalai Lama gibt zu, dass sein »mittlerer Weg« nach jahrzehntelangen Verhandlungen mit Peking gescheitert sei. Die chinesische Staatsmacht prügelt und foltert weiter in Tibet. Armer Lama, geistige (spirituelle!) Auseinandersetzung funktioniert nur, wenn beide Seiten Geist mitbringen, um sich in der »Mitte« zu treffen. Wenn beide wollen. Chinas Staatschef Hu Jintao hat sich vor zwanzig Jahren als Gouverneur der Region und »Schlächter von Lhasa« einen Namen gemacht. Einen blutigen. Schlächter schlagen den Kriegspfad ein, von einem mittleren Weg, einem der Fairness und des Kompromisses, wollen sie nichts wissen. Immer erstaunlich, wie gelassen die Gesichtszüge des Dalai Lamas bleiben. Auch dann, wenn er eine Niederlage verkündet und von den Todfeinden seines Volkes spricht. Er kann nicht hassen, sagt er.

Landung frühmorgens in Neu-Delhi. Ich habe nicht einmal einen Plan A, nur die Absicht, im indischen Meer der 1,1 Milliarden den einen zu finden (die eine, auch gut), der Vertrauen verbreitet. Einen, in dessen Nähe ich klüger werde, vielleicht einsichtiger, vielleicht robuster im Umgang mit der Welt. Ich lasse mein Gepäck im Hotel und streune durch die Stadt. Ich will Glück haben, der Zufall soll mich einholen.

Jedes heute geschriebene Indien-Buch ist in hundert Jahren noch immer aktuell. Nur die Zahlen müsste man ändern. Statt einer satten Milliarde Einwohner wären es im Jahr 2110 eben 25 Milliarden. Und aus den räudigen Hunden sind 25 Mal so viele räudige Hunde geworden. Und auch die Armee der heiligen Kühe wird sich auf Indiens Straßen gigantisch vergrößert haben. Wie die Armee der sich rasend vermehrenden Blechkühe.

Kein Geduldsfaden ist so lang wie der indische. Der Inder kann aus seinem Haus treten und von hundert Kackhaufen umzingelt sein. Und trotzdem nichts fühlen, keine Wut, nichts riechen, keinen Gestank. Oder alles fühlen und alles riechen. Und sich dennoch nicht aufbäumen.

Und bei uns, den fremden Besuchern, jenen mit den kleineren Herzen, hat sich auch nichts getan. Noch im 21. Jahrhundert wird jeder indische Abgerissene, der uns zu nahe kommt, einen Adrenalinschub auslösen. Weil wir noch immer nicht fähig sind, kaltschnäuzig an ihm vorbeizugehen. So wenig wie unbeschwert ein paar Münzen herauszurücken. Die einen von uns gehen genervt weiter, die anderen rücken genervt ein paar Rupien heraus. Indien ist ein gigantischer Spiegel. Jeder darf hineinblicken und sich anschauen. Wer das Land im selben Zustand verlässt, wie er es betreten hat, kam schon als Leiche. Denn die Radikalität des Subkontinents ist sein Trumpf. Ein Reisender, der sich traut, läuft Gefahr, als ein anderer wieder abzureisen. So einer wäre ich gern.

Für einen Schriftsteller ist das Land ein Dorado. Gibt es doch kein Volk, das sich bedingungsloser vom Zauber der Wörter verführen lässt. Ich gehe an einer Bruchbude vorbei und lese »Palace Hotel«. Daneben ein »Super-de-Luxe-Hotel«, noch eine Bruchbude. Die Wörter glitzern, das zählt. Nicht der schäbige Verputz, nicht die mit Sperrmüll möblierte Rezeption. Das ist das Geheimnis der Inder. Diese Fähigkeit, sich aus der Wirklichkeit herauszukatapultieren. Sprache als Zaubertrank, als Sprungbrett in eine fantastische Welt.

Am Connaught Place, dem Zentrum von Neu-Delhi, steht ein Hare-Krishna-Stand. Sie hüpfen und jubilieren, wie überall auf der Welt sind sie auch hier freundlich und harmlos grotesk. Ich bekomme ein Büchlein mit dem Titel: »Chant and be happy«, mit den Lehren des Gründers der Bewegung, Swami Prabhupada. Sogleich lese ich das Gespräch, das der Meister mit John Lennon und Yoko Ono – beide bekennende Sympathisanten – geführt hat. Thema war das weltberühmte Mantra der Bewegung: *Hare Krishna, Hare Krishna, / Hare Krishna, Hare Hare / Hare Rama, Hare Rama, / Hara Rama, Hare Hare.*

Der »Erleuchtete«: »Das Mantra singen ist das empfohlene Verfahren, um unsere Herzen zu reinigen. Jeder, der regelmäßig *Hare Krishna* singt, braucht nichts anderes mehr zu tun. Er ist bereits in der richtigen Ausgangsstellung. Er braucht auch keine Bücher mehr zu lesen.« Darauf Yoko Ono: »Yes, I agree.«

Wer wäre jetzt nicht gern Popkünstler? Initiiert vom Guru. Mit einem Vierzeiler fürs Glück. Und nie mehr lesen und denken müssen. Sonnig trällern reicht. Auch ich will mein Herz waschen. Einer der Gründe, warum ich hier bin. Aber ich will dabei mein Hirn behalten, will immer zuerst überlegen und dann ja sagen. Oder nein.

An Tempelmauern kleben ein paar Telefonnummern. Von Leuten, die ein »retreat« anbieten, eine Möglichkeit, sich für eine gewisse Zeit zurückzuziehen. Zum Stillsein, zur Meditation, zum Nachdenken über das eigene Leben, den Status quo. Nichts anderes suche ich. Aber ich komme nicht bei den angegebenen Telefonnummern durch, die Leitungen wackeln, der andere hört mich nicht, plötzliche Unterbrechung. Geheimnisvolles Indien. Ich lasse los, bin plötzlich geduldig.

Mit der Metro nach Old Delhi. Scharfe Kontrollen, sogar die Handtaschen werden geröntgt. Alles blitzsauber, kein Fetzen Papier liegt herum. Kaum hat man die Station *Chandni Chowk* verlassen, betritt man wieder vertraute Umgebung. Am Ausgang liegen die Krüppel, die Bettler, die Verrückten, die heiteren Faulpelze. Das alte Delhi ist eine kleine Hölle. Wer sie bedenkenlos betritt, wird das Schöne entdecken.

Hinter dem Rathaus-Park – einst verwüstet von Indiens Überbevölkerung, nun gesperrt – liegt ein Tempelchen, von dicken Bäumen umgeben. Eine Enklave für die Sadhus, die Wandermönche. Links und rechts brausen die sieben Todsünden der Menschheit vorbei, aber hier ist es still, nur sanftes Glockenbimmeln und Vogelzwitschern. Kein Ungemach kommt hier herein. Nur singen oder Tee schlürfen oder schlafen am helllichten Tag.

Von wegen. Nach ein paar Minuten setzt sich einer der »heiligen Männer« neben mich und deutet auf sein kaputtes linkes Auge. 5000 Rupien (80 Euro / ein Euro = 62 Rupien) hätte er gerne. Um es reparieren zu lassen. Ich bin inzwischen weise genug, mich nicht von jedem ins Fegefeuer der Schuldgefühle jagen zu lassen. Ich lächle so sanft wie er. Sonst nichts. Keine Ausreden, keine Ausflüchte. Nur sanft wie eine Kuh lächeln. Und er verzeiht mir. Und hält den Mund.

Noch ein Heiliger kommt. Bevor er mit seiner Bettelarie beginnt, frage ich ihn, ob er glücklich sei. Und er tappt in die Falle und sagt: »Yes, I am, very much so«, dann kurze Pause, dann: »Please, you help me.« Ich bin noch immer sanft und eiskalt und antworte vollkommen logisch: »Nein, DU hilfst mir, denn DU bist glücklich.« Das leuchtet ihm ein. Denn was ist sinniger, als dass die Glücklichen den Glückloseren beistehen?

Als ich die Oase verlasse, begegne ich sogleich wieder der ersten Todsünde im Land, der Armut. Ein Mann sitzt am Straßeneck, nur eine Armlänge vom indischen Abgastod entfernt. Und wäscht sich. Gründlich mit Seife und einem Kübel Wasser. Irgendwann sehe ich, dass er sich nur kniend bewegen kann, verdreht staken seine Waden in die Luft. Der Verkehr kümmert ihn nicht, nicht die Fußgänger, vollkommen unbehelligt putzt er sich. Um sich zuletzt einen Lunghi umzubinden, das Leibtuch. Das ist ein starkes Bild. Ganz frei von Elend. Nur Stärke und Disziplin sind zu sehen.

Ich suche die Adresse von Mahabir, seit achtzehn Jahren bin ich mit dem Alten befreundet, 2002 haben wir uns das letzte Mal gesehen. Als ich Straße und Hausnummer endlich finde, steht ein Mann davor, der sich als Anant vorstellt. Einer seiner Söhne. Ohne weitere Fragen bittet er mich hinein. Sein Vater ist tot, gestorben vor ein paar Monaten. Immerhin muss ich heute nicht schwindeln, denn sicher hätte ich wieder schwören müssen, nie mehr zu rauchen und nie mehr Fleisch zu essen. Hätte wieder gräuliche Bilder anschauen müssen von raucherbeinzerfressenen Gesichtern und bestialisch geschlachteten Tieren. Mahabir konnte nicht mal Fliegen töten. Mit einem Wedel fegte er den Boden vor seinen Füßen. Vor jedem Schritt. Damit kein Unheil über indische Mikroben kam.

Der Vater vererbte seine Güte an Anant, gewiss. Wie seinen Beruf, Broker. Auf allen drei Stockwerken flirren augenblicklich die Zahlen der Weltbörsen über die Computer. Kunden und Mitarbeiter sitzen davor und diskutieren über Kaufen und Verkaufen. Mahabir war Mitbegründer der Firma. So widersprüchlich kann ein Mensch sein. Wie jetzt der Sohn, der alle Profite eine Stunde lang vergisst und mich bewirtet. Die halbe Küche wird aufgefahren, kein Erbarmen für den Gast, die Vorspeisen, das Hauptgericht, die Sweets, die Lassis, die drei Tassen Kaffee. Bis ich, ein Kilo schwerer als zuvor, an das Waschbecken treten darf, an dem ich mir beim letzten Mal die Hände eingeseift habe. Und Mahabir noch hurtig ein Insekt entfernte. Damit der Vorgang des Reinigens »ohne zu töten« vonstatten ginge. Jetzt spüre ich den Druck hinter den Augen, auch berührt von der Erinnerung an einen, der so radikal alles Leben achtete.

Am Abend finde ich ein Restaurant, in dem ich essen, bleiben und schreiben darf. Ohne vom Orkangeschrei eines Fernsehers gemeuchelt zu werden. Ich weiß noch immer nicht, in welchem Land die läppischsten Programme produziert werden. Der Wettbewerb ist hart, das internationale Kopf-an-Kopf-Rennen lässt keine eindeutige Entscheidung zu.

Vor Tagen las ich, dass »Expressive writing« die Glückshormone sprudeln lässt. Wenn jemand einem anderen gegenüber – schriftlich – seine Dankbarkeit ausdrückt, dann überkommt den Dankbaren ein Gefühl von Freude. Das glaube ich sofort. Ich sitze zwei Stunden, um in mein (digitales) Tagebuch zu tippen, und rede von nichts anderem als meinen Schulden dem wundersamen Indien gegenüber.

Den Rest des Abends lesen. Die Presse schwingt bereits zurück, aufs übliche Niveau. Vorne noch die Fotos mit Leichen über den üppig gedeckten Tischen der Luxushotels, in denen die Islamisten ihre Kalaschnikows leerfeuerten, und Seiten weiter schon wieder ein Portrait von Paris Hilton. Mit der brennenden Frage darunter, ob sie sich tatsächlich von Benji Madden getrennt hat. Oder er von ihr. Vorne wird gefragt, woher die Mörder und Brandstifter kamen, und hinten will man wissen, wie es in Miss

Hiltons Bett aussieht. Wir oszillieren zwischen Grausamkeit und Erniedrigung.

Eine Zeitungsredaktion hatte die clevere Idee, die neuen Sicherheitsmaßnahmen im Land zu checken (Titel der Recherche: »Who needs terrorists with policemen like you?«). Denn ein Ruck ging nach dem Massaker durch den Subkontinent. Überall und immerzu soll ab sofort kontrolliert werden. Um den nächsten Anschlag zu verhindern. (Nur im Irak waren Al Qaida und Co. mörderischer unterwegs.) Aber Indien bleibt Indien. Die Journalisten gehen mit Revolvern bestückt durch Metalldetektoren, das Gerät pfeift – und keiner vom daneben lungernden Sicherheitspersonal reagiert. Auch Indien kann nicht aus seiner Haut. Seine Einwohner haben kein Talent für den, sagen wir, deutschen Sicherheitswahn. Das kann schreckliche Folgen haben oder – wie so oft – für einen weniger paranoiden Alltag sorgen.

Und dazwischen stehen die Geschichten, die man voller Bewunderung und Neid zu Ende liest. Ein Polizist, der an der berühmten Victoria Station (57 Tote, 87 Verletzte) mit einem alten Karabiner auf die Terroristen zurannte, um sie abzulenken. Ein Teeverkäufer, der die Nerven behielt und am Kugelhagel vorbei einen Notausgang für Passanten fand. Ein Schaffner, der sich als Schutzschild vor eine alte Frau stellte. Wer von uns Lesern solcher Botschaften träumt nicht davon, dass er am Tag X Herzkammern in sich entdeckt, von denen er bisher nichts ahnte. Die etwas Grandioses von ihm zeigen, etwas, das allem widerspricht, was ihn bisher an sich zweifeln ließ.

Am dritten Tag weiß ich, was ich will. Ich gehe zum nächsten Bahnhof und fahre nach Varanasi. Abgedrehter und heiliger kann ein Ort auf diesem Erdteil nicht sein. Ich handle rein intuitiv, wüsste kein Wort zu sagen, warum ich dort eher den einen treffen soll, der das hat, was ich brauche. Oder, intelligenter formuliert, der mir zeigt, wie ich es in mir finde. Denn natürlich kann keiner dem anderen irgendwelche Kräfte schenken. Sie sind nicht übertragbar, nie. Ein japanischer Zen-Meister hat es einwandfrei formuliert: »Schau, da drüben steht das Scheißhaus. Ich kann dir nur die Richtung zeigen, doch scheißen musst du selbst.« Wie vulgär, wie weise.

Vorbei an einem Teil des indischen Volkes, das entlang der Gleise seine Notdurft verrichtet, in der Hocke, entspannt. Nach einer halben Stunde wird die Welt ansehnlich, grün, die ersten Sonnenstrahlen zwischen den Nebelschwaden. Ochsen schauen herüber. Die Reisfelder, die Stille, wie Elfen sehen die Kinder von ferne aus. Eine Landschaft wie im Märchen. Märchenhaft schön und verwunschen. Ich bin ein hoffnungslos irdischer Mensch. Aber auch die Gottlosen, die immer Weltlichen, suchen etwas, was über sie hinausgeht, was ein Gefühl von Nähe und Vertrautheit zu den anderen herstellt: wie der Blick auf die Natur oder das Erleben von Kunst, wie das Lesen eines Gedichts, wie die Wärme eines anderen Körpers, wie Musik, wie das Versinken in etwas, das auf unerklärliche Weise reicher macht, tiefer und beschwingter.

Ankommen und mit einer Fahrrad-Rikscha in die Altstadt Varanasis fahren, immer die endlose *Godaulia Street* entlang. Ich liebe diese Straße, sie gibt einen Blick ins indische Herz frei. Legionen von Vehikeln wälzen sich aneinander vorbei, wie ein gigantischer Fischschwarm sehen wir aus, wir 20 000 oder 30 000, die sich um diese Uhrzeit genau hier begegnen. Blitzhaft, verschwommen, nichts als eine Woge aus Leibern, Eisen und Blech. In Europa hätten wir längst den Bürgerkrieg ausgerufen, nicht hier. Dank ihres genetischen Erbguts führen die

Einwohner gerade den nackten Irrsinn vor und nichts passiert. Keine Toten, keine Verletzten, kein Zeitverlust.

Die Stadt hat zwei oder drei oder vier Millionen Einwohner. So heilig geht es hier zu, dass jeder Tote ein glücklicher Toter ist. Weil er neben dem heiligen Ganges verbrannt und versenkt wird, ja, anschließend umstandslos und ohne lästige Wiedergeburt ins Nirwana abhebt. Sagen sie, glauben sie. Seit unheimlich vielen Jahren. Dass der Fluss inzwischen als Giftbrühe daherkommt, glauben sie nicht. Keiner der tausend mal tausend (wissenschaftlichen) Nachweise beeindruckt sie. Jeden Morgen kehren sie an seine Ufer zurück und zelebrieren den »holy dip«, das heilige Eintauchen. Hoch und heilig und immer versaut.

Am nächsten Morgen bin ich an den *Ghats*, den Treppen, die hinunter zum Wasser führen. Ich sehe einen jungen Kerl, der sich bis auf die Unterwäsche auszieht. Er hat nur ein Stück Seife dabei, sonst nichts, keine Creme, keine Bürste, kein Shampoo, keinen Kamm, kein Handtuch. Und er taucht unter, taucht auf, seift sich ein, auch die Haare, taucht wieder unter, wieder auf. Und kommt zurück zum Ufer, schüttelt den Haarschopf und zieht sich an. Das Hemd, die Hose, die Sandalen. Was für eine Unbeschwertheit, was für Gesten der Freiheit, was für eine souveräne Missachtung der Regeln eines »gesunden Lebens«.

Ich flaniere. Suchte ich systematisch, ich wäre tausend Jahre in Indien unterwegs. Ich will meiner Intuition vertrauen. Bin ich in Hochform, so erkenne ich das Glück, das mir begegnet. Bin ich dunkel und verbittert, gehe ich ihm zielstrebig aus dem Weg.

Ein Mann stellt sich vor mir auf, ein Bürogesicht, verschmitzt. Er mustert mich und die Götter schenken uns folgenden Dialog, er beginnt:

– You look like an American actor.
– I don't look like one, I am an American actor.
– I knew it, I saw you yesterday on tv.

Man muss (sich) nur überzeugend darstellen und alles, absolut alles, wird geglaubt. Der Verschmitzte wird jetzt nach Hause laufen und erzählen, dass er einen amerikanischen Schauspieler getroffen hat. Morgen kommt einer vorbei und sagt, er sei erleuchtet. Und wieder werden sie es für wahr halten. Glauben ist tatsächlich wie Opium, er bewahrt vor jeder Kopfarbeit, macht dösig und trüb. »Selig die Einfältigen, denn ihrer ist das Himmelreich.« Verlockender kann man zur geistigen Trägheit nicht einladen.

In diesem Land gibt es den Irrsinn umsonst. Doch jetzt tritt er noch heiterer auf. Wieder ein Mann (Frauen stellen sich einem Fremden in Indien nicht in den Weg), schönes weißes Haar weht über seine Stirn, das lange weite Hemd wallt, der Shiva-Tupfen auf der Stirn leuchtet. Ah, ein Windei, ein Hochstapler, kleinste Körperbewegungen verraten es. Und Yudai übertrifft all meine Vorfreude. Er stellt sich als Wahrsager vor, hat mit je einem »master degree« in »Astrology« und »Sociology« an der hiesigen *Banaras Hindu University* abgeschlossen. Inzwischen besitzt er vier Häuser und vier Bankkonten. Erzählt er, gelassen. Dass er mir jetzt für ein paar Rupien seine Dienste anbietet – »I see your future« – steht natürlich in keinem Widerspruch zu seinen Sprüchen. Ich bin umgehend einverstanden. Nie käme ich auf die Idee, für die »Wahrheit« zu bezahlen, nein, ich entlohne immer für die Show, das hinreißende Brimborium.

Yudai hat das gesamte Programm dabei, »palm reading, face reading, star reading, everything.« Er singt, schaut auf meine

Hände, mein Gesicht, auf den Ganges, »she is my god, my inspiration«, schaut auf die vollkommen unsichtbaren Sterne, schaut gespannt auf seine Notizen und fordert mich mehrmals auf, den Mund zu halten, denn er müsse sich einstimmen, müsse auf *Mother Ganga* hören, sie würde ihm die Geheimnisse über mich einflüstern.

Zinnober vom Feinsten und das Ergebnis – wie viele Männer hat Yudai schon ins Glück geredet? – kann keiner übertreffen: Uralt werde ich, »over 91«, dabei unheilbar gesund und strotzend, »you are and you stay a sexy man, women like you«. Ich bin den Tränen nahe und fordere ihn auf, den Satz deutlich zu wiederholen. Was er tut. Und noch hinzufügt: »Sun loves to you«, ich frage, was das bedeuten könnte, und höre, dass derjenige, den die Sonne liebt, »goes high«, erreicht die Spitzenposition, bleibt unschlagbar oben. Ich bin jetzt verwegen genug und frage den schamlosen Fantasten nach Zuständen, die nicht so gut aussehen in meinem Leben. Denn keiner kann auf Dauer nur tadellos und sexy sein.

Und Yudai pariert wie ein Profi: »Ja, die Montage und Donnerstage sind nicht deine Glückstage, da könntest du mit einem Schiff versinken.« Na klar, an diesen Tagen bin ich immer auf Wasserwegen unterwegs. Aber dann sagt er etwas Erstaunliches: »Money transaction is no good action«, erklärt, dass ich lieber Geld verschenken soll als borgen. Den Hinweis hätte ich gern früher gehört. Er hätte mir einiges erspart. An Herzbeschwerden, an Euro.

Aber die Situation ist zu munter, um sie jetzt zu verdunkeln durch die Erinnerung an den Verlust. Als ich Yudai frage – wir sitzen zehn Meter neben dem Fluss –, warum sich die Inder so besessen waschen, statt eine Umwelt zu schaffen, die sie weniger oft zur Besessenheit zwingen würde, antwortet er lächelnd: »Very good question, but only god knows.« Und lehnt sich zurück.

Ein hungriger Geist quält ihn nicht. Er mutmaßt wohl, dass Denken ihn in Schwierigkeiten bringen könnte, die Ruhe käme zuschanden. Voller Verwunderung blicke ich auf das Schlitzohr. Er besitzt das, was ich auch will. Nicht immer, aber zuzeiten. Diese Gleichgültigkeit, diesen Waffenstillstand mit der Welt. Er ist wahrscheinlich damit geboren, ich muss sie mir holen, sie umständlich und mühsam erkämpfen.

Ich täusche mich. Wir gehen essen, rasch findet sich ein Restaurant. Und ich begreife, dass es verschiedene Gleichgültigkeiten gibt. Yudai, der Inder, würde sich nicht wehren (o.k., ich übertreibe leicht), wenn die Welt vor seinen Augen auseinanderbräche, tausend Rikscha-Wallahs versänken, die Luft des Massenverkehrs ihn zugaste, der Ganges Weltrekord-Giftquoten aufwiese, Yudai wäre dabei, würde es schlucken, inhalieren, mitmachen, kein Schrei entkäme ihm.

Und dann taucht ein anderer Stress auf, ein »persönlicher«, und jetzt rastet der Inder aus: Ich bitte Yudai, den Wirt für mich um ein paar Zwiebeln als Beilage zu bitten. Er gibt die Meldung in einem harschen Ton weiter, so, als wollte er den Mann beschuldigen, mich, seinen Bekannten, nachlässig zu bedienen. Kaum hat der Wirt die Aufforderung gehört, rennt er auf unseren Tisch zu, hebt die Chapatis hoch, die auf meinem Teller liegen und zeigt schnaubend auf die Zwiebelscheiben darunter. Ich sage umgehend »thank you«, eben ein banales Missverständnis, will weiteressen. Von wegen. Denn jetzt legen die beiden los. Statt die »Wirklichkeit« zu sehen, einen Kunden eben, der versehentlich um etwas bat (und meine Bitte an Yudai war ohne jede Gereiztheit), sehen die beiden rot und ziehen in den Krieg. Der eine sah eine Nachlässigkeit, möglicherweise einen Betrug, und der andere einen Landsmann, der ihn öffentlich abkanzelte. Statt freundlich etwas zu bestellen und statt souverän darauf zu reagieren, gehen beide in Gefechtsstellung. Sie sehen nicht den Augenblick, sie sehen »neurotisch«, wiederholen irgendein Debakel aus ihrer Vergangenheit, wollen jetzt einander besiegen. Nein, sie sehen nicht, sie stieren einander an. Und brüllen los.

Hier könnte der Buddhismus aushelfen, fällt mir im Getümmel ein. Eine Lehre, die penetrant darauf besteht, das wahrzunehmen, was »ist«: eben die Fakten und Tatsachen zur Kenntnis zu nehmen, nicht das vollgeblasene Ego und seinen Wunsch nach Rache. Was die beiden hier vorführen, sind wir alle. Gestochen scharf legen sie Zeugnis von dem Eifer ab, mit dem wir unsere Lebenskraft verschleudern. Die wir woanders so nötig hätten. Der Buddhismus hat etwas Federndes, das ihn so elegant erscheinen lässt. Die zwei Männer hier haben gewaltigen Stress und federn in keiner Sekunde.

Nur unter Aufwand letzter autoritärer Maßnahmen – ich drohe Yudai, ihm nicht die vereinbarte Summe auszuzahlen, übe gleichzeitig beschwichtigende Gesten Richtung Restaurantbesitzer – kommt es nach zehn Minuten zu einem erbosten Rückzug. Dürften sie, wie sie wollten, sie hätten längst nach Pfannen und Kochtöpfen gegriffen. Dennoch, ich mag die Szene. Sie erinnert mich selbstverständlich auch an mich. Und wie recht ich daran tat, nach Indien zu reisen. Auf eine neuerliche Suche. Um nicht als einer zu enden, der noch als Greis wie ein 16-Jähriger die Nerven verliert. Ohne Swing, ohne jede Eleganz.

Am nächsten Tag steht Plan A. Ich werde jene vier Orte in Indien besuchen, die jedem Buddhisten nah sind. Wenn ich auf dieser langen Reise dem einen nicht begegne, von dem ich nichts weiß, als dass ich ihn brauche, dann ist mir nicht zu helfen. Doch ich bin zuversichtlich, dieses Land ist eine Schatztruhe.

Ich fahre per Taxi nach Sarnath, erste Station, etwa zwölf Kilometer außerhalb von Varanasi. Dort, so verkünden alle buddhistischen Legenden, hat Buddha zum ersten Mal zu seinen

Schülern gesprochen. Ich gehe zum *Mulagandhakuti-Tempel*, erbaut 1931. Hier wird eine Reliquie des Verehrten aufbewahrt. Heißt es. Man sieht sie nicht, keiner hat sie wohl je gesehen. Dafür gerät man ins Blitzlichtgewitter von hundert Touristen-Kameras, die sie auch nicht sehen.

Draußen wurden ein paar Tafeln mit Sätzen des Erleuchteten aufgestellt, der modernste: »Jene, die das Wichtige als wichtig erkennen und das Unwichtige als unwichtig, werden beim Wichtigen ankommen.« Der Bestseller *Simplify your life* zeigt, dass die Menschheit noch 2500 Jahre später nach jener Kraft sucht, die sie vom Schrott – dem geistigen, dem materiellen – befreit.

Ein paar Schritte weiter wurden sechs Statuen aufgestellt, Buddha und um ihn die fünf ersten Schüler. Eine Gruppe Besucher, ein Trio, sitzt vor einer Nonne, die den »historischen« Zusammenhang erklärt. Dabei schielt einer auf eine schöne Inderin, eine antwortet auf das Klingeln ihres Handys und der dritte schaut (heimlich) auf seine Uhr. Alle drei sind nicht »da«, nur anwesend. Vorsorglich haben sie die Masken der Andacht mitgebracht. Sie sind nicht andächtig, aber sie wissen, wie man auftreten muss, um diesen Eindruck zu vermitteln. Sie spielen Spiritualität. (Dabei würde andachtslose Achtsamkeit völlig reichen.)

Mich deprimieren solche Bilder. Alles scheint gleich wichtig. Die Hübsche, was die Frau erzählt, was auf der Uhr steht, was der Anrufer sagt. Nein, nicht gleich wichtig, eher gleich unwichtig. Nichts ist fesselnd genug, um uns zu fesseln. Wie oft passiert uns das? Zappend durch die Wirklichkeit zu rennen und nicht »ergriffen« zu werden. Wie oft? Ein Leben lang? Zur Klarstellung: Es geht nicht um schäbige Kritik. Die anderen sind nur das Spiegelbild, in das ich blicke. Um mich zu erschrecken und, immerhin, wieder zu ermahnen, dass ich nicht zappen will. Ich will die Tiefe, will dieses umwerfend schöne Gefühl der Hingabe.

Reality check als Fußnote, mitten im Buddhaland: Weder für die Existenz Jesu noch Mohammeds noch Buddhas gibt es wissenschaftliche Beweise. Weiß man um die menschliche Fähigkeit, sich oft von Gerüchten und anderen Hirngespinsten zu nähren, so liegt die Theorie nahe, dass sie erfunden wurden oder nur vage mit jenen Personen zu tun haben, die der Legendenbildung als Vorlage dienten. Keiner der drei hat schriftliche Notizen hinterlassen.

Auch keiner von denen, die sie persönlich gekannt haben. Alles, was sie, die Legendären, (angeblich) sagten, haben andere überliefert. Nach deren Ende, lange nach deren Ende. Und sich bald über die »wahre« Lehre gestritten, bisweilen bekriegt. Und wieder andere haben – über Jahrtausende – ergänzt, durchgestrichen oder anders interpretiert, anders übersetzt. Und wieder gestritten, sich wieder – das betrifft allein die Monotheisten – die Köpfe eingeschlagen.

Die ersten erhaltenen Unterlagen zum Buddhismus wurden knapp fünfhundert (!) Jahre nach Buddhas Tod verfasst. Auf der Insel, die heute Sri Lanka heißt, ein paar Tausend Kilometer von seiner Wirkungsstätte entfernt. In Pali, der damaligen Gelehrtensprache. Obwohl Buddha, so ist zu vermuten, Magadhi sprach. Im Klartext: Ein halbes Jahrtausend über wurde das Gehörte mündlich weitergegeben.

Dazu ein hochmoderner Einschub: ARD und ZDF schalteten einst einen Werbespot, um die Zuschauer davon zu überzeugen, dass ihre Nachrichten eher der Wirklichkeit entsprechen als die ihrer (privaten) Konkurrenten.

Man sah eine Bühne, auf der vier Männer saßen, von links kam ein fünfter dazu, er flüsterte dem Nächstsitzenden folgende Nachricht ins Ohr: »Der Außenminister hat dem Plan zur Wirtschaftshilfe uneingeschränkt zugestimmt.«

Der Angesprochene wendet sich an seinen Nachbarn, ebenfalls flüsternd: »Der Außenminister hat den Plan zur Wirtschaftshilfe unabgestimmt eingeschränkt.«

Nun der dritte Mann zu dem Vierten: »Der Wirtschaftsminister hat den Plan zur Außenhilfe bestimmt verdrängt.«

Und zuletzt der Vierte zum Letzten: »Der Minister hat nach Plan eine Ausgangssperre für die Wirtschaft verdrängt.«

Und jetzt spricht der Letzte laut zum Publikum: »Wie ich soeben erfahre, hat sich der Minister den Arm nach einem Ausflug in die Wirtschaft verrenkt.«

So viel zur »oral history«. Trotzdem, alle Einwände nehmen den Religionen und dem Buddhismus nicht ihren Reiz. Ob nun wörtlich überliefert oder mehr oder weniger fantastisch nachgedichtet, scheint eher zweitrangig. Was zählt, ist ja die »Idee«, die ihren Gründern zugeschrieben wird. Deshalb ist es auch von untergeordneter Bedeutung, ob die Ideen-Stifter real existierten oder nicht. Oder nur nebelhaft dem Bild ähneln, das andere sich von ihnen gemacht haben.

Resümee: Wann immer hier »Buddha sagte« im Text steht, soll der Leser leise anfügen: »Wir haben uns darauf geeinigt, dass Buddha gesagt haben soll.« Und noch ein Befund, um weitere Klarheit in die Verhältnisse zu bringen: Immer werden wir aufgefordert, »großen Respekt vor den Religionen« zu zeigen. Ergriffenes Schaudern soll über uns kommen, wenn von den »göttlichen Weissagungen« die Rede ist. Welch Mumpitz! Respekt vor was? Vor dem klerikalen Lichtertalg, dem prophetischen Geraune, dem inbrünstigen Glaubensschmalz? Alles fabriziert, um uns Angst und Schrecken einzujagen. Davor Respekt? Vor der Intoleranz, zu der sie uns aufwiegeln? Vor der Denkfaulheit, in der wir uns üben sollen? Vor dem schafsfrommen, schafsblöden Geleier, das uns andere Schafe seit ein paar Tausend Jahren vorleiern?

Bedenkt man die Untaten des Christentums, mit Hilfe derer es viele Jahrhunderte lang von sich reden machte, so ist die »christliche Nächstenliebe« eine hübsche Erfindung, die mit der von Jesus angemahnten Liebe nichts zu tun hat. Zumindest nicht in der Wirklichkeit. Die Kirche schien sich eher an das blutrünstige Alte Testament zu halten als an die Aufrufe zu Verständnis und Güte.

Beim Islam ging es nicht menschenfreundlicher zu. Die Anzahl der Blutbäder, die er sich in vielen Teilen der Welt genehmigt hat, verweist direkt oder indirekt auf die vielen Textstellen im »heiligen« Koran, die zu diesen Blutbädern anspornten. Da hilft auch kein Gutmenschen-Sermon über den Islam, die »Religion des Friedens«. Er hilft so wenig wie der penetrante Hinweis auf die »Missverständnisse«, denen Mohammed, der Friedensreiche, ausgesetzt sei. Ganz offensichtlich sind wir anderen, wir Nicht-Moslems, nicht willens, die Botschaft, die friedvolle, zu entdecken.

Und der Buddhismus? Nun, ich will seine Heiligsprechung nicht übertreiben. Denn seine Getreuen sind grundsätzlich nicht besser oder intelligenter. Nehmen wir Tibet, das ja dank der Umtriebigkeit des Dalai Lama immer wieder in der Weltpresse auftaucht. Seit Jahrzehnten legt sich ein leichter Schauer der Ergriffenheit auf das westliche Herz, wenn der Name dieses Landes fällt. Weil man sich, zu Recht, gegen die Banditenpolitik Pekings empört. Und weil man, zu Unrecht, die Ex-Theokratie im Himalaya für den Inbegriff frohsinnig-schneeverwehter Glückseligkeit hielt. Dem ist nicht so. Ein knappes Drittel der vierzehn Lamas wurde ermordet. Opfer erbitterter, innerreligiöser Richtungskämpfe. Als die Kommunisten 1950 das zukünftige »Autonome Gebiet Tibet« überrannten und annektierten, nahmen sie 1,5 Millionen Quadratkilometer in Besitz, deren Infrastruktur der einer Bananenrepublik glich. Kaum Straßen, keine Krankenhäuser, keine nicht-religiösen Schulen, dafür Analphabetentum, hohe Kindersterblichkeit, Bettelarmut, Bonzen-Korruption und untereinander verfeindete Klöster. Das entschuldigt die chinesischen Barbareien in nichts, aber es wirft kein strahlendes Licht auf eine Weltanschauung, die angetreten ist, Eigenverantwortung zu lehren.

Die Liste der Sünden, die im Namen Buddhas begangen wurden, wäre lang. Japan – oh, heiliger Zen-Buddhismus – könnte ein Bataillon strammer Mönche aufweisen, die gern und innig Schwert und Schießgewehr zückten. Im Zweiten Weltkrieg stand die buddhistische Führung resolut hinter Kaiser Hirohito – ebenfalls bekennender Anhänger der Lehre der Friedsamkeit – und bejubelte den größenwahnsinnigen Kriegstreiber.

Wer durch Thailand reist, wird jeden dritten Tag in der Zeitung einen Bericht über randalierende Mönche in einem Puff lesen. Oder über einen Abt, der sich wieder einmal an der Klosterkasse vergriff. Oder über Drogen, die unterm Meditationskissen gefunden wurden. Oder über arbeitsscheue Sonnenanbeter, die sich als Jünger Buddhas verkleideten, um cool auf Betteltour zu gehen.

Letztes (trauriges) Beispiel ist Sri Lanka, dessen bürgerkriegsähnlicher Konflikt 1983 zu lodern begann und erst vor einem knappen Jahr zu Ende ging. Die Mehrheit der (buddhistischen) Singhalesen gegen die Minderheit der (hinduistischen) Tamilen, die einen eigenen Staat forderten. Man konnte sich nur wundern über die Härte, mit der sich Ordensleute für ein schonungsloses Vorgehen gegen die Aufständischen aussprachen. Wie Generäle hetzten sie.

Das zeigt: Auch der Buddhismus hat »schmutzige Hände«, schuldbeladene. Und trotzdem: Sein *Schwarzbuch* ist – im Vergleich – dünn, sehr dünn, seine Blutlachen noch überschaubar. Das hat wohl (auch) damit zu tun, dass in seinen Schriften kein Schlachtruf steht, der gellend zu Kreuzzügen, Heiligen Kriegen und anderen Schlächtereien antrieb. Nie gab es eine mörderische Inquisition, nie eine Conquista, nie »Hexen«-Verbrennungen, nie sollten »Ungläubige« mit Feuer und Schwert bekehrt werden, nie schrieb jemand eine Rechtfertigung für schwunghaften Sklavenhandel. Und entscheidend – damit fällt der Hauptschuldige aller in seinen Namen begangenen Verbrechen weg – kein »Gott« kommt im Buddhismus vor. Er ist vollendet gottlos, nichts »Heiliges« schwirrt durchs Universum. Buddha war nichts als irdisch, kein »Gottessohn eines Gottvaters«, nie »Prophet des Allgütigen«, keine Inkarnation »göttlicher Macht«, er war immer, immer nur Mensch. Wie beruhigend.

Nota bene: Meine Kritik an den Monotheismen bezieht sich immer auf die Institutionen, die »Stellvertreter Gottes«, die Hochwürden und Muftis und Ayatollahs, ihre angemaßten »Gottesworte«, ihre als »heilig« angepriesenen Bücher. Immer randvoll mit Sprüchen des »Herrn«. Heißt der Herr nun Gott oder Allah. (Wie einleuchtend, dass Damen als Sprüchemacher bei den patriarchalischen Märchenerzählern nicht vorkommen. Eine reine Männerwirtschaft. Wenn uns wenigstens eine Frau erlösen würde. Das nur am Rande.)

Der Verriss betrifft nicht, nicht grundsätzlich, die Christen und Moslems, die diesen beiden Religionen angehören. Darunter gibt es unzählige Männer und Frauen, die sich – vorbildlicher als mancher Buddhist – für das Wohl anderer einsetzen. Das irdische, wohlgemerkt. Die es dabei sogar schaffen, nicht mit brennenden Augen demjenigen, dem sie gerade helfen (und wäre er gottlos), von der Grandiosität ihrer Religion zu predigen. Sie tun, sie helfen, sie halten den Mund. Ich kenne viele von ihnen und ich war immer berührt von ihrer Wärme, ihrer Gastfreundschaft, ihrer Herzensbildung.

Kurioserweise komme ich nie auf die Idee, anzunehmen, dass sie so sind, wie sie sind, weil sie dem einen oder dem anderen Glauben angehören. Den pflegen sie, in meinen Augen, als (unnötigen) Zierrat. Aber ihr gutes Herz haben sie, weil sie ein gutes Herz haben. Weil sie der Mensch sind, der sie sind. Sie handeln nicht als Christen gut, sondern als Stephanie oder Joe, nicht als Moslems, sondern als Aisha oder Bakr. Das wäre so, als verhielte sich ein »Ungläubiger« redlich, weil er ein Ungläubiger ist. Natürlich nicht. Er handelt, weil es ihn drängt, jemandem in Not beizustehen.

Und natürlich gibt es die Pharisäer. Sie tun Gutes und sagen: »Um Gottes Willen«. So klingt ein Offenbarungseid, denn sie offenbaren, dass sie nicht um des »Nächsten Willen« eingreifen, sondern nur an ihr himmlisches Sparschwein denken. Jede gute Tat führt sie gleich eine Himmelssprosse höher. Die Bibel wie der Koran ermutigen ausdrücklich zu dieser Praxis für Scheinheilige. Dass auch viele Atheisten und Buddhisten als Heuchler unterwegs sind – muss ich es hinschreiben?

Die vor gut zwei Jahren veröffentlichten Tagebuch-Aufzeichnungen von Mutter Teresa – »Komm, sei mein Licht!« – sind ein außergewöhnliches Zeugnis. Bereits in den 50er Jahren kamen ihr Zweifel an der Existenz Gottes. Kein göttliches Licht wollte mehr kommen. Bis der Zweifel Gewissheit wurde. »Der Himmel bedeutet nichts mehr, für mich schaut er wie ein leerer Platz aus.« Und es blieb dabei, bis zu ihrem Tod: »Der Platz Gottes in meiner Seele ist leer, in mir ist kein Gott.« Und doch arbeitete sie weiter, ebenfalls bis zu ihrem Tod. Was für ein fulminanter Beweis dafür, dass Menschenliebe vollkommen reicht, um sich vom Leid anderer aufwühlen zu lassen.

Nach der Lektüre war mir die gebürtige Albanerin viel näher.

Jetzt war der Heiligenschein dahin und darunter kam der Mensch zum Vorschein. Verwundbar, zweifelnd, suchend. Plötzlich war sie nicht mehr das Maskottchen von Herrn Wojtyla, der sie als katholische Einser-Schülerin vorführte und in die Kameras der Welt von der »unerschöpflichen Liebe Gottes« schwadronieren ließ, jetzt war sie eine unfassbar mutige Frau, die allem – Indiens maßloser Armut und dem Verlust einer Illusion – zum Trotz den Weg ging, für den sie sich einst entschieden hatte.

Sarnath ist ein ansehnliches Städtchen, gespickt mit buddhistischen Tempeln. Die Thais, die Japaner, die Burmesen, die Tibeter, ja, die Chinesen sind hier vertreten, geben einen Einblick in die verschiedenen Strömungen des Buddhismus. Sarnath ist in keiner Weise repräsentativ für Indien. Etwa 0,5 Prozent der Gesamtbevölkerung bekennen sich heute zu dieser Philosophie, der Rest gehört mit erdrückender Mehrheit dem Hinduismus an, neben hundertzwanzig Millionen Moslems. Warum das so ist, hat verschiedene Gründe. Buddhas Lehre hatte anfangs durchaus Erfolge aufzuweisen. Der Brahmanismus, der Vorläufer der heutigen Hauptreligion, war erstarrt. Buddhas Reden, die sich gegen das Kastensystem aussprachen, gegen die abergläubischen Riten, gegen die Priester-Klüngel, solche Reden überzeugten.

Doch irgendwann kam wieder die Sehnsucht nach hilfsbereiten Göttern zurück, die in Notfällen einspringen, um das Leben des Gläubigen aufzuräumen: Krankheiten zu kurieren, Geld ranzuschaffen oder eine Braut oder einen Bräutigam, ein Unheil abzuwenden oder ein Glück zu zaubern, eben alles, was ein Menschenleben an Sehnsüchten und Fährnissen ausmacht. Selbstverantwortung, wie von Buddha gefordert, ist eine Zumutung. Viel einfacher scheint doch, ein paar Gaben im Dorftempel zu opfern, um das Götterheer zu mobilisieren. Wobei die »Gottesmänner«, jene Männer, die der höchsten Kaste angehörten, bei jedem Opfergang die Hand ausstreckten. Um die Provision für ihre Mittlerdienste zwischen »unten« und »oben« einzustreichen.

Der Todesstoß kam im 8. Jahrhundert. Als der Islam das Land überfiel, das wir heute Indien nennen. Friedliebend und tolerant schleiften und brandschatzten seine Eiferer vieles, was nicht zur Anbetung Allahs errichtet worden war. Beide, Hindu-Anlagen wie buddhistische Tempel und Klöster, blieben als Ruinen zurück. Von diesem Schlag, von diesen Schlägen, hat sich der Buddhismus auf dem Subkontinent nicht wieder erholt. Sarnath, nur ein Beispiel, verschwand unter wucherndem Gesträuch. Erst 1835 wurde es erneut von englischen Archäologen »entdeckt«.

Ich finde ein *Thinker's Café*, ein paar Stühle stehen unter einem Baum, daneben Arun, ein knorriger Alter, der Kaffee braut. Ich frage ihn, ob es sich unter Bäumen leichter denkt. »Maybe.« Ich bleibe sitzen und denke, dass es ein Segen für die Welt wäre, wenn es mehr Kaffeehäuser gäbe, die zur Inbetriebnahme des Hirns animierten, und weniger Gotteshäuser, wo das Hirn stillgelegt werden soll.

Ich höre, dass sie hier einen Bahnhof haben. Ich mache mich auf den Weg. Als ich ankomme, vergesse ich für einen Moment, dass ich mich in Indien befinde. Ich frage naiv, wann der nächste Zug nach Varanasi geht, und keiner weiß es, nein, jeder weiß es, nach acht (gleichen) Fragen habe ich acht (verschiedene) Antworten. Auch vom Mann hinterm Ticketschalter, er antwortet wunderbar kryptisch: »Time? No time!« Ich frage nach und erfahre, dass no time »free time« bedeutet, sprich, dass es dem Zug freisteht, wann er gedenkt, hier vorbeizukommen. Eine solche Antwort ist eine Reise wert. Nur Inder haben die Fantasie, so spielerisch mit der Zeit, die uns andere in Atem hält, umzugehen. Um 17.17 Uhr ist es soweit, der Zug hat sich entschieden, er fährt ein.

Am nächsten Morgen kehre ich zurück nach Sarnath. Jemand gab mir eine Adresse, die vielleicht weiterhilft. Ich teile die (motorisierte) Rikscha mit einem Ehepaar. Der Mann ist stämmig, wildes Haar wuchert aus seinen beiden Ohren, die schweren Hände voller Schwielen passen zu seinem Körper. Ein Arbeiter. Neben ihm seine schöne Frau, beunruhigend schön. Ich frage mich, wie er sie anfasst, welche Bewegungen seine Hände vollführen, wenn sie Liebe machen. Und ich denke an die Siege der Liebe, die über so vieles hinwegblickt.

Ich suche die *Maha Bodhi Society* auf, eine buddhistisch organisierte Gesellschaft, die auch sozial tätig ist, Krankenhäuser und Schulen finanziert. Am Eingang steht: »May peace settle in the world and ignorance be expelled«, Friede möge sein auf Erden und die Ignoranz ein Ende haben. Herkulische Aufgaben. Der Mann im Office muss mich enttäuschen. Sie veranstalten keine Meditations-Camps, kein Guru weit und breit steht zur Verfügung, um mich auf den rechten Weg zu begleiten. Aber er verweist auf die *Ramakrishna Mission*, die etwas außerhalb der Stadt liege. Dort hätten sie, was ich suche.

Ich trete hinaus, der Vorgarten blüht, die Wintersonne verschönert das Leben eines jeden, der hier gerade vorbeikommt. Ich schwöre: Ich will den »Weg nach innen« nur antreten, wenn der Weg auch nach außen führt, zurück in die Welt. Nichts wäre absurder, als sich nach innen zu verziehen, um der Welt, diesem Weltwunder, zu entsagen. Innen und Außen sollen sich bedingen, nicht ausschließen. Zwischen beiden Polen lauern Freuden und Niederlagen. Einsichten immer. Nur beherzt muss einer sein. Das schon.

Und noch etwas, der Geistesblitz kam letzte Nacht wie eine

Erlösung: Ich habe mich von dem Überwort »Erleuchtung« verabschiedet. So ein Anspruch kann tot machen, an ihm kann man zerbrechen. Ich suche niemanden und nichts, um erleuchtet zu werden. Weil ich nicht daran glaube. Weil auch »Erleuchtete« Irrwege betraten, auch buddhistisch Erleuchtete, weil keiner jede »Wahrheit« wusste und nie einer imstande war – den pompösen Ausdruck habe ich vor kurzem gelesen – die »Wesensschau aller Dinge« zu erfahren. Vergleicht man den Inhalt der »heiligen Bücher« mit dem heutigen Stand des Wissens, dann wird umgehend klar, dass »heilig« oft nur Naivität und Anmaßung kaschierte. Und kaschiert. Meist beides. Und meist als probates Mittel funktionierte, um Machtverhältnisse zu rechtfertigen.

»Veritas filia temporis«, das allerdings ist eine ewige, unschlagbare und ganz unheilige Wahrheit, die ich aus meiner Schulzeit gerettet habe: *Die Wahrheit ist eine Tochter der Zeit.*

Malulal, ein Rikscha-Radfahrer, spricht mich an. Er hat nur seine beiden dünnen Waden, keinen Motor, und der Weg ist weit, sieben, acht Kilometer sollen es sein. Aber wie jeder in seiner Berufssparte ist er ein begnadeter Schwindler, der sofort behauptet, dass er sich auskennt und die Straße dorthin gerade geteert wurde: »I promise you, I am honest man.« Wie abzusehen, falle ich auf ihn herein. Seine verhungerten Waden erinnern mich an meine eigenen. Auf oft seltsamste Weise kommen sich Fremde näher. Wie erfreulich, denn sein Schwindeln soll mein Segen werden.

Nach drei Ecken haben wir Sarnath verlassen und es geht über ein Kopfsteinpflaster aus dem 19. Jahrhundert. Malulal muss ab sofort stehend in die Pedale treten, völlig unbekümmert um meine Schuldgefühle. Vorsichtshalber frage ich Fußgänger nach der *Ramakrishna Mission*, von der niemand etwas weiß. An einer siebten oder achten Kreuzung erfahren wir wieder nichts, nur dass es »dort« – Inder haben eine wunderbar nonchalante Art, vage in ferne Himmelsrichtungen zu deuten – »so was Ähnliches« gebe. Wir radeln weiter, irgendwann tauchen ein angerostetes Schild und hundert Meter dahinter eine lilablaue Mauer auf, ein »Vipassana Center«. Am Tor sitzt ein alter Mann, der uns willkommen heißt. Es ist die absolut verkehrte Adresse und es ist – in einer halben Stunde werde ich es wissen – der absolut rechte Ort.

Ich verehre alte Männer, ein Gefühl, das ich seit meiner Jugend kenne. War ich doch immer auf der Suche nach einem, der mir als Vater gefallen hätte. Und der alte Harisingh ist so einer. Humorvoll, gütig, souverän. Er führt mich herum, ein paar Flachbauten stehen zwischen Garten und Gemüsefeldern. Still ist es. Wir setzen uns in den Vorhof, ich darf fragen und der Mann weiß jede Antwort. Vipassana ist eine alte Meditationstechnik, von der schon Buddha sprach. Hier wird sie in 10-Tage-Kursen unterrichtet. Wie jetzt. Deshalb die Stille.

Der Name des Gründers dieses Zentrums (und anderer, weltweit) ist mir neu, Satya Narayan Goenka, ein Inder, der mithalf, die lang verschollene Tradition nach Indien zurückzubringen. Und soweit man sehen und hören kann, machte er nichts falsch. Nicht weit von Varanasi, mitten in verträumter Landschaft, steht ein von bunten Mauern geschützter Raum zur Verfügung, an dem alle Glaubensschwachen gefahrlos ausatmen dürfen.

Nicht ein einziges Bild des heute 85-Jährigen ist zu sehen, kein Heil Goenka, auch kein Heil Buddha, keine Büste und keine Statue, kein Devotionalientrödel, keine Niederwerfungen, kein Geschrei hinauf in den Himmel, kein Blick in die Hölle, kein in die Luft gestreckter Hintern, nirgends ein »Heiliger Stuhl« und ein »Heiliger Vater«, keine einzige göttliche Jungfrau, kein Dolch schwingender Abraham, keine Prophetien aus arabischen Höhlen, kein totgefolterter Gottessohn, keine Ideologie, kein Heilsgesang, kein ätherisches Raunen, kein Götzendienst, nein, nichts, immer nur (wenn ich denn Harisingh richtig verstanden habe): Du bist für dein Leben verantwortlich und kein außerirdisches Wesen wird deine Abstürze und Notlandungen verhindern. Auch nicht dein Glück.

Diesen Gedanken und diese radikale Selbstverantwortung auszuhalten, das kann man hier lernen. Zu lernen beginnen. In zehn Tagen und Nächten, in über zehn Stunden Meditation täglich, in vollkommenem Schweigen. Sich entfernen vom Gedröhn des Blödsinns, sich immer allein aushalten und dabei gleichzeitig ahnen, dass Erkenntnisse und Tiefen, auch Untiefen, auf einen warten, die ein Leben reicher machen. Weil man sich selbst näherkommt und – welch fulminanter Nebeneffekt – näher den anderen. Weil man Zustände und Befunde, Schmerzen und Glückswellen erfährt, die inniger und intensiver verbinden als fernhalten.

Wenn jemand schon auf himmlische Kräfte verzichtet, muss er sich an die irdischen halten, an die Männer und Frauen, denen er in seinem Leben begegnet. Meditation kann außerdem – ich weiß es aus lang zurückliegenden Zeiten in einem japanischen Zenkloster – zur Menschenfreundlichkeit beitragen. Da ich ein schwacher Mensch bin, ging inzwischen die Bereitschaft dazu oft verloren. Ich muss sie wieder finden, mir jetzt endgültig aneignen. Als meinen (aberwitzig bescheidenen) Beitrag gegen den Irrsinn der Zeiten.

Schon überraschend, wie sich die Prioritäten im Laufe eines Lebens ändern. Früher wollte man die Welt aus den Angeln heben, heute kämpft man darum, die Hornhaut abzutragen, die das Herz zu ersticken droht.

In knapp zwei Wochen beginnt ein neuer Kurs, ich melde mich an. Weder die Zelle noch der Unterricht noch das Essen sind kostenpflichtig. Alles frei. Wer will, kann am Ende eine Spende dalassen. Nach eigenem Ermessen. Ich erlebe gerade ein kleines Wunder. Kein Persönlichkeitskult, keine Gehirnwäsche, keine Abzocke finden hier statt. Nur eins wird gefordert, und Harisingh erwähnt es beim Abschied zum zweiten Mal: »Sei fest entschlossen, durchzuhalten. Die zehn Tage sind eine gemeine Zumutung.«

Wieder bei Malulal aufsitzen. Er ist hochzufrieden, denn seine Irrfahrt brachte uns direkt ans Ziel. Das muss gefeiert werden. Nach kurzer Fahrt kommen wir an fünf Männern vorbei, sie sitzen am Wegrand und die Tonpfeife macht die Runde. Feiner Ganja-Duft zieht durch die Luft. Wir dürfen mitrauchen, mehrmals wird das Marihuana nachgestopft. Lang lebe die Kunst des Meditierens, des Versenkens in die Geheimnisse der Seele. Und lang lebe der Leib und seine Freude am Rausch. Da uns heute früh ein Polizeijeep überholte, frage ich Malulal, ob es nicht klüger wäre, uns hinter einer Hauswand zu amüsieren. Und der dreifache Familienvater antwortet unheimlich sachlich: »Police look, bamboo. Police no look, no bamboo.« Verstanden. Werden wir gesehen, zischt der Bambusknüppel, werden wir nicht gesehen, zischt er nicht. Da wir uns in Indien befinden, ziehen wir daraus keine Konsequenzen. Wir bleiben und inhalieren im hellsten Sonnenlicht das schöne Gift.

Weiter nach Sarnath. Durch Dörfer, vorbei an Büffeln und Misthaufen, spielenden Kindern und – Männern, die dasitzen. Die ganze Straße entlang. Die nichts Schöneres wissen als sitzen. Wunsch- und bewegungslos. Rauchen nicht mal, lesen nicht, reden nicht. Nein, nur sitzen, nur dasein, nur schauen. Unfassbar, ungeheuerlich. Und nie verspüren sie den Wunsch, aufzuspringen und loszurennen.

Plötzlich tausche ich im Kopf die Rollen, bin ab sofort Inder mit dem genetischen Set von 4000 Jahren Indien und sehe einen Weißen (das wäre ich), einen Europäer, der wie ein Kreisel morgens um sieben Uhr hochspringt, eisig duscht, das Frühstück runterwürgt und lossprintet, das Gesicht verzerrt, den Adrenalinspiegel anheizt, genervt die Stimme hebt, um Tickets rauft, unbedingt die Welt sehen will, unbedingt, jeden Tag hundert Seiten lesen will, unbedingt glaubt, dass des Lebens Sinn und Herausforderungen per Vollgas erledigt werden müssen. Voller Verwunderung drehe ich mich (ich, der Inder) von dem Verrückten ab. Himmel, wie erfüllt ist mein Leben, wie bescheiden gehe ich mit der Natur um, wie grenzenlos im Einklang mit mir und den anderen verläuft mein Dasein.

Und abrupt schalte ich zurück, bin wieder ich, bin wieder der Hochgeschwindigkeits-Weiße, der nicht fassen kann, dass man so lethargisch in den Tag glotzen, so stinkbequem seine Zeit verschleudern kann. Mir wird klar, dass wir beide – er, der Inder, und ich, der Deutsche – um Gnade winselten, würde ein Dritter uns zwingen, des anderen Existenz zu führen. Und dass wir beide die intelligentesten Gründe vorbringen könnten, warum wir so leben, wie wir leben. Und ich um kein Haar die besseren, die »moralischeren« Argumente aufzählen könnte, um mein Sein zu rechtfertigen. Nichts an meinem Tun macht die Welt schöner, bewohnbarer, nichts. Da ich zudem eher selten an den Fortschritt glaube, bliebe mein Plädoyer, um meinen Stress – den Stress des Weißen Mannes – zu rechtfertigen, höchst umstritten.

Und trotzdem schinde ich mich. Warum? Weil ich darauf bestehe, dass das Leben ein Geschenk ist, das man ausbeuten muss, ausleben und randvoll machen. Gerade weil ich streng ungläubig bin, mich nie mit der Aussicht auf Paradiese und jenseitige Schlaraffenländer tröste, gerade deshalb bleibt Leuten wie mir nichts anderes als der Planet Erde und die paar Jahre, die uns vergönnt sind. Deshalb die Hetze, die Suche, das neurotische Drängen.

Doch ich irre mich. In Wirklichkeit würde der Inder wohl leiser winseln als ich, wenn man ihn zwänge, mein »weißes« Leben anzunehmen. Denn er würde das fremde Schicksal – das Getriebensein – irgendwann akzeptieren, es als »schlechtes Karma« begreifen, sich fügen in die Strafe für seine bösen Taten. Mit der Ergebenheit aller, die an hundert oder hunderttausend Wiedergeburten glauben. Ich, der Nicht-Inder, würde mich nicht abfinden. Ich würde eines Tages – wieder auf einem Stuhl dösend, wieder nur auf Kühe und Misthaufen blickend – dem Dorfpolizisten die Flinte entreißen und Amok laufen. Ich habe kein Gen, das mich zu weiser Hinnahme verführt. Ich habe nur dieses Leben. Das wäre die einzige Rechtfertigung, die ich vor Gericht zu meiner Verteidigung anführen könnte. Keine allerdings wäre famoser und überzeugender.

Das letzte Stück zurück gehe ich zu Fuß, neben der Rikscha. Ich kann nicht mehr zuschauen, wie der Dünne sich über das Straßenpflaster plagt. Malulal dankt es mit einem bravourösen Satz, denn ich frage ihn, wie es in Sachen Eros hier auf dem Land aussähe. Und der 35-jährige Ehemann prompt und bedenkenlos: »No sex, only love marriage.«

In Varanasi besteige ich den Bus nach Gorakhpur, die Stadt liegt auf halber Strecke nach Nepal, wo ich hinmuss. Ich bekomme einen Fensterplatz, die Rostlaube rumpelt aus dem Bahnhof und – man schließt die Augen vor Freude – ein wunderliches Glück holt den Reisenden ein. Man ist mitten in Indien und dennoch vom ihm erlöst. Kein Raufen mehr um ein Ticket, kein Sprinten Richtung Trittbrett, kein Festklammern des Rucksacks. Alles ist mit einem Mal Vergangenheit. Man schaut nach draußen und durch das Fenster weht Indien. Für Stunden ist man unverwundbar.

Gestern Abend las ich einen Bericht über einen Psychiater, der Rilke angeboten hatte, ihn therapeutisch von seinen »Dämonen« zu befreien. Der Dichter lehnte das Angebot mit dem Hinweis ab, dass dabei wohl auch seine »Engel« verschwinden würden. Beides würde ihn verlassen, die Depressionen *und* sein Sprachgenie, eben sein Flammenwerfer, um die Abstürze der Seele in Schach zu halten. Das Ergebnis wäre folglich »Normalität«, genau zwischen kalt und heiß, nur immer lauwarm, laukalt.

Die Anekdote schützt klug gegen den pathologischen Anspruch auf das pausenlose Glück. Es wäre nichts als ein pausenloses Unglück. Vor wem müsste man dann entschlossener davonrennen? Vor dem gnadenlos Tranigen, der sich jedem Zeitgenossen als ambulantes Unheil offenbart, oder dem Kuhblick-Verzückten, der so nervt mit seiner blindwütigen Zufriedenheit? Ich bin bestimmt nicht in dieses Land gereist, um mir via Buddhismus ein Narkosemittel gegen meine inneren Turbulenzen zu besorgen. Im Gegenteil, er soll mich ausrüsten mit der Fähigkeit, sie hinzunehmen, sie auszuhalten, sie als Eintrittspreis für die Höhenflüge zu begreifen.

Nach knapp zwei Stunden setzt sich ein junger Kerl neben mich, spricht mich sofort an. Er glüht vor Wissbegierde. Aber es handelt sich eben nicht um diese verfluchte Neugier, die umgehend versiegt, sobald sie weiß, woher man kommt und wie man heißt, nein, der 18-Jährige fragt, ob ich mich für »poetry« interessiere. Nein, sage ich, ich interessiere mich nicht für sie, ich liebe sie.

Ishan erzählt, dass er gerade von seiner »poetry class« komme. Sechs Mal die Woche fährt er nachmittags, nach der Schule, eine Stunde hin und eine zurück. Um mit Gleichgesinnten über Poesie zu sprechen. Er reicht mir sein dickes Heft, unter dem heutigen Datum steht folgende Hausaufgabe: »Schreiben

Sie eine kurze Anmerkung zu Robert Brownings Liebes-Philosophie in seinem Gedicht *Eurydice to Orpheus.*« Und der Junge hat schon geantwortet, fängt an mit: »Um seine geliebte Frau wieder zu treffen, ist Browning bereit, alle Schmerzen und alles Leid auf sich zu nehmen.« In seiner Mappe steht die halbe (englische) Weltliteratur. Über Alfred Tennyson, John Donne und John Milton hat die Klasse schon gesprochen, deren Gedichte diskutiert. Fünfzehn weitere Namen befinden sich auf seiner Favoritenliste.

Natürlich weiß Ishan um die berühmte Liebesgeschichte zwischen Browning und Elizabeth Barrett, die London Mitte des 19. Jahrhunderts in Atem hielt. Sie, bleich und kränkelnd, bereits vierzig, abgeschieden und (grandios) dichtend, lernt den sechs Jahre jüngeren Robert Browning kennen. Per Briefwechsel. Und erst nach hunderten von Briefen und 21 Monaten darf er sie besuchen. Heimlich, denn ihr Vater will nichts wissen von anderen Männern. Und heimlich schmieden sie Pläne und heimlich fliehen sie nach Florenz. Und diese Liebe bringt die Elende zurück ins Leben, sie blüht wieder und wird Mutter mit 43. Über fünfzehn Jahre hält die Nähe zwischen den beiden, erst ihr Tod wird sie beenden.

Selbstverständlich hat Barrett ihre bewegendsten Gedichte, die *Sonette aus dem Portugiesischen*, dem Mann geschenkt, der sie um 28 Jahre überleben wird. Die Vertrautheit der beiden war ein Glanzstück, so unbesiegbar schien sie, so maßgeschneidert. Rilke hat das Buch dieser poetischen Intimität übersetzt und damit sicher ein (deutsches) Meer von Tränen losgetreten: Bei uns allen, die wir erkennen mussten, zu welchen Ekstasen andere fähig sind. »How do I love thee? Let me count the ways ...«, *Wie ich dich liebe? Lass mich zählen wie.* Das Sakrament der Liebe, in 44 Gedichten kann man es nachlesen.

Irgendwann muss Ishan aussteigen, denn hier liegen die Kühe

und sein Kuhdorf. Das ist der Ort, von dem er sich jeden Nachmittag auf den Weg macht, um von der »power of words«, so sagte er, zu erfahren. Von Rilke (mein Hinweis) hatte er noch nichts gehört, aber er schrieb sofort den Namen auf, will ihn im Unterricht vorschlagen.

Ist das nicht Ausdruck perfekten Multikultis? Weil sich vor langer Zeit ein Mann und eine Frau im fernen England geliebt haben und von dieser Liebe mit zauberischen Versen berichteten, reden ein Inder und ein Deutscher noch 160 Jahre später davon. Auf lärmiger Fahrt über die Schlaglöcher von Uttar Pradesh. Wir winken uns heftig zu. Um den Halbwüchsigen mache ich mir keine Sorgen. Er hat bereits etwas entdeckt, was ihn noch in den unseligsten Zeiten beflügeln wird: Die Macht, die Übermacht von Sprache.

Ich habe diesen Morgen meditiert. Und beweise nur wieder, was längst bewiesen ist. Ein Mensch strahlt hinterher etwas aus, was andere einlädt, näherzukommen. Ja, durch stilles Dasitzen wird jeder attraktiver. Das klingt bizarr, aber die Erfahrung zeigt immer in dieselbe Richtung.

Ein Mann setzt sich auf den jetzt freien Platz neben mich und ich frage ihn, ob er glücklich ist (er sieht danach aus). Völlig entspannt kommt die Antwort: »Yes, because I meet you.« Kann man einem Wildfremden einen wärmeren Satz schenken? Und kein Pferdefuß folgt. Deepak will nur dasein, nah. Wie ein glücklicher Jäger neben seiner Beute. In keinem Land der Erde haben sie mehr Verrückte pro Quadratmeter als auf dem Subkontinent. »Verrückt« als Prädikat gemeint, ja, als *Prädikat wertvoll*, da es einen auszeichnet, der sich unterscheidet vom gesichtslosen Nobody.

Indien zieht vorbei, Hinterindien. Keine Überraschung, wenn Buddha hier, auf diesem Erdteil, von der Idee ergriffen wurde, dass »alles vergeht«, dass es kein »Ewiges« im Universum gibt, dass nichts existiert, das nicht dem ehernen Gesetz der Vergänglichkeit unterworfen ist. Vor 2500 Jahren muss es in dem Land, sagen wir, auf dem Hinterland, nicht viel anders als heute ausgesehen haben. Adobehäuser, mit Kuhfladen an den Mauern, alles uralt und verwitternd. Selbst das Neue sieht nur für Augenblicke neu aus. Ein Schild, vorgestern montiert, rostet am dritten Tag. Ein nagelneues Radio bleibt keine drei Stunden nagelneu, dann knickt die Antenne. Das fabrik-gelieferte Fahrrad ist nach zwei Monaten reif für die Verschrottung. Die Begabung der Einwohner, ungerührt und gleichmütig dem Niedergang zuzusehen, ist grenzenlos. Und sicherlich seit Urzeiten vorhanden. Überall leuchten die Zeichen der Auflösung und nichts drängt den Inder, resolut einzuschreiten.

Ein konkretes Beispiel, vor Tagen in Neu-Delhi erlebt, mitten in der Hauptstadt. Ich trug ein halbes Kilo Müll mit mir herum, Obstschalen, Papier etc., und suchte einen Abfalleimer. Ich kann nicht sagen, wie viele Kilometer ich in diesem Land schon zurückgelegt habe, um als öko-vorbildlicher Reisender mein Scherflein gegen den Untergang der Welt beizutragen. Und irgendwann, ja, irgendwann, fand ich einen Abfalleimer. Aber ohne Boden. Sinnige Metapher. Indien als Fass ohne Boden. In diesem Augenblick hatte auch ich eine Erleuchtung, o.k., eine kleine, eine winzige: dass ich es in Zukunft wie die Inder mache. Dass ich das nächste Eck suche und alles fallenlasse, was ich nicht brauche.

Ich weiß noch heute nicht, ob Inder radikale Pessimisten sind. Erkennen sie doch keinen Sinn darin, die Dinge zu erhalten. Oder steckt in ihnen ein vollkommener Optimist? Da immer überzeugt, dass alles – ganz ohne Hilfe von außen – seinen Weg geht, stets zu einem guten Ende führt. Nichts scheint wichtig, nichts soll die innere Balance stören.

Auch jetzt nicht, als der Bus hält und eine Frau zusteigt. Das Vehikel ist voll, nur auf einer Sitzbank für drei gäbe es noch Platz. Aber dort flegeln breitbeinig zwei Männer, wenig interessiert an der (älteren) Passagierin. Ich spiele gern den Ritter, deshalb erinnere ich die beiden kurz an die Grundregeln zivilisierten Zusammenlebens. Das hilft, die Mehlsäcke bewegen sich. Hier handelt es sich natürlich um kein typisch indisches Phänomen, hier grassiert nur der typisch weltweite Niedergang eleganten Benehmens. Wäre jetzt der rechte Zeitpunkt, ich würde den beiden von Buddha erzählen. Predigen, was er predigte: Höflichkeit als Existenzform, als eine der Siebensachen, mit denen man grundsätzlich unterwegs sein sollte.

Abends in Gorakhpur, nur Zwischenstation. Um in einem Hotel zu übernachten, in dem sie vergaßen, die verfleckten Leintücher auszuwechseln, sich dafür aber Zeit für einen ausgeklügelten Papierkrieg nehmen. Um Formulare auszufüllen, die kurz darauf in der Remise der Ewigkeit landen. Ich schaue mir zu und sehe, dass ich bisweilen etwas predige, was mir hinterher, nach dem Predigen, selbst fehlt. Höflich sein, ein Beispiel. Als ich später – nach dem Krieg und dem Wechseln der Bettwäsche – noch auf die Straße trete, ist es schon dunkel und tot. Irgendwo habe ich gelesen, dass die Stadt »absolut nichts zu bieten hat«. Das scheint die reine Wahrheit.

Der nächste Tag wird fordernd. Ab 7.30 Uhr mit dem Bus nach Sunauli, dem letzten indischen Ort vor der Grenze nach Nepal. Um 7.35 Uhr legt der Fahrer eine DVD ein, Sekunden später hagelt es Leichen, Schreie und Gewehrsalven. Ich kann das alles nur ahnen, denn es ist so voll, dass ich von meinem Sitzplatz aus lediglich bis zum Rücken des (stehenden) Vordermannes sehen kann. Nach den ersten siebzehn Schusswechseln kommt es zu einer kurzzeitigen Waffenruhe, jetzt hüpfen die Verliebten aufeinander zu und trällern. Und die als Pumuckl verkleideten Freunde hocken im Gebüsch (ich kann einen Blick erhaschen) und warten darauf, von dem hüpfenden Liebespaar entdeckt zu werden. Um auch mitzuhüpfen und mitzuträllern. Indische Filme sind eine Mischung aus beispielloser Gewalt, infantilem Bezirzen und schwer zu schlagender Dümmlichkeit. Dazu passen die Statements der Bollywood-Stars, die sich zur Zeit täglich und politisch hochkorrekt über die Politiker des Landes auslassen, über deren Versagen, die Terrorattacken auf Mumbai nicht verhindert zu haben, deren Unfähigkeit, das »Volk zu führen«. Ach, die Scheinheiligkeit, ach, die Hochmoralischen. Als ob der Schwachsinn, den sie per Fließband – manche Zelluloid-Athleten produzieren drei Filme gleichzeitig – unters Volk bringen, dazu beitrüge, es zu »erziehen«.

Nach drei Stunden und vierzig Minuten sind die sechzig Kilometer geschafft. Jetzt sausen weitere Kinnhaken. Der Rikscha-Fahrer verlangt das Doppelte vom vereinbarten Preis und der Geldwechsler verkauft seine nepalesischen Rupien für zwanzig Prozent über dem heutigen Kurswert. Er kann sich das erlauben, denn er weiß, dass ich etwas nicht habe, wovon er im Überfluss besitzt: Zeit. Ich könnte einen suchen, der sein Geschäft fairer betreibt. Aber dafür müsste ich etwas hergeben, was wertvoller ist als alles andere. Also zahle ich den Wucherpreis. Ähnlich beim Grenzübergang, hier arbeitet nicht der nepalesische Zoll, sondern die hiesige Mafia. Ich lege dreißig Dollar für das Visum auf den Tisch. Die fünf zuviel gezahlten wollen sie nicht herausgeben. »Sorry, no change.« Wieder bin ich unter Zeitdruck, wieder wissen sie das. Aber ich verweise auf meine Rückkehr in ein paar Stunden und dass ich eben dann den Schein einfordern werde.

Auf solche Situationen kann man verschieden reagieren. Der

Gutmensch würde nun ausrufen, dass der Weiße eben jahrhundertelang als Schweinehund in diesen Ländern gewütet hat und sich die Einwohner nur zurückholen, was ihnen geraubt wurde. Das hat was, unbestritten gehört die weiße Rasse zur gierigeren Sorte Mensch. Aber ich war damals nicht dabei, habe niemanden geplündert, will einfach nicht als rastloser Büßer um die Welt reisen, mir nicht Tag und Nacht das schmucke Kleid des Betroffenheitsapostels überziehen. Ich habe aber auch kein Verlangen, den Zöllnern (und der Zöllnerin) mit zwei erigierten Zeigefingern die Leviten zu lesen. Ich bin nicht um ein Haar integrer als das feiste Pack in der Baracke. Wäre ich so miserabel bezahlt wie sie, ich hätte mich längst als Krimineller verabschiedet. Nein, ich bin ein denkbar einfacher Mensch: Die fünf Dollar gehören mir und ich will sie zurück. Zudem würde das bauernschlaue Personal das Geld nicht in den Aufbau Nepals investieren, sondern – strikt nach Hackordnung – unter sich aufteilen.

Ich finde zwei junge Nepalesen, Alok und Ajay, die zusammen ein Taxi betreiben. Wir legen den Preis fest, sie sagen mehrmals »yes« und nicken dabei mit dem Kopf. Ich schreibe die Zahl 750 auf, »no problem, yes«. Wieder Kopfnicken. Auf zum 22 Kilometer entfernten Lumbini, dem Ort, an dem Buddha im Jahr 570 oder 563 oder 544 vor unserer Zeitrechnung geboren wurde. Um mich ein letztes Mal zu wiederholen: Nichts ist bewiesen, weder Ort noch Datum. Letzte Forschungen schließen nicht aus, dass Siddhartha, so sein »bürgerlicher« Name, erst 450 zur Welt kam. Vielleicht. In den buddhistischen Texten wird sein Erscheinen hienieden blumig, himmelrein und bar aller menschlichen Vorarbeiten (kein Beischlaf zwischen den Buddha-Eltern!) beschrieben. So ammentreu, sternschnuppig und geschlechtsfrei wie ein halbes Jahrtausend später die Geburt Jesu in Palästina. Von Evangelist Lukas. Märchenstunde, einmal im Fernen Osten, einmal im Nahen. Buddhas Mutter hieß Maya, die Christen-Mutter Maria. War die erste »erhaben über alle irdischen Frauen«, war die zweite »gebenedeit unter den Weibern«. Kein Wunder, dass man sich für Mohammeds Mutter, jetzt die dritte Mutter aller Mütter, den Vornamen »Tochter des himmlischen Geschenks« ausgedacht hat. Das erinnert mich an die drei Reiseführer, die gestern in meinem Hotel herumlagen. Einer schreibt vom anderen ab. Einer hat was gehört, was die zwei anderen auch gehört haben (wollen). So wird aus Hörensagen die Wirklichkeit.

Nach einer halben Stunde kommen wir an. Durch den hübschen *Sala Tree Park* geht es zum Eingang der Anlage. Links die Souvenir-Buden, ein paar Schritte weiter befindet sich der Ashoka-Pillar, ein 1896 ausgegrabener, etwa sieben Meter hoher Pfeiler. Auf ihm wurde der erste Hinweis auf Buddhas Geburt an diesem Ort gefunden. Von Ashoka, dem zum Buddhismus konvertierten König, der weit über den Norden des heutigen Indiens herrschte. Das Problem: Der Mann lebte dreihundert Jahre nach Buddha. Auch sein »königliches Edikt« basiert auf mündlicher Überlieferung, nicht auf Urkunden und Dokumenten von Zeitzeugen. Aber in Indien macht das keinen Unterschied, hier interessiert man sich nicht für Geschichte, nur für Geschichten.

Direkt daneben liegt der *Puskarini Pond*, der »heilige Teich«, in dem sich Maya Devi, die Königin-Mutter, zu Beginn der Wehen badete. Andere behaupten, sie nahm das »Reinigungs-Bad« erst *nach* der Entbindung ihres Sohnes. Auch diese Frage bleibt wohl bis zum Ende der Welt ungelöst.

Das Zentrum der Anlage jedoch ist der *Maya Devi-Temple*, wo sich unter »kugelsicherem« Glas der *Marker Stone* befindet, ein Stein, der den genauen Ort von Buddhas Niederkunft markiert. Offenbar schreckliche Zeiten, die heutigen, denn sogar der Hinweis auf einen Toten, der seit 2500 Jahren tot ist, muss kugelsicher verwahrt werden.

Ich habe den Traum jedes egoistischen Reisenden. Dass ich jetzt allein sein darf, eine volle Stunde würde reichen, um die Anmutung dieses Hains zu spüren, zu genießen. Um Zeit zu finden, mich in die lang zurückliegende Vergangenheit zu träumen, mir auszumalen, wie es gewesen sein könnte. Ob nun der junge Siddhartha hundert Jahre eher oder später gelebt hat, wie belanglos. Und ob Frau Buddha ihn stehend oder liegend entbunden hat (auch darüber diskutieren Gelehrte, die gerade nichts Wichtigeres zu tun haben), noch belangloser. Aber dass einer in dieser Weltgegend unterwegs war und ein faszinierend neues, da gottloses Weltbild – kein Himmelsbild! – lehrte, das scheint wahrscheinlich und klingt noch immer wie eine Sensation.

Aber ich träume nur vom Träumen. Es funktioniert nicht. Mobiltelefone bimmeln durcheinander (eines mit Kanonendonner als Klingelton), Lehrer geben Kommandos, Kinder und Erwachsene schnattern, Devotionalienhändler schreien, die betriebsame Atmosphäre einer Lidl-Filiale freitagabends um 18 Uhr. Ich beneide jeden, den diese Seichtheit nicht anfranst. In dem Prospekt, dem Eintrittsticket beigelegt, kann man nachlesen, dass sich die zuständigen Autoritäten einen »Masterplan« ausgedacht haben, um Lumbini noch kaltschnäuziger zu vermarkten. An der Weltherrschaft des Profits rüttelt keiner. Auch kein Erleuchteter. Auch nicht an dem ihm zugewiesenen Geburtsort.

Ich bleibe der Unerleuchtetste weit und breit. Bei der Rückfahrt weisen die beiden Taxifahrer plötzlich darauf hin, dass »750 Indian Rupees«, nicht nepalesische, ausgemacht wurden. Was entschieden mehr bringt. Meinen Hinweis, dass wir uns in Nepal befinden, wir folglich über hiesiges Geld sprachen, lassen sie nicht gelten. Ich gebe den Kampf umgehend verloren, denn eine Diskussion mit Vernagelten wäre nichts als Raubbau kostbarer Lebenszeit. Ich sehe mir zu und begreife, dass mein Verhalten so unerleuchtet nicht ist. Hoffnungslosen Schlachten aus dem Weg zu gehen, sie als hoffnungslos zu akzeptieren, ist eher weise. Zudem handelt es sich um kein Vermögen, ein wenig Großzügigkeit kann nicht schaden. Auch dem Großzügigen nicht. (Einige Tage später recherchiere ich die Vornamen der beiden. Alok bedeutet »Siegesschrei« und Ajay »unbesiegbar«. Vielleicht stimmen ihre Namen nicht, vielleicht haben die zwei sie erfunden. Aber sie haben sich die richtigen ausgesucht.)

Die Leichtigkeit kehrt zurück, die Zöllner schieben (zögerlich) den Schein über den Tisch, ein Bus fährt zurück nach Gorakhpur. Dort umsteigen in die nächste Rostlaube, Richtung Kushinagar. Während ich meine Knochen rumpeln höre, fantasiere ich von einem einfacheren Leben. Da bin ich dann Shakespeare oder Karl May, könnte ununterbrochen an meinem Schreibtisch hockenbleiben (oder auf einer Gefängnispritsche) und müsste nie den Leib schinden. Und wüsste trotzdem, wie es im wilden Indien oder im wilden Kurdistan zugeht. Ich brauchte nichts als meinen Kopf. Der genial ist und mich in jeden Winkel der Erde trägt.

Ankunft nach zwei Stunden. Das Steißbein schmerzt. Wie andere Fahrgäste verlasse ich mit seltsam gespreizten Beinen das stoßdämpferbefreite Fahrzeug. Endlich verstehe ich den Sinn des Wortes Schlagloch. Auf den 52 Kilometern zwischen den beiden Städten versprach jedes Loch einen Schlag. Doch in Kushinagar, wo niemand weiß, wie viele Einwohner hier leben, wenige vermutlich, wird vieles gut. Ich finde eine saubere Unterkunft mit einem harten Bett. Als Extraservice bekomme ich ein schrilles Läuten, sieben Mal bis Mitternacht. Das ist das Telefon, das immer dann aktiv wird, wenn der Hotel-Generator die marode Elektrizitätsversorgung ersetzt und die Lichter im Zimmer wieder angehen. Ab null Uhr ist Schluss. Dann schläft der Ort im Dunkeln, lautlos, stromlos.

Ich liege noch eine Zeitlang wach. Vor Wut. Weil ich beim Auspacken bemerkt habe, dass ich gestern Abend in Gorakhpur, im Hotelrestaurant, die Mappe mit den Zeitungsausschnitten vergessen habe. Folglich muss ich morgen dorthin zurück, ich brauche die Unterlagen. Die Diagnose lautet denkbar einfach: Mangel an Achtsamkeit, an »Geistesgegenwart«. Als ich vom Tisch aufstand, war ich in meinem Kopf nicht beim Aufstehen, sondern irgendwo anders. Vielleicht zehntausend Kilometer entfernt. Auf jeden Fall nicht »da«. Wäre es anders gewesen, hätte ich nichts übersehen. Meine Wut beruhigt sich, weil ich mich daran erinnere, dass ich (auch) aus diesem Grund nach Indien kam: um zu lernen, im Augenblick zu leben. Um immer da zu sein, wo ich gerade bin.

Um sieben sitze ich im Bus, wieder die Löcher, wieder die Schläge, wieder zwei Stunden. Dann zum Hotel und mit drei Angestellten die Rezeption durchsuchen, nein, durchwühlen. Und das indische Wunder passiert, immer wieder kommt ein Teil zum Vorschein, ein Blatt Zeitungspapier. Aus drei verschiedenen Schubladen. Es wird offensichtlich, dass der Mensch (der Ober?), der die Mappe an sich nahm, sie genau, haargenau, durchsucht hat. Wohl um Papiergeld rauszufiltern. Erfolglos. Also hat er alles, nun ungeordnet, zurückgelegt. Geklaut wurde nur, was verwertbar war: der hübsche Ordner. Ich verneige mich dreimal, jage den Rikscha-Fahrer und bin um 9.35 Uhr im Bus zurück nach Kushinagar.

Hier fahren sie immer dann los, wenn (vorläufig) niemand mehr Platz hat. Ich sitze hinter dem Fahrer und neben dem anmutigen Knie einer indischen Tochter, die mit Schwester und Eltern unterwegs ist. Ich bin vollkommen unschuldig, da ich trotz spektakulärer Überbevölkerung auf zwei, drei Zentimeter Abstand achte. Nun, schon die Nähe eines männlichen Gelenks darf nicht sein. Die Mutter schreitet ein und tauscht mit der vom Unheil bedrohten Hübschen die Plätze. Die Szene hat etwas Rührendes. Wie die meisten Frauen aus der indischen Mittelklasse – so reden die Statistiken – hat die vielleicht 45-Jährige die erotische Gefahrenzone bereits verlassen. Dank zahlreicher TV-Abende bei beharrlicher Nahrungsaufnahme sitzen nun knapp zwei Zentner neben mir, die genau wissen, dass sie in Männerträumen nicht mehr auftauchen, sprich, vor jeglichen Übergriffen sicher sind.

Irgendwann kommen der Familienvater und ich ins Gespräch. Unser Thema ist das Thema im Bus: die Vorbereitungen zu den Parlamentswahlen. Es wird heftig diskutiert. Weniger über die Aussichten einzelner Kandidaten als über den Grad der Korrumpierung, den sie schon erreicht haben. Ich weiß kein Volk, das weniger Nachsicht für seine Volksvertreter zeigt als das indische. Für jede tote Ratte wird die Regierung bespuckt, für jeden fehlenden Tropfen Regen, jede kaputte Ampel. Und die Opposition kommt gleich mit in die Schusslinie. Denn die verfügte vorher über die Mehrheit und hat bereits bewiesen, dass sie versagen kann. Das wäre alles nachvollziehbar, gäbe es nicht diesen fantastischen Widerspruch. Denn freilich existiert auch kein Volk, das so hartnäckig an seinen Göttern hängt und nie auf die Idee käme, dass sie, die ewiglich Vergötterten, nicht weniger oft durchgefallen sind als die allseits bespuckten Politiker. Trotzdem, der Himmel ist ihr Fluchtpunkt, da hinein fliehen die Einwohner, wenn ihnen die Welt und die Unerbittlichkeit der Welt zu anstrengend werden. Der kolossale Vorteil ihres (indischen) Himmelreichs: Kein Jüngster Tag wurde je versprochen, kein Heilsbringer angekündigt, kein himmlisches Königreich zugesagt.

Da verzehren die Anhänger der beiden Monotheismen im Land – 2,5 Prozent Christen, etwa 14 Prozent Moslems – ein härteres Brot. Weil in ihren Heilslehren immer von Ankündigungen, Hoffnungsschimmern, Siegen und Erlösungen die Rede ist, sie somit unter gewaltigem Beweiszwang stehen.

Die Ankündigungskünstler sollten sich ein Beispiel an der Feuerwehr nehmen. Auf der ganzen Welt gibt es nicht einen Mann, nicht eine Frau, keinen Menschenfreund und keinen Menschenfresser, der sich gegen sie aussprechen würde. Denn die ewige Wahrheit, dass Wasser Feuer löscht, ist immer wahr. Die Feuerwehr löscht auch nachts, auch an Feiertagen, auch während des Ramadan, selbst mitten im Karneval. Die Feuerwehr kommt und das Feuer hört auf. Auch im Haus eines Gottlosen, sogar bei den vielweibernden Mormonen. Sie liefert ununterbrochen das Zeugnis ihres Vorhandenseins. Sie kündigt nichts an, sie tut einfach.

Anders bei den Gottes-Anbetern. Denn der Messias – immer wieder versprochen – erscheint nicht. Auch nicht der längst beteuerte Mahdi, der schiitische Heiland. Nirgends die Weltenherrschaft Allahs (mit immer achtzig willfährigen Jungfrauen im islamischen Himmelszelt). Keine Spur von Jehova bei seinem »auserwählten Volk Israel«. Nur Sonntagsreden, nur Freitagspredigten, nur Sabbatlitanei. Nichts kommt hernieder, kein Himmelsvater, kein Paradies, nichts.

Halt! Wunder passieren! Ein drei Wochen lang Verschütteter wird noch atmend gefunden, ein wüster Krebs verschwindet aus der Bauchspeicheldrüse, ein Baby treibt nach dem Wüten des Tsunamis auf einer Luftmatratze Richtung rettende Küste. Da jubeln die Anbeter und jubilieren – handelt es sich um einen islamischen Krebs – entflammt »Allah Akbar« von den Dächern. Während sie beim (europäischen) Luftmatratzen-Säugling niederknien und ergriffen der heiligen Jungfrau ihre Dankbarkeit ins Ohr flüstern. Die Millionen Krebse, die Allah übersehen hat, sollen nicht zählen. Auch die tausend oder fünftausend Dreijährigen, denen die Jungfrau keinen Rettungsring schickte, sie sind vergessen.

Man kann diese elysischen Märchen ein paar hundert Jahre lang immer wieder auftischen. Aber irgendwann – in jedem Geschichtsbuch ist es nachzulesen – packt die Gläubigen die nackte Wut, auch über die eigene Dummheit, die sie dazu verführte, den Fabeleien zu glauben. Natürlich bleibt das eigentliche Motiv der Empörung unbewusst, wird nicht gegen die eigenen Schimären abgefeuert, denen man aufgesessen ist, sondern gegen die anderen Monotheisten geschleudert, die ähnlich unerlöst und genervt einen Herrgott anschwärmen, der als omnipotenter Wahn durch ihre Köpfe geistert. Und so ziehen sie in den Krieg und schlagen sich zu Krüppeln oder tot. Um zu beweisen, dass der eine Herrgott besser, glorreicher und gütiger ist als der andere.

Wie sonnenklar hat es schon Voltaire gewusst: »Diejenigen, die es schaffen, dass du an Absurditäten glaubst, schaffen es auch, dass du Gräueltaten begehst.« Ach, wie einfach hat es da die Menschheit mit der Feuerwehr. Die bimmelt und legt los. Und hält immer Wort.

Wie wahr, wie schauerlich wahr: Die Hoffnung stirbt zuletzt. Keine Droge blendet erfolgreicher und hinterlistiger. Max Frisch hat es in seinen Tagebüchern notiert, hat schön radikal im Diesseits und Jenseits aufgeräumt: »Es genügte, wenn man den Mut hätte, jene Art von Hoffnung abzuwerfen, die nur Aufschub bedeutet, Ausrede gegenüber jeder Gegenwart, die verfängliche Hoffnung auf den Feierabend und das Wochenende, die lebenslängliche Hoffnung auf das nächste Mal, auf das Jenseits – es genügte, den hunderttausend versklavten Seelen, die jetzt an ihren Pültchen hocken, die Art von Hoffnung auszublasen: groß wäre das Entsetzen, groß und wirklich die Verwandlung.«

Am radikalsten aber hat es Albert Camus formuliert: »Alles Unglück des Menschen kommt von der Hoffnung.« Wie erfreulich hoffnungslos da der Buddhismus klingt. Wie lässig er den Himmel übersieht, auch den Teufelsschlund, ja, sich nicht um Gott schert, somit dem Menschen seine Würde und Eigenverantwortung zurückgibt. Indem er ihn nicht vertröstet, auf gar nichts, nur ungerührt und kompromisslos auf die Gegenwart verweist, in der er sich bewähren muss. Schon schwer. Aber immerhin werden wir nicht infantilisiert, sind wir nicht angewiesen auf die Launen eines Allmächtigen, eines – so plappern die Glaubensbrüder und Betschwestern – »Allgütigen«.

Ja, Frisch gibt es zu: Die Religion verfügt über einen enormen Trumpf, die Illusion. Denn solange sie durchhält, solange werden sich die Halluzinationen vom Jenseits und der höllischen Feuersbrunst halten. Ohne Risse, ohne Bedenken. Viele sterben mit diesem Phantom, werden wohl nie erfahren, dass sie lebenslänglich per Hokuspokus anästhesiert wurden. Dass sie weder post mortem hemmungslos vögeln dürfen noch beim Teufel ankommen noch »auferstehen«. Und die Ahnungslosigkeit hat vielleicht ihre Vorteile. Denn die Reue über all die vertrauensselig hingenommenen Narreteien wäre maßlos, über all die Schindluder, die man im Namen der einen oder der anderen Gottheit erdulden musste.

Noch ein Nachwort zum Thema. Die folgende Idee bekam ich von einem Freund, der einmal seine Mutter und ihren »Gottbüchlein-Glauben« erwähnte. Eine liebe, gute, einfache Frau, die damit aufgewachsen war und jeden Buchstaben im schwarzen Bändchen nachbetete. Das Wunderbare an ihr: Nach dem Beten hielt sie den Mund, hat weder ihre Familie noch den Rest des Planeten mit ihrer »Zwiesprache mit dem Herrn« belästigt, nie und nimmer mit dem giftschrillen Ton des Missionars ihre

Umgebung behelligt (bedunkelt würde besser passen). Und ein solcher Glaube, der tat niemandem weh, der drohte nicht, den konnten die anderen im Haus nachsichtig hinnehmen.

Zurück in Kushinagar. Irgendwo gibt es ein dunkles Loch, das sich selbstbewusst mit dem Namen »Tourist Office« schmückt. Ich frage nach ein paar Daten, denn hier in diesem Ort soll Buddha gestorben sein. Im tiefsten Loch sitzt ein schöner Alter, der kein Wort Englisch spricht, aber mit vornehmer Geste ein *Visitors' Book* aus der Mitte des letzten Jahrhunderts überreicht. Damit ich den angebotenen Service kommentiere. Kein Witz, nur ernst und wichtig. Absurdes Theater war immer mein Lieblingstheater. Den Irrsinn so vorzuführen, als wäre er normal. Gefasst und in Schönschrift trage ich ein: »Best service ever.« Das ist nichts als die Wahrheit, denn die Heiterkeit, mit der ich die Dunkelkammer verlasse, ist viel beglückender als ein paar windige Informationen.

Nach zwanzig Metern spricht mich ein Mann an, der sich als »Mishra« vorstellt. Wahrscheinlich hat er auf mich gelauert wie auf alle anderen vor mir, die ratlos kichernd aus dem »Fremdenverkehrsbüro« von Kushinagar heraustraten. Alles klar, der Mann ist ein guide, ich frage und er sagt seinen Preis: »Three hundred for three places.« Verstanden, er will 300 Rupien und zeigt und erklärt mir dafür drei Plätze, die mit dem Sterben Buddhas zu tun haben. Bevor ich einwillige, frage ich ihn nach einem Laden, wo ich ein Buch über Kushinagars Geschichte kaufen könne. Und der Dicke mit dem gut geschnittenen Gesicht antwortet selbstbewusst: »I am the local book.« Ich bin sofort sein Kunde, denn eine witzige Antwort muss belohnt werden.

Wir gehen über die Hauptstraße und kommen zum *Maha-pari-Nirvana-Tempel*, in dessen Zentrum sich eine liegende Statue befindet, sechs Meter lang, Symbol des sterbenden Buddha.

Das Haus ist über 50, die Skulptur über 1500 Jahre alt. Um sie herum sitzen knapp dreißig Wallfahrer, vor allem tibetische Frauen. Mit betenden Händen. Und greinen. Hier ist der Buddhismus zum Glauben verkommen, zur Heiligenlegende, zum Ablass-Geleier. Es ist genau das eingetreten, was Buddha verhindern wollte: Der Personenkult, die wirre Idee, aus einem Menschen aus Fleisch und Blut einen Götzen zu fabrizieren, vor dem man sich niederwirft und der – längst vermodert – bei Hagel und Blitz, bei Bauchschmerzen und Epilepsie, bei Geldmangel und Ehekrach mal kurz durchgreifen und aufräumen soll. Buddha als heiliger Feuerwehrhauptmann, als fernöstliche Ausgabe des heiligen Antonius.

Draußen im ansehnlichen *Meditation Park* setzen wir uns unter einen Sala-Baum. Und sechs weitere guides setzen sich dazu. Augenblicklich arbeitslos. Wahrscheinlich hoffen sie auf einen plötzlichen Herzinfarkt Mishras, um ihn in fliegendem Wechsel zu ersetzen. Das beeinträchtigt in nichts den Zauber der Situation. Ich lehne mich zurück und überlasse mich haltlos dem Singsang eines Hindus, der mit letzter Selbstverständlichkeit erzählt, dass in einer Dienstag-Vollmondnacht im Jahre 483 Buddha »seinen Körper verlassen hat«. Hier in Kushinagar. Ich widerspreche mit keinem Ton, weiß wieder, wie einfach und einlullend das Leben sein kann, wenn man nicht fragt, nicht nachfragt, wenn der Geist und sein Hunger nach Erkenntnis und Wissen nicht auftauchen und keinen Augenblick lang den Seelenfrieden stören.

Nicht weit entfernt liegt der *Matha Kuar Shrine*, ein kleiner Tempel mit einer Buddha-Statue, diesmal sitzend. Wie fad, wie mich Sightseeing langweilt. Als hätte ich nicht genug tote Steine gesehen. Aber ich komme mit einem Mönch ins Gespräch, der eine mitreißende Geschichte weiß. Sie berührt, ob sie nun eine Mär ist oder ein Tatsachenbericht. Denn die »innere Wahrheit« der Story steht außer Zweifel: Buddha sagt zu Ananda, seinem Lieblingsschüler, dass er heute Nacht sterben werde. Er möge ihm bitte Wasser aus dem nahen Fluss holen. Ananda holt das Wasser, aber es ist schmutzig. Buddha: »Warum bringst du mir das? Ich habe dich immer gut unterrichtet, womit habe ich das verdient? Geh nochmals, aber tauche diesmal tief ein.« Beschämt macht sich Ananda ein zweites Mal auf den Weg und kommt diesmal mit klarem Wasser zurück. »Schau«, sagt Buddha, »der Vorfall ist eine gute Parabel für unser Leben. Je seichter du es lebst, umso seichter und unklarer sind deine Erfahrungen. Und je tiefer du gehst, umso tiefer und klarer werden deine Erkenntnisse.«

Als wir die kleine Anlage verlassen, sprintet auf der anderen Straßenseite ein Mann vorbei, ein paar Meter hinter ihm sprinten zwei Polizisten, den Lathi-Stock schon im Anschlag. Zuletzt eine Meute von vielleicht zwanzig Leuten, laut johlend. Ich sprinte hinterher und erfahre, dass der Flüchtige ein Handy gestohlen hat. Ich halte umgehend inne, denn das ist der Mühe nicht wert. Dennoch, die Szene verführt zum Grinsen, sie ist zutiefst menschlich. Da mögen links und rechts Erleuchtete sterben, geklaut wird trotzdem. »La condition humaine« ist ein zähes Tier, ziemlich gefeit gegen jeden moralischen Aufschwung.

Auf Mishras Motorrad fahren wir zum dritten Platz, zum *Ramabhar Stupa*. Bescheidenerweise steht auf dem Schild zum Eingang das Wort »possibly«, *vielleicht* liegt hier die Stätte, an der Buddha nach seinem Tod verbrannt wurde. Als 80-Jähriger. Die wuchtige Ziegel-Konstruktion ist über fünfzehn Meter hoch und hat an der Basis einen Durchmesser von knapp fünfzig Metern. Ausgegraben wurde die Anlage zu Beginn des 20. Jahrhunderts. Niemand weiß, woher der Name Ramabhar kommt. Der Teich daneben heißt auch so, wie das nahe Gefängnis. Im warmen Spätnachmittagslicht setzt Mishra wieder zu einem fantasievollen Höhenflug an und erzählt von »Reliquien«, die hier gefunden wurden (es wurde nicht eine einzige gefunden). Sein Fabulieren erinnert mich an jene wendigen Mönche in Europa, die umtriebig in Klöstern (christliche) Knochen versteckten und kurz darauf ausriefen, dass schon wieder die Überreste eines Heiligen entdeckt wurden. Damit aus der Klosterruine ein Wallfahrtsort wird, sprich Geld in die Kassen fließt.

Ananda, so eine andere Legende, soll beim Tod Buddhas geweint haben. Trotz jahrzehntelangen Trainings des »Nichtanhaftens«, des Wissens, dass nichts dauert und alles ein Ende haben muss. So gibt es die Theorie und so die Wirklichkeit. »Loslassen« ist die Theorie und den einen verlieren, den man liebt, das ist die Wirklichkeit. Die schmerzt und zu Tränen rührt.

Der Stupa liegt in einem Garten, kein Massenbetrieb, nur still, nur das Flüstern von ein paar Liebespaaren. Ich finde, das ist ein gebührlicher Ausdruck von Andacht und Respekt. Wohl sinnlicher als kaltes Gebein und dubiose Staubreste. Als wir das Tor verlassen und zwei Bettler heranschlurfen, fällt mir eine Leserin ein, die mich vor kurzem fragte, wie ich mitten in Indiens grenzenloser Armut reisen könne, ohne depressiv zu werden. Ich formuliere die Frage um und will von Mishra wissen: »Warum gibt es in deinem Land noch immer so viel Elend?« Und der 56-Jährige – ganz Inder, ganz ähnlich Yudai, dem Wahrsager vom Ganges – antwortet ohne die geringste Irritation: »I leave the answer to God.« Das ist natürlich kein Zeichen von Religiosität, sondern von Denkfaulheit. Und die standhafteste Garantie für die Heiterkeit, die der Mann ausstrahlt. Und die er mit mir teilt, mir schenkt. Keine rettungslos unlösbaren Probleme verdunkeln den Heiteren. Anders formuliert: Meine Depressionen sind nicht »besser«. Denn sie sind nur depressiv und in keiner Weise dem Millionenheer ärmster Schlucker von Nutzen. »Betroffenheit« ist das Lieblingskostüm des notorischen Gutmenschen. Es schmückt ihn in allen Lebenslagen.

Nein, ich werde nicht beim Blick auf die 800 Millionen indischer Habenichtse ohnmächtig. Denn schon seit Jahren bin ich als ohnmächtiger (sprich machtloser) Fassungsloser unterwegs.

Der »freelance guide« – Mishra über Mishra – hat mir zwei vergnügliche Stunden geschenkt. Beim Abschied merke ich, dass mich der Fantast angesteckt hat. Mit seinem lässigen Sosein. Für einen Unerleuchteten ist der Weg zu einem Erleuchteten verdammt kräftezehrend. Trotzdem, dank des beschwingten Hindus schaffe ich den restlichen Nachmittag über Momente wunderlicher Gleichgültigkeit. Ich sehe den Dreck, den Irrsinn, die garantierte Aussichtslosigkeit – und bleibe gelassen. Keine träge Selbstzufriedenheit soll daraus werden, nur für diesen (halben) Nachmittag will ich mir bedenkenloses Glück erlauben. Zudem ist ein Gelassener für seine Umgebung entschieden erträglicher als jemand, der pausenlos grimmig mit der Welt abrechnet.

Nachts fällt mir noch ein Satz von Jack Kerouac ein: »Denn der einzige Grund für das Leben oder eine Geschichte ist doch: Was passiert als nächstes?« Das Phänomenale in diesem Land ist, dass etwas passiert. Laufend. Wer Indien nicht schwer bepackt mit Storys und anderen Unglaublichkeiten verlässt, dem kann keiner helfen.

Um halb sieben morgens mit einem Rikscha-Mann ein motorisiertes Vehikel suchen, das nach Dorea fährt, dem nächsten Bahnhof. Und wir gleiten durch den Frühnebel, über eine verlassene Dorfstraße. Märchenstill. Das leise Quietschen der Naben, das Holpern der Räder, der Atem von Jeevan, dem Fahrer. Wie durch Milch tauchen wir, wie Watte liegt die Welt vor uns.

Der Bus ist bereits weg, aber einen Jeep gibt es. Fröhlicher Morgen, denn der Besitzer verspricht sofort, dass ich der einzige Fahrgast bleibe, wenn ich für die sechs (offiziellen) Plätze bezahle. Wie beschwingt sie die Realität verheimlichen. Noch vor dem Start sind wir zu dritt. Angeblich steigen die beiden Neuzugänge ein paar Ecken weiter wieder aus. Ich ergebe mich sofort, will dankbar sein, wenn zuletzt der verfügbare Raum für meinen Hintern reicht.

Wir brausen los, das soll zählen. Die Strecke ist hundsgemein und Rennfahrer Chadran ist im »bull age«, seine Hormone glühen, der 22-Jährige kurvt wie ein Stier über die marode Piste. Dazwischen Vollbremsungen, um weitere Passagiere einzuladen. Seltsame Sachen passieren. Der Mann neben mir, der nur aufgrund meiner Nachsicht eine Mitfahrgelegenheit bekam, will nicht rücken, als ein krummes Bäuerlein zusteigt. Also rücke ich, nun ab sofort als Sardine unterwegs. Ein Radfahrer blickt verschreckt zu uns zurück, als er die Orkan-Hupe vernimmt, reißt den Lenker nach links, übersieht ein Schlagloch, verliert das Gleichgewicht und segelt kopfüber zu Boden. Meine Aufforderung zu halten wird ignoriert. Ich bin der Letzte, der hier mitreden darf. Der Alte wird es überleben, heißt es, »no problem«. Jetzt hat Indien das Kommando übernommen, jetzt zählt nur noch, dass wir vorankommen. Die Bevölkerungsexplosion explodiert weiter, das Wort »full« ist hierzulande ein grenzenloses Wort. Als wir um 8.35 Uhr ankommen, kommen gleichzeitig mit mir neunzehn Männer, Frauen und Kinder an.

In den Bahnhof flitzen und ein Ticket nach Hajipur besorgen. Hier schläft das Land noch. Ich frage jemanden und nichts passiert. Ich frage nochmals, wieder nichts, nur dastehen und mich anschauen. Ich frage ein drittes Mal und stampfe gleichzeitig mit dem Fuß auf. Hurra, jetzt wacht einer auf und sagt: »Yes, the train leaves at nine thirty.« Das stimmt zwar nicht, aber er ist mich los. Das so Vertrackte: Man sieht es von außen keinem an, ob er bereits vorhanden ist oder noch döst. Ich habe die allereinfachsten Zeitgenossen getroffen, die sofort und quicklebendig eine nützliche Auskunft erteilten. Sie hatten nie eine Schulbildung erfahren, waren aber (noch) nicht von diesem Tsetsefliegen-Gift infiziert, dieser Fähigkeit, am helllichten Tag in Tiefschlaf zu versinken.

»Yes, no, sure, maybe, yes, yes«, irgendwann sitze ich im richtigen Zug und jeder überschüttet mich wieder mit Liebe. Das Land bleibt ein Rätsel. Der Schaffner sieht mir die falsche Fahrkarte nach (das ist die warme Seite des Phlegmas), ich bekomme ein feines Plätzchen am Fenster, darf schauen und lesen. Ich habe mir die vergnüglichste Lektüre mitgebracht, die *Matrimonials*, die Heiratsannoncen, die an jedem Wochenende in der *Times of India* erscheinen. Lesen als sinnliches Vergnügen, denn ein Fleischmarkt, ein Geldmarkt, eine Mischung aus hemmungsloser Protzerei, verzweifelter Suche und zähem Aberglauben wird dem Leser geboten. Nur Initiierte können die Kürzel entziffern: »We search for our goodlooking, issueless, innocent divorcee, upper six figs./pm, 39 years old – but looks younger – boy a v. pre. and v. bea., hi. polished girl. Please reply with det. Bio-data, Horoscop & Photograph (must!). Caste no bar!«, aus dem Indischen übersetzt: Wir suchen für unseren gut aussehenden, kinderlosen, unschuldig geschiedenen, hoch sechsstellig pro Monat verdienenden, 39-jährigen – doch jünger aussehenden – Jungen ein sehr hübsches, sehr schönes, sehr brillantes Mädchen. Antworten bitte mit detailliertem Lebenslauf, Horoskop und Foto (unbedingt!). Kaste kein Hindernis! (Sprich: Die Bildschöne darf aus einer niedrigeren Kaste kommen als der Bildschöne.)

Erfreulich ist, dass die führende Zeitung Indiens seit geraumer Zeit jedem Anzeigenkunden, der auf »soziale Vorbedingungen wie Religion, Kaste und Aussteuer verzichtet«, einen Rabatt gewährt. Ein Schritt in die richtige Richtung, um die religiöse Inzucht zu vermeiden, die gräuliche Tradition von höher und tiefer Geborenen, den sexistischen Wahn, dass junge Frauen, sprich ihre Väter, dafür bezahlen müssen, dass junge Männer sich ihrer erbarmen. Was jedoch geblieben ist (auch das erfreulich): Ob nun eine Brahmin-Familie annociert, ob nun Hindu, Christ, Sikh oder Moslem, allen gemeinsam ist die Suche nach einem »beautiful girl«. Oder einem »handsome boy«. Welchem Aberglauben sie auch folgen, auf Schönheit – hier auf Erden – wollen sie nicht verzichten.

Ich weiß nicht, wie viele Väter ich in diesem Land kennengelernt habe, die mit den Fotos ihrer bereits (leicht oder weniger leicht) verwelkten Töchter durch Indien reisten, um den »Mister Right« zu finden, den einen, den letzten Willigen. Ein hartes Geschäft, denn die Trumpfkarte, die Schönheit, war schon verschwunden.

Neue Fahrgäste kommen, irgendwann setzen sich Missis and Mister Chaudary neben mich. So stellen sie sich vor. Der Mann strahlt und ich muss ihn fragen, woher das kommt. Und der vielleicht 50-Jährige zeigt auf seine Frau und sagt: »Because I have my wife with me.« Das ist ein Liebessatz, er spricht ihn ganz cool aus, ohne Ironie, ganz ernst. Die Suchanzeige seiner Eltern liegt über fünfundzwanzig Jahre zurück und man kann nur jene bewundern, die der Liebe Dauer verschaffen, die sie behüten vor den Abgründen des Alltags.

Wir reden, das heißt, ich frage und er antwortet. Die Wissenden sind meine Lieblingsopfer. Ich frage, warum Indien nicht aufersteht, warum – laut Regierungsstatistiken, die ja eher schönfärben – 77 Prozent der Bevölkerung, das wären knapp achthundert Millionen, mit zwanzig Rupien (40 Cent) pro Tag auskommen müssen. Für diesen Betrag gibt's in einem hinterindischen Straßenrestaurant zwei Mahlzeiten und einen Softdrink. Leider klingt die Antwort stinklangweilig: »Die Regierung ist schuld.« Als ob sich der Premierminister weigerte, auf den »Anti-poverty-button« zu drücken. Als ob einer verantwortlich wäre und nicht alle.

Kurz darauf aber wird der Mann ausgesprochen originell. Er erkundigt sich, wie ich Nicolas Sarkozy finde, »meinen« Präsidenten. Fest steht, dass Chaudary ihn nicht mag. »Wegen Carla.« Carla Bruni? »Genau, denn er hätte jemanden aus seinem Dorf nehmen sollen.« Das sind Sätze, für die man bereit ist, einen Tag zu hungern, so exotisch wild kommen sie daher.

Für die Freude werde ich bestraft. Denn von Hajipur sind es fünfzehn Kilometer und neunzig Minuten Rikschafahrt durch einen der verstunkensten Orte auf dem Planeten. Eben durch Patna, das Drei-Millionen-Loch, die Hauptstadt Bihars, des heruntergekommensten Bundesstaats im Land. Es gibt nur diesen Weg, um zum Bahnhof auf der anderen Seite des Ganges zu gelangen.

Und hier laufe ich auf den nächsten Absturz zu, ja freue mich noch, da der Zug nach Bodhgaya – Buddha soll dort erleuchtet worden sein – fast leer ist und in wenigen Minuten abfährt. Laut »Information Service«. Da ich noch immer unerleuchtet bin, glaube ich nur, was ich glauben will. Besonders gern die Märchen eines indischen Informationsdienstes.

Aus den wenigen Minuten werden zweieinhalb Stunden – auf der Strecke gab es einen Unfall – und so hat noch eine weitere halbe Million Männer und Frauen Zeit, den Zug zu entern. Jetzt erfahre ich etwas Neues aus dem Land, denn nun schaffen sie das Gepäck wieder nach draußen, um es an den Fenstergittern anzubinden. Damit drinnen Platz wird für die Besitzer der Koffer. Ein paar Desperados vermuten, dass am anderen Ende des

Waggons mehr Sauerstoff zur Verfügung steht. So quetschen sich die Dünnen und Dicken an meinem Kopf vorbei, idiotischerweise habe ich mich für einen Sitzplatz neben dem Gang entschieden. Da ich mich am Gepäckträger über mir – längst von Großfamilien in Beschlag genommen – festkralle, kann ich den Platz halten. Jeder Fluchtgedanke zwecklos, da jeder Fluchtweg irgendwann verbarrikadiert ist. Verstellt von Männerleibern, die sich abwechselnd nachlässig oder heftig an ihren primären Geschlechtsorganen kratzen. Eine indische Manie, ungeniert und unausrottbar. Geruchslinie zwischen meiner Nase und einem Dutzend hiesiger Unterhosen: eine Handbreit, manchmal zwei.

Wir stehen immer noch, irgendwann spazieren die Neuankömmlinge über die Schultern (!!!) der bereits Anwesenden, einige Kubikmeter Luftraum sind noch zu haben. Mir fällt ein Plakat ein, das in Patna hing: »Beware of terrorists«. Wenn jetzt einer den Auslöser neben seinem Bauchnabel drückt, dann tapezieren wir (und er) als Fleischkrümel die angerosteten Wände. Irgendwann ruckt es, wir fahren.

Und nun die Belohnung. Auch für die Angst, die Nicht-Inder in solchen Situationen überkommt. Denn verliert jetzt jemand die Nerven – nur ausgelöst durch die brachiale Enge, nicht durch ein Attentat –, dann wird aus dem Chaos die nackte Panik. Aber wir sind in Indien, dem Land, mit dem es kein anderes Land aufnehmen kann. Und einmal mehr wird klar, dass die dritte Klasse Aussichten auf phänomenale Situationen gewährt, ja jeder Schweißtropfen und jede Atemnot vergolten werden mit Erkenntnissen, die den Welthungrigen versöhnen.

Als Wunder verkleidet erscheint diesmal ein Erdnuss-Mann. Und wie einer, den kein Naturgesetz schreckt, fräst er sich zwischen den Leibern hindurch, balanciert die Schüssel mit seiner Ware über den Köpfen, krächzt unverdrossen und ausgelassen: »Peanuts! Peanuts! Peanuts!« Und ich bitte – obwohl ich sie nicht ausstehen kann – um eine Tüte Erdnüsse. Ich will wissen, wie der Mann – gepfercht zwischen Tonnen von Menschenfleisch – die Schale von oben nach unten hievt. Es scheint unmöglich. Doch in diesem Augenblick wird jedem Beteiligten klar, dass das indische Herz so unendlich dehnbar ist wie das Universum: Alle Umstehenden biegen sich nach vorn, nach links, nach rechts, nach hinten: damit Platz für das Blech wird und die beiden Hände, die nun die Waage in Stellung bringen und die Ware eintüten. Und plötzlich sind alle so gerührt von dem Jongleur und seiner Akrobatik, dass jeder umgehend eine Portion bestellt. Es ist ein wunderbarer Augenblick der Eintracht, der Fähigkeit und Bereitschaft jedes Einzelnen, die eigene Strapaze zu vergessen, um einem anderen, einem so Fremden, zu helfen. Mir wässern die Augen. Vor Glück, vor Dankbarkeit.

Nach einer Stunde wird der Zug leerer, ein Teil der Arbeiter und Angestellten steigt an den verschiedenen Stationen aus. Es ist noch immer brechend voll, aber nicht mehr indisch brechend voll. Ein junger Kerl setzt sich mir gegenüber, er hat ein waches, scheues Gesicht, ich spüre, dass er mit mir reden will. Das geht, denn Worte brauchen keinen Raum, sie sind bescheidener als Luft. Ich fange an:

– How old are you?
– I am eighteen.
– You have a girlfriend?
– No, I study, I am not interested.
– But when you finish?
– Yes, then I am interested. But sex only after marriage.

Manish erzählt, dass nach dem Examen seine Eltern auf Brautschau für ihn gehen werden. O.k., das Übliche. Vorher will und kann (!) er nicht an Sex denken. Denn Geschlechtsverkehr vor der Hochzeit wäre gegen seine Religion, da »schmutzig«. Er würde mit »Höllenqualen bestraft«, Teufel würden »heiße Brühe in mein Blut schütten«, sie würden ihn »schlagen und zwicken«, so schlimm, dass »ich nie mehr den Mond und die Sonne aufgehen sehen würde«.

Ich höre gern die Albereien, die als ewige Wahrheiten das Schafsvolk drangsalieren. Umso lieber, als ich wieder weiß, dass ich dem Gatter entkommen bin. Gleichzeitig empfinde ich Mitleid mit Manish, da er nicht wie ein Schaf aussieht, nur Opfer einer Verdummungsorgie ist. So provoziere ich ihn, beichte aus meiner Jugend, von meiner (Ex-)Religion, die mit ähnlich grobem Schwachsinn meinen kindlichen Verstand versaute. Ich jedoch – bald aufgeklärt und aufgehetzt von helleren Geistern – die Richtung wechselte und begriff, dass es genau umgekehrt war: Solange ich *keinen* Sex hatte, piesackten Teufel meinen Leib, folterten ihn mit höllischen Qualen. Und dass ich, nach den ersten intimen Begegnungen, nie mehr begriffen habe, wie eine der fulminantesten Wonnen menschlicher Existenz eine solche Wut, eine solch sadistische Lust auf Besudelung auslösen kann.

Dem Halbwüchsigen glühen die Ohren. So manches kommt ihm wohl bekannt vor. Wie mein turbulentes Sehnen von damals, dem seinen von heute sicher nicht unähnlich. Verwirrt reicht er mir bei der Ankunft in Gaya die Hand. Hoffentlich beginnt mein Gegengift bald zu wirken. Damit er eigenverantwortlich sein Hirn in Betrieb nimmt und gegen den Geifer der Dunkelbirnen rebelliert. Um ihn zusätzlich zu stärken, schreibe ich ihm ein Gedicht von Ikkyu Sojun auf, einem japanischen Zenmeister aus dem 15. Jahrhundert. Das muss ein fröhlicher Mensch gewesen sein, ein penetranter Widerspruchsgeist, oft die Habsucht und Scheinheiligkeit seiner Hierarchie verspottend. Zum Skandal wurde er, als er behauptete, dass Eros nicht minder tauge als der klösterliche Lotussitz, um erleuchtet zu werden. Denn auch der Buddhismus wurde nicht berühmt für seine Gesänge auf die Freuden der Sinnlichkeit. Aber Ikkyo Sojun, die »verrückte Wolke«, ließ den Taten Worte folgen. Wie die Zeilen »Nächtliches Gespräch im Schlafgemach«. Sie sollen jetzt Manish gehören. Ich bin sicher, dass er sie sorgfältig verstecken wird:

In die Einsamkeit
Der Berge und Seen
Fliehen sie
Die weltlichem Tun entsagten
Und bleiben gefangen
Im Streben nach Ehre und Macht
Mein mönchisches Laken
Deckt Nacht für Nacht
Uns Liebende zu
Flüsternde Zärtlichkeit
Beglückende Anmut
Welch süßer Friede

Die letzten dreizehn Kilometer mit einer Rikscha nach Bodhgaya, ein Hotel ist schnell gefunden. Wie unter den Nachwirkungen einer Droge liege ich im Bett. Umso berauschter, als bald der Strom ausfällt und die schrille Hochzeitsmusik aus dem Nebenhaus verstummt. Technischer Rückschritt trägt bisweilen unüberhörbar zum Frieden auf Erden bei. Indien ist die Droge, heute hat es mich überhäuft mit Geschenken. Sehen und lernen sind nur andere Namen für Glück, für reich, für mitten im Leben sein.

Bodhgaya ist meine letzte Station, der vierte, der »heiligste« Ort des Buddhismus. Die kleine Stadt schafft man zu Fuß. Kein

Drängen und Schieben. Die Mumbai-Attentäter haben die Touristen verscheucht. Am Weg kann man die verschiedenen Tempel besichtigen. Irgendwo hat ein Ergriffener – auf Deutsch – in eine Wand geritzt: »Der Weg nach innen ist der einzige Weg.« Welch munterer Nonsens. Ich muss mich leider wiederholen: Wenn mich die Suche nur »nach innen« und nicht auch »nach außen« führt, also zurück in die Welt, hin zu den Weltbewohnern, dann will ich auf den Innenweg verzichten. Ich will mich nicht in mich verkriechen, nicht heilige Nabelschau treiben, ich will die Innenwelt und die Außenwelt. Die eine soll die andere nähren. Und umgekehrt.

Zum Mahabodhi-Tempel, die Originalversion wurde etwa zwei Jahrhunderte nach unserer Zeitrechnung errichtet, später von Moslems zerstört, um 1880 restauriert. Das Gebäude ist heilig, aber am heiligsten ist der *Bodhi Tree*, der Erleuchtungsbaum. Direkt daneben. Hier, so will es die Tradition, hat Gautama, der ehemalige Prinzensohn, das »Große Erwachen« erreicht. Ich schreibe das alles mit denselben blassen Worten hin, wie es überall nachzulesen ist. Ich kann nicht klug mitreden, so wenig klug wie alle anderen, die auch nicht dabei waren. Die »genaue« Stelle der Verwandlung, eine Plattform aus rotem Sandstein, ist eingezäunt. Der »Diamantenthron« bleibt unberührbar. Wir Unerleuchteten dürfen nur hinschauen. Oder daran vorbeipilgern, murmeln, Gebetsmühlen drehen, winzige Goldplättchen an die Tempelmauer kleben.

Ich setze mich, drei Schritte weg, will schauen und denken. Ich bin noch nicht fertig mit dem Wort »Illumination«, kein anderes wird in diesen Breitengraden unbedachter ausgesprochen. Handelt es sich um einen Zustand, in dem der Mensch nicht mehr leidet? Weil er das Ego loswurde und von Stund an nicht mehr getrieben wird von »Ich will« und »Ich will nicht«, nicht mehr gejagt vom Verlangen nach Erfolg, nach Geld, nach Frauen und Männern, nach Lob, nach Leben? Aber wie soll das gehen? Wo soll ich meine Sehnsüchte abgeben und nichts mehr begehren? Funktioniert das? Ist das menschlich? Ist das nicht ein seltsam neurotisches Ansinnen? So was Weltflüchtiges? Schon möglich, dass aus einem königlichen Jüngling ein Buddha wurde, der – so die sagenhaften Legenden über ihn – in Einklang mit sich und jedem in seiner Nähe lebte. Von früh bis spät, bis zum letzten Atemzug. Die Ausnahme eben. Wir anderen aber, wir rastlosen Schwächlinge? Wir Aufrechner und Vergelter?

Im Tempelpark liegen über ein halbes Hundert Holzgitter, lang und breit wie ein schmales Bett. Tibetanische Mönche stehen davor und üben ihre Prostrationen. Wer nicht weiß, was da passiert, könnte denken, dass die hier Versammelten Trockenschwimm-Übungen durchführen: sich auf den Bauch legen, die Arme nach vorn legen, sie wieder heranziehen, aufstehen, die Hände nach oben strecken, wieder in die Knie gehen, wieder flachlegen. Und das Ganze von vorn, stets aufs Neue. Die Exerzitien sollen der »Reinigung des Geistes« dienen, sollen Ergebenheit bezeugen. Jeder Durchgang wird gezählt. Bis das tägliche Pensum erfüllt ist.

Zwischen den Kniefälligen sitzt eine Tibeterin und streut Körner aus einem Eimer auf eine Art Teller, rührt einmal mit der flachen Hand darüber und drückt anschließend eine Stoppuhr. Als Nachweis, wie oft sie heute Körner auf eine Schale gestreut hat. Ich bin mit Lokesh unterwegs, einem Studenten, der mich angesprochen hat, um sein Englisch mit mir zu üben. Ich bitte ihn und er fragt die Eifrige, warum sie das tut. Sie weiß es nicht. Sie tut es, so die einzige Erklärung, weil sie »es immer tat«. Sie weiß aber, dass dadurch ihre »guten Taten vermehrt« würden.

Fernöstliches Abrakadabra? Von wegen. Ich habe eine gute Freundin in Berlin, ebenfalls eine Getreue des (tibetischen) Vajrayana-Buddhismus. Aus Platzgründen wirft sie sich auf keinen

Lattenrost, sondern vor ihren Hausaltar. Bei meinem letzten Besuch berichtete sie stolz, dass sie bereits »86 000 Niederwerfungen« erledigt habe. Eigenartigerweise hat sich an ihren Desastern, sie sagt es selbst, nichts geändert. Sie lamentiert wie eh und je über die Männer-Nullen, auf die sie via Internet hereinfällt, über den Job, über den Baum vor ihrem Küchenfenster, ihre Gewichtsprobleme. Da sie eine liebe Frau ist, teile ich stets meine tiefen Einsichten in die Welt mit ihr und verkünde kaltblütig, dass auch 86 Millionen spirituelle Bauchlandungen zu keiner Erleuchtung führen werden. Ja, nicht mal ein Licht, ein Lichtlein, wird ihr aufgehen. Die Gute ist dann beleidigt und wirft sich erst recht nieder.

Mich wundert, woher diese Lust nach Erniedrigung kommt. Statt die Lust nach Würde, Grandezza und Selbstachtung zu fördern. Vor einem »Höheren« in den Staub? Grauenhaft diese hündische Demut. So grauenhaft wie Hochmut. Beides unerträglich.

»Offener Raum, nichts Heiliges«, den Satz habe ich von einem buddhistischen Zen-Meister. Der klingt beruhigend. Offener Raum als Synonym für Freiraum, wo keine alteingesessenen Heiligkeiten diktieren, in welche Richtung die Suche gehen soll. Wo einer sich auf den Weg machen darf, ohne gleich von Sprüchen und Ritualen umzingelt zu werden.

Etwas vollkommen Unvorhersehbares ereignet sich. Als Indienreisender kann man sich auf vieles gefasst machen. Aber was jetzt kommt, ist revolutionär. Für mich zumindest. Arglos beginnt es. Kurz nach der Verabschiedung von Lokesh spricht mich ein Mann an, der sich als Sanjog Kapur vorstellt. Er hat ein Flugblatt dabei, auf dem »Search for peaceful life« steht, ein Werbezettel für eine Privatschule. Hier unterrichten sie »Selbstvertrauen und besseres Denken«, aber auch »Geburtenkontrolle«. Der Mann kann nur intelligent sein. Er sagt, als hätte er meine Frage dazu erwartet: »Our religion is humanism.« Wer weiß eine schönere Religion als den Humanismus? Eine Gesinnung, die sich mit den *humans* befasst, den Menschen. Und ganz ohne Himmelreich auskommt. Nur nach einer Welt strebt, auf der ihre Bewohner gelassener miteinander umgehen.

Das war jedoch nur Vorspiel. Irgendwann fragt mich der Inder, ob ich schon einmal von »Tantra« gehört hätte, jener sexuellen Fertigkeit des Mannes, nicht zu ejakulieren, sondern den Orgasmus »innerlich« zu erleben. Und das mehrmals, über Stunden hinweg. Ich antworte ausweichend, rede von vagen Kenntnissen, will zuerst wissen, warum er die Frage stellt. Und Mister Kapur erklärt Tantra als eine Möglichkeit, in tiefere Bewusstseinsschichten zu gelangen. Durch Verlangsamen des Akts würde eine geistige Ruhe entstehen, die einem inneren Wachstum förderlich sei. Beiden Beteiligten, allen Beteiligten. Natürlich erinnern mich seine Reden an den Dichter-Mönch Ikkyo Sojun und das Gespräch mit Manish im Zug. Doch der Japaner war ein lustiger, sinnlicher Mensch, Tantra hingegen ist eine tibetische Geheimlehre, die im Westen zu einer – wahrlich nicht einfachen – »Sextechnik« reduziert wurde.

Selbstverständlich ist sie mehr als eine erotische Raffinesse, sie ist (auch) eine Geisteshaltung, die Männer davon überzeugen soll, dass Sex nicht beim Samenerguss anfängt und hinterher nicht dort aufhört. Die dazu verführen soll, die Intimität hinauszuzögern, den Beischlaf nicht als »quick business« zu begreifen, sondern als Spiel, das man nicht aufhören will zu spielen. Bedenkt man, dass in Deutschland – so ergaben letzte Untersuchungen – durchschnittlich dreieinhalb Minuten zwischen Penetration und »Finale« vergehen, dann wäre Tantra als Pflichtfach eine glänzende Idee.

Das alles weiß Sanjog, der als »teacher and expert« auf dem Waschzettel unterschrieben hat. (O.k., von der Statistik in deutschen Betten weiß er nichts. Aber in indischen Schlafzimmern wird es ähnlich rasant zugehen.) Sanjog redet wie ein Eingeweihter, fängt tatsächlich an, mir, dem Weißen und Wildfremden, von den intimsten Praktiken mit seiner Frau zu erzählen, ja zieht ein Portraitfoto von ihr heraus. Ein attraktives Gesicht.

Was bisher geredet wurde, ist in extremis noch »normal«, noch nachvollziehbar zwischen zwei Männern, die sich keine zehn Minuten lang kennen. Aber jetzt kommt das Revolutionäre, jetzt passiert das, was mir noch niemand in diesem Land geboten hat. Sanjogs Vorschlag ist absolut tabu für einen Inder (ja selbst in Europa wäre nur eine winzige Minderheit dazu bereit), so tabu, dass er ihn nicht einmal aussprechen würde. Nicht im Spaß, nicht als Witz. Aber er spricht ihn aus: »Wenn du magst, kannst du meiner Frau und mir zuschauen, wenn wir uns lieben.« Ich bin für drei Augenblicke sprachlos, dann setzt der vielleicht 35-Jährige nach, sagt: »Und wenn du willst, kannst du mitmachen.« Nach nochmals drei Augenblicken habe ich meine Fassung zurück, bin wieder der eiskalt Neugierige, der wissen will, wie weit er gehen kann: »Macht sie auch alles, ist sie ganz offen für die ganz intimen Sachen?« Und Sanjog nickt, lächelt eine Spur mitleidig, als wäre das nicht selbstverständlich.

Was mir an dem Revolutionär (dem Wahnsinnigen?) gefällt, ist die verbale Eleganz. Kein hechelnder Pornoton entkommt ihm, kein billiges Augenzwinkern unter Kumpeln, die sich Zoten erzählen, nichts verdruckst Unappetitliches. Eher diskret, ruhig. Nach blitzschneller Bedenkzeit sage ich zu. Das will ich leben, das sind Begegnungen der dritten Art, die kommen wenige Male im Leben.

Wir verabschieden uns, er muss zum Unterricht. Um 18 Uhr, hier vor dem Haupteingang zum Mahabodhi-Tempel, will er mich heute Abend abholen. Um mich zu seinem Haus zu bringen, ein paar Kilometer außerhalb der Stadt.

In der Zeitung steht, Oprah Winfrey habe gestanden, wieder bei »two hundred pounds« angekommen zu sein. Bei neunzig Kilo. Und das, »obwohl ich schon so viel darüber geredet und gelesen, so viel gemacht habe. Und noch immer bin ich fett.« Wäre ich ein gemeiner Mensch, würde ich der Milliardärin 200 Niederwerfungen pro Tag in Bodhgaya verschreiben. Um die Pfunde wegzubrennen. Aber die Amerikanerin sagt etwas, was sehr vertraut klingt: Man schleppt ein Problem durchs Leben – ob nun Speckschwarten, Alkohol oder cholerische Anfälle – und wird es nicht los. Es folgt einem. Wie der Hintern. Irgendeine geheimnisvolle Blockade sitzt im Körper, irgendwo in der Seele.

Auch deshalb bin ich wieder nach Indien gekommen. Auf der Suche nach Radikalität. Um es mit den eigenen Trieben aufzunehmen, den stets gleichen Niederlagen. Um mir selbst zu beweisen, dass Zustände veränderbar sind. Willenskraft reicht nicht, natürlich nicht. Ich muss tiefer, dahin, wo die Schalthebel sitzen. Wer die manipulieren kann, der dreht den Spieß um. Ich weiß es und habe es noch immer nicht verstanden. Ich rede wie die Oprah und komme nicht vom Fleck.

Zum vereinbarten Zeitpunkt bin ich zur Stelle. Und warte auf den Mann, der mir heute so großzügig versprochen hat, mich zur Sinnenfreude einzuladen. Und warte um 18.45 Uhr noch immer. Kein Sanjog, keine Frau Kapur, nur Pilgermassen, die sicher nicht zu einem »threesome«, einem erotischen Trio, verabredet sind. Ich könnte jetzt lange darüber nachdenken, warum die germanisch-indische Liebesnacht nicht stattfinden wird. Ist der »Lehrer und Experte« ein Mythomane, der sich beim Erfinden von Geschichten aufplustert? Sich erregt? Der gern blauäugige Touristen vorführt? Hat er die Nerven seiner hübschen Frau überschätzt? Ist alles ganz anders und der (angebliche) Inhaber einer Privatschule jobbt als Gangster, der gern Geldbesitzer – kein Westler weiß ja, wohin mit seinem Reichtum – in dunkle Dörfer verschleppt? Wo die Kumpane die Beute k.o. hauen und ausschlachten. Oder sitzt Sanjog jetzt bei seinen Freunden und sie lachen Tränen über den Tropf, der auf jeden Humbug hereinfällt? Ich werde wohl mit dem Rätsel sterben müssen.

Ich schlendere zurück in mein Hotel, Frust ist ein brauchbares Motiv, um zu meditieren. Um das »Loslassen« zu üben. Ach, Sprüche. Über drei Stunden lang vibrierte eine Vorfreude durch meinen Körper, diese Aussicht auf Hitze und sensuelles Neuland. Jetzt muss er wieder zurück auf Normaltemperatur.

Aber heute gelingt die Meditation. Selten genug. Das Verlangen nach dieser unbekannten Frau verschwindet aus meinem Kopf und ich bin irgendwann einverstanden mit dem, was ist: ein stilles Zimmer, die Freude am Leben, die Aussicht auf eine fordernde Zukunft. Ich versuche, mir nichts einzureden, mir nicht den Abgeklärten vorzuspielen. Für eine kurze Zeit, immerhin, ist die Gier weg, jener Raubvogel, der wie kein anderer die Welt überzieht. Er wird wiederkommen, auch das weiß ich. So wie die Frustbeulen, für deren Heilung kein lautloses Sitzen auf einem Kissen reicht. Ich bin folglich gut vorbereitet für den Rest meiner Tage. Keine Hoffnung plagt mich.

Vor Tagen las ich ein Interview mit einem Feng-Shui-Master, sein Rettungsplan für alle von »seelischen Schocks« Beladenen klang übersichtlich. Der Betroffene setze sich vor eine Wand mit »orangefarbenen Tönen« und sage bestimmt: »Ich werde gesund, mein Trauma ist vorbei und ich bin vollständig geheilt.«

Der Meister ist ein Schlitzohr, er kassiert fürs Verkaufen von Illusionen. Er rechnet fest mit der Dummheit seiner Klienten.

Und ihrer Sehnsucht, im Handumdrehen davonzukommen. Da lobe ich mir Vipassana, wieder einmal. Die Aussichten auf eine sofortige Heilung sind gleich Null. Kein Shangri-La wird versprochen, im Gegenteil. Man muss sich verausgaben, Hartnäckigkeit üben. Wie ungeil das klingt. Und wie aussichtsreich für jene, die sich für die Wirklichkeit entschieden haben.

Am nächsten Morgen muss ich aus dem Hotel laufen. Ich habe für alles bezahlt, aber sie wollen, dass ich mehr zahle. Weil eine Quittung im Büro verloren ging. Die Suche nach einem Stück Zettel kann in Indien Jahre dauern. Dummerweise lebe ich mit der Stoppuhr in der Hand. Also renne ich – guten Gewissens – davon, den Rezeptionisten im Nacken. Und springe in eine Rikscha, los. Nicht ohne freundlich dem Konditionsschwachen zuzuwinken. Ich mag eben beides. Still sitzen, nicht die kleinste Bewegung vollführen. Und den Körper auf Höchstgeschwindigkeit treiben und das Herz pochen hören.

Um acht Uhr im Zug nach Varanasi. Der Ansturm ist gehörig, aber keinesfalls beunruhigend. Was sehr überrascht: Wenn jemand einer fremden Person durch das Waggonfenster einen Schal reicht mit der Bitte, ihn auf einen noch freien Platz zu legen, dann gilt diese »Reservierung«, bis der Schalbesitzer sich durchgeschlagen hat und sitzt. Da, wo er hinwollte. Selbst dann, wenn inzwischen ein halbes Hundert Passagiere vorbeiflutete. Ehrfurcht vor einem Stück Baumwolle. Andere Länder, andere Spielregeln.

Die folgenden sechs Stunden Fahrt bringen viel Freude. Und Kopfschütteln. Keiner schnürt dem anderen die Luft ab, ich richte mich neben einem Fenster ein und der Chai-Baba bringt den Tee. In der Zeitung steht, dass die Regierung von Patna die Zuschüsse für die Polizeistationen erhöhen wird. Damit die Gewaltopfer, die wegen einer Anzeige kommen, nicht mehr selbst zum Markt rennen müssen, um Papier, Durchschlagpapier und Kugelschreiber zu kaufen. Mir fallen bei solchen Meldungen immer die Hochglanz-Reportagen ein, die im Westen seit zehn Jahren das Bild vom neuen »Wirtschaftsgiganten Indien« verbreiten. Produkte des typischen »Hotel-Journalismus«, dessen Vertreter in Hochglanz-Hotels absteigen und ihre Recherchen an der Hochglanz-Bar hinter sich bringen. Wo sich ähnlich resolute Mitstreiter – braun gebrannt vom langen Lungern am Swimmingpool – bereits eingefunden haben.

Sie schreiben über das »Indische IT-Wunder« und die Busenwunder Bollywoods und die Jeunesse dorée von Bangalore, eben über alles, was sich in sicherer Nähe ihrer Five-Star-Herbergen befindet. Sie machen es wie die Glitzerreichen im Land: Die Misere überfliegen sie und während kürzerer Distancen verstecken sie sich hinter den dunkel getönten Scheiben ihres *Ambassadors*. Mit Chauffeur. So übersehen sie gut gelaunt die achthundert Millionen, die noch nie von einem Aufschwung gehört haben. Das, so muss man es wohl verstehen, ist die »Neue Weltordnung«: Diejenigen, die nichts haben, sind nicht mehr. Sind verschwunden vom Radar des Medieninteresses. Ich habe mich oft gefragt, was an diesen Journaille-Schnöseln schwerer wiegt. Die Missachtung? Die Ignoranz? Oder diese mühelose Gleichgültigkeit?

Noch zwei Meldungen. Sie erzählen so viel. Man sieht ein Foto des bekannten *Leopold Cafés* in Mumbai. Auch dort haben die Terroristen vor kurzem gewütet und zehn Gäste erschossen. Die Leichen wurden inzwischen weggeräumt, dafür sieht man jetzt Touristen, die sich fleißig gegenseitig fotografieren. Bevorzugt an Tischen, wo Blut klebte. Die Bildunterschrift erklärt den Zusammenhang: Hier wurden kürzlich Leute abgeknallt und nun sind wir auch da. Extra reingeschneit. Geiler Ort. Lächelnd und schwer betroffen schauen sie in die Kamera.

Durchaus erheiternd jedoch die Nachricht zum hiesigen Heiratsmarkt: Der »techie« ist out, der Dipl-Ing. oder geniale Computer-Freak stehen nicht mehr an der Spitze indischer Frauen-Träume. Als Folge der Wirtschaftskrise. Jetzt suchen die Eltern wieder verstärkt nach solideren Schwiegersöhnen. Das wären Funktionäre, Lehrer, Ärzte. Die verdienen weniger (Bakschisch jedoch nicht vergessen!), sind aber »safer«, zuverlässiger, riskieren kaum, auf der Straße zu landen. Die Grafik daneben zeigt den aktuellen Kurs. Für einen höheren »Staatsbeamten« muss der Brautvater (aus gehobenen Kreisen) zwischen zehn und fünfzig Millionen Rupien hinlegen, 150 000 bis 750 000 Euro. Schriftsteller stehen gar nicht auf der Liste. Ich vermute, man bekommt sie umsonst.

Ein Weißer nimmt im Abteil Platz. Er hat etwas, das mir sofort gefällt. Sein Charme, sein Umgang mit den Einheimischen, die neugierigen Augen. Sie sind wohl die Voraussetzung für das Leben, das er die letzten zehn Jahre geführt hat. Nataniel muss sogleich berichten: Als 22-Jähriger läuft er von zu Hause weg. Er verlässt Buenos Aires und zieht in die Welt. Kellnert in Spanien, pflückt Baumwolle in einem Kibbuz, erntet Äpfel in Italien, melkt Kühe in Sarajewo, unterrichtet Spanisch in Deutschland, verdient immer so viel, dass es für die nächsten 500 Kilometer reicht. Und fliegt alle zwei Jahre nach Hause. Um zu erfahren, dass sein rigider Vater noch immer nicht mit ihm zufrieden ist. Die Vaterliebe, sie kommt nicht. Und die Liebe der Mutter auch nicht. Sie kann nicht, sie wurde krank, geisteskrank. »Vielleicht«, sagt Nataniel, »weil sie mit dem falschen Mann ihr Leben verbrachte.« Und so kehrt er jedes Mal wieder um, eilt jedes Mal weiter weg von der Familie.

Vor Monaten lebte er in Osaka, hatte sich auf Henna-Tätowierungen spezialisiert. Er reise, so beichtet er, um bei sich anzukommen. Er will eine Zukunft finden, die ihn das nächste halbe Jahrhundert anspornt. Zehn Jahre Jobben sei lehrreich, aber er brauche einen Beruf, nein – er sagt es leise, als geniere er sich – »eine Berufung«. Und jetzt habe er sie gefunden. Vor fünf Tagen kam er aus Thailand, wo er an einem Meditations-Camp teilnahm. Was er in regelmäßigen Abständen tut. Und diesmal, behauptet er scheu, »kam er über mich«. Er, das ist der Mut. Denn der Traum hat seit langem einen Namen. Der 32-Jährige will schreiben.

Seine Zurückhaltung ist löblich. Wie oft hat man sich beim Lesen eines Textes gewünscht, der Autor hätte für immer gezögert. Andererseits, der Respekt darf nicht ausarten. Eines Tages muss der Zögerling aufspringen und die Gefahr der Bruchlandung riskieren. Sonst taugt die ewige Suche nur noch als Ausrede, als Eingeständnis von Mutlosigkeit. Wer ohne Niederlagen durchs Leben will, muss Staatsdiener werden. So heißt der Lieblingsberuf der indischen Jugend. Wer es weniger gemütlich haben will, soll es als Schreiber versuchen. Die Freuden sind intensiver. Wie die Abstürze.

Das sage nicht ich, das sagte Nataniel. Nur die ersten zwei Sätze in dem obigen Absatz sind von mir. Wie klarsichtig er die Lage einschätzt. Schon beim Reden offenbart sich seine Begabung. Sprache benutzt er nicht nur, um Fakten mitzuteilen, er sucht auch jene Wörter, die Gedanken *und* Nebengedanken transportieren, die heftiger anrühren als die reine Information, Sprache eben, die den Zuhörer klüger macht *und* beschwingt. Inhalt *und* Form, eines so wichtig wie das andere. Nataniel hat alles verstanden.

Beim Abschied schreibe ich ihm einen Satz von Akhil Kumar auf, einem berühmten Boxer im Land. Damit der talentierte Anfänger nicht wieder strauchelt und sich von seinen Bedenklichkeiten einholen lässt: »Träume werden nicht wahr, wenn du schläfst. Träume sind das, was dich nicht schlafen lässt.«

Zwanzig Kilometer vor dem Ziel steigt ein Mann zu, der den jetzt freien Platz einnimmt. Und da er Bengale ist – die wortmächtigsten Inder sind die kleinsten und sprachverliebtesten – kann er nur zehn Sekunden den Mund halten. Dann sprudelt er, muss er sprudeln. Er stellt sich als Philosophie-Professor vor und sagt vor jedem neuen Absatz den kühnen Satz: »Let me tell you the truth.« Wenn es denn die Wahrheit ist, die er zu erzählen hat, dann sind es Heldenwahrheiten: Jeden Tag, ja, jeden Tag, fährt Ronny in die große Stadt und klopft an Villentüren, um seine Dienste als Hauslehrer anzubieten. Für die Kinder der Wohlhabenden. Mit zwölf musste der heute 60-Jährige die Schule verlassen, da er Waise wurde. Unfalltod seiner Eltern. Er hatte keinen Schulabschluss, keinen Beruf, dafür einen kompromisslosen Willen und bald eine Frau und zwei Kinder. Und lernte drei Fremdsprachen, Hindi, Englisch und Französisch. Die beiden europäischen Sprachen – nur die kann ich nachprüfen – spricht er beinahe fließend. Ein, zwei Stunden verbringt er täglich in der Stadtbibliothek, er will sein »Weltwissen« erweitern. Schließlich sei er Philosoph.

An manchen Tagen geht keine Tür auf und die vier hungern. Selten. Manchmal gehen zwei auf und er kann ein paar Rupien sparen. Ronny redet ohne den Balsam des Schwergeschlagenen. Seine Worte rattern, gewitzt, schnell, kein Gramm Ergriffenheit klebt an ihnen. Seine Ehe ist gut, seit über vier Jahrzehnten geht das Paar unbeschwert miteinander um. So Ronny. Und – als solle der Hinweis die Glaubwürdigkeit der vorhergehenden Nachricht noch bestärken: »Seit drei Jahren suche ich keine physische Intimität mehr.« Aus gesundheitlichen Gründen, sagt er. Seine Frau, seine erste und letzte, sei damit ganz einverstanden. Auch das klingt überzeugend.

Liebestolle Rentner in Indien, das wäre die reine Unwahrheit. Ich blicke auf seinen Hemdkragen, auf die Fingernägel, alles sauber. Er hält auf sich, ein untrügliches Zeichen, dass er nicht untergehen will.

Der Mann redet einen Kilometer pro Minute, tatsächlich. Was in keiner Weise aufdringlich wirkt. Er ist ohne Allüre, er will andere, so ist zu vermuten, teilhaben lassen an seiner Philosophie, seiner – ganz wörtlich übersetzt – Liebe zur Weisheit. Bevor er aussteigt, eine Station vor mir, frage ich ihn noch, ob er meditiere. Der Mensch hat etwas Fürsorgliches an sich, so eine lässige Balance. Nein, nie. Ich winke ihm durch das Fenster begeistert nach. Ronny geht nicht, er hüpft eher. Ich bin mir sicher, auch nach hunderttausend Stunden Meditation werde ich nicht so leicht sein wie er. Eben wie einer, der die Erdanziehung überwunden hat. Der schwebt. Der die Leichtigkeit des Seins erträgt, ohne zu glauben, dafür mit einem Unglück bezahlen zu müssen. Vermutlich streckt auch ihn bisweilen ein Jammer nieder. Aber er zieht keine Furchen durch sein Herz, keine »posttraumatische Verbitterung« schwärzt ihm die Aussicht auf die Welt.

In Varanasi steige ich in einem Hotel ab, das mir Nataniel empfohlen hat. Keine Luxushütte und doch der Luxus, vom Zimmerbalkon auf den Garten blicken zu können. Und lesen und rauchen zu dürfen. Und über einen Knopf zu verfügen, der jemanden veranlasst, einen Kaffee zu bringen. Und anschließend die Tür zu verriegeln, still sein und schreiben zu dürfen. Kein Beruf ist so geräuschlos, so unkriegerisch und so gefährlich. Schon Mohammed wütete: »Unter allen Sterblichen hat der Schriftsteller die größte Chance, in die Hölle zu kommen.« Eine solche Makulatur kann nur ein Analphabet verbreiten. Das Gegenteil stimmt. Darf ein Schreiber nicht mehr schreiben, dann landet er in der Hölle. Hier auf Erden. Denn seine Sprache ist sein Vademecum, das er immer bei sich führt. Sein Allheilmittel, immer alarmbereit, um den Zudringlichkeiten der Welt standzuhalten.

O.k., fast allen. Als am Nachmittag des nächsten Tages Musiker und Arbeiter anfangen, die Bühne für die abendliche Hochzeitsfeier aufzubauen, und irgendwann probeweise mit 150 Dezibel losschlagen, hilft keine virtuelle Flucht. Man fragt sich nur, wie etwas lebenslang halten soll, das schon mit einem solchen Elend beginnt. (In Indien gibt es Auszeichnungen für jene, die mit ihrer Soundbox den größten Lärm produzieren können!) Vielleicht haben Inder dort Attrappen, wo bei uns Ohren hängen. Ich flüchte ins Freie. Ich habe tapfer zwei Wochen lang jede Art Getöse über mich ergehen lassen, jetzt muss ein Ort der Ruhe her.

Etwas Seltsames geschieht. Kaum habe ich die ersten zehn Meter auf der Straße zurückgelegt, zoomen die Bettler, die fliegenden Händler und Rikscha-Fahrer auf mich, den Weißen. Das ist sehr normal, seltsam ist, wie anders ich reagiere. Seit gestern Mittag habe ich die Oase nicht mehr verlassen, lebte achtundzwanzig Stunden fern vom indischen Dschungel. Anders formuliert: Lasse ich mich jeden Tag, jede Stunde, auf das Land ein, bin nah, ganz nah, dann wächst mir eine zweite Haut, eine Schwarte, dann bin ich gewappneter, resistenter, bisweilen auch kälter. Der Ansturm ist so kolossal, dass man automatisch das Visier herunterklappt. Nicht jetzt, der Schutzschild ist bereits verschwunden. Ohne Rüstung trete ich gerade an. Nun sticht wieder das Herz, wenn ich sehe, wie diese armen Teufel mir nachradeln und mich bitten, nein, anflehen, doch aufzusteigen. Man gewöhnt sich an alles, so reden jene, die sich an alles gewöhnen. Ich bin mir nicht sicher, ob ich das will. Irgendwie klingt der Satz nach Bankrott.

Natürlich herrscht das vertraute Verkehrschaos, auch jetzt, um 17.47 Uhr. Alle durcheinander, jeder für sich. Hupen, schreien, klingeln, die Welt als Gasglocke. Und natürlich passiert nichts. Sie alle meistern das Chaos. Ich habe nie verstanden, wie man auf die Regierung in Neu-Delhi schimpfen kann. Im Gegenteil, man muss sie preisen für die Wundertat, die sie täglich vollbringt: Ein Volk von 1120 Millionen absolut undisziplinierbaren Individuen zu führen. Irgendein Segen, irgendeine Gnade liegt über dem Subkontinent. Nehmen wir das einzige andere Land mit vergleichbarer Einwohnerzahl, China. Und wir haben die kommunistische Knute, einen Ex-Schlächter als Staatschef, öffentliche Hinrichtungen, ein Massenheer von Spitzeln, einen kulturellen Genozid in Tibet. Hoch, hoch, tausend Mal hoch lebe Indien.

Nach ein paar Minuten entdecke ich das *Radisson Hotel*, Luxus mit Geschmack. Im Café bestelle ich einen Cappuccino und das erste Menschenrecht: allein gelassen zu werden, unerreichbar sein zu dürfen. Keiner zupft an mir, keiner produziert Schuldgefühle. Hier, auf diesem winzigen Erdteil, meinem Ledersessel und dem Tisch, werde ich – wie befremdlich das klingt – ein Unberührbarer. Geld verschafft Diskretion. Geld hat schöne Seiten.

Ich schalte den Macintosh ein, bin noch nicht fertig mit meinem Tagebuch. Plötzlich fällt mir noch ein Grund ein, warum Sprache notieren das schiere Glück auslöst. Nicht bei jedem Satz, aber oft: Schreiben macht bedürfnislos. 26 lautlose Buchstaben reichen. Mehr hat man nicht, mehr braucht man nicht. Bedürfnislosigkeit ist nur ein anderes Wort für Hochgefühl, für tief innen.

Die letzten zwei Stunden lesen. Irgendwann stoße ich in der *Hindustan Times* auf einen Artikel, den ich besser übersehen hätte. So aufklärend er sein mag. Er berichtet von zwei amerikanischen Forschern, die ihren Testpersonen entweder eine Tasse warmen Kaffees oder einen Becher Eiskaffee in die Hand drückten. Und sie baten, nun per Fragebogen eine Person zu beurteilen. Mit der Folge, dass die »warmen« Probanden die Person wärmer beurteilten, sie für generöser und hilfsbereiter hielten als die »kalten«, die kälter bewerteten. Als ich nach der Lektüre den Kopf hebe, um über das wundersame Ergebnis des Versuchs nachzudenken, fällt mein Blick auf eine indische Schönheitskönigin, die hier nebenbei als Bedienung arbeitet. Fällt auf ihre Hände, da sie gerade einen nächsten Cappuccino bringt. Ich spüre jäh ein Verlangen nach Nähe, nach Wärme. Auch das weiß ich gewiss, neben dem Glück der Buchstaben gibt es das Glück warmer Frauenhände.

Am dritten Tag checke ich aus, heute muss ich ins »Kloster«. Um Punkt zwölf Uhr treffe ich Malulal, den Rikscha-Fahrer, in Sarnath. Vor dem richtigen Gebäude, am richtigen Tag, zur richtigen Zeit. Wie vor vierzehn Tagen vereinbart. Selbst auf meine Vorurteile kann ich mich nicht mehr verlassen.

Wir haben Zeit, nach dem Mittagessen machen wir uns auf den Weg. Die Waden von Malulal haben in der Zwischenzeit nicht zugelegt, noch immer staksen sie knochenmager aus seinem Dhoti. Doch mein schlechtes Gewissen hat sich verändert, es ist kleiner geworden. Der Dünne besteht auf der Schinderei über die verbuckelte Landstraße. Er will es mir beweisen, soll er. Mein Eingreifen würde ihn nur demütigen. Links und rechts fällt der Blick wieder auf die Kühe, die Vogelscheuchen. Und die Männer, die vor ihren Häusern sitzen und – schauen. Wie damals, als wir zum ersten Mal vorbeikamen. »This is India«, sagt Malulal, so, als hätte er meine Überlegungen erraten. »No«, antworte ich, »this is my wonderful India.« Irgendwann müssen wir stehen bleiben, weil ein blindes Paar mitten auf der Straße tippelt. Behutsam führt sie Malulal zur Seite, mahnt zur Vorsicht. Das ist eine ergreifende Szene. Könnte man im richtigen Leben auf den »Restart«-Knopf drücken, würde ich sie mir immer wieder anschauen. Damit die Bilder mich nähren in raueren Zeiten. Kurz nach 14.30 Uhr kommen wir an. Am offenen Tor zum *Dhamma Chakka Vipassana Center* steht Harisingh und begrüßt mich. Sofort bin ich wieder verliebt in den Alten.

Ein provisorisches Büro wurde im Garten aufgebaut, mit zwei dieser typisch indischen Feldbetten, bei denen fest verzurrte Hanfstricke den Lattenrost ersetzen. Wer von den Teilnehmern nun eintrifft, setzt sich und muss erstaunlich wenig Bürokratie erdulden. Die Personalien, den Schulabschluss, den Beruf angeben. Und die Versicherung, dass man keine Seuchen einschleust, nicht »geisteskrank« und nicht »drogensüchtig« ist. Dann die Aufforderung, allen Lesestoff, jedes technische Equipment wie Computer, Radio und mp3-Player abzugeben. Plus Papier und jede Gerätschaft, die zum Schreiben dient. Plus jedes Gramm Tabak, jede (nicht lebensrettende) Pille, auch Schlaftabletten, auch das heimliche Säckchen Haschisch. Plus, zuletzt, alles religiöse Instrumentarium, Rosenkranz, Mala etc. Nichts soll ablenken, alles soll vorbereiten auf Isolierung, auf Konzentration, soll vom ersten Augenblick klar machen, dass keine Hilfe von »außen« zu erwarten ist.

Ich trage mich als Letzter ein, so besteht die Möglichkeit, kurz die Anmelde-Liste zu überfliegen. Acht Ausländer haben sich eingetragen, sechs Männer, zwei Frauen. Ein Australier, ein Schweizer, zwei Amerikaner, ein Japaner, ich, zwei Französinnen. Fast alle mit einem »university degree«. Von den dreizehn Indern und fünf Inderinnen erfahre ich nichts, sie alle schrieben in Hindi.

Harisingh weist noch darauf hin, dass ein »lezard repellent« zur Verfügung steht, ein Mittel, das Geckos in Schach hält. Weil beim letzten Kurs eine verschreckte Engländerin fluchtartig die Anlage verlassen hatte, aus Angst vor den (so harmlosen) Tierchen. Ob das der Grund war? Ob sie sich nicht vor ganz anderen Beklemmungen in Sicherheit brachte? Eisern sitzen und eisern den Mund halten und jeden Blick in sich hinein ertragen, das kann Angst machen. Zartlinge werden hier nicht geheilt. Deshalb auch die Frage nach den Abhängigkeiten, der geistigen Verfassung. Die Spielregeln von Vipassana – ganz ähnlich dem japanischen Zen – sind knallhart. Eine Zeit der Eingewöhnung gibt es nicht. Das Spiel, das so fordernde, beginnt sofort.

Jeder bekommt eine Zelle zugewiesen. Zwei Meter mal drei, Betonboden, zwei vergitterte Fenster, eine Holzpritsche mit einer Schaumstoff-Matratze – fünf Zentimeter dick am Rand, fünf Millimeter in der Mitte –, eine Wolldecke, eine Glühbirne (die – hinreißend indisch – nur tagsüber glüht), eine Nasszelle mit kaltem Wasser und einer Kloschüssel ohne Brille. *But a room of my own*, das soll zählen. Jagten mich doch Panikattacken bei dem Gedanken an Schlafsäle, in denen nachts das gnadenlose Heer der Schnarcher uns Nicht-Schnarcher in Geiselhaft nimmt. Und die nächste Panik bei der Aussicht auf »öffentliche« Toiletten, eine neben der anderen, mit oben und unten zu kurzen Sperrholzplatten als kümmerliche Trennwände. Wo einer dem anderen beim Defäkieren zuhören muss. Was für ein Akt barbarischer Nötigung. Wie trostreich, dass sie hier bei der Suche nach den großen Wahrheiten die kleineren nicht übersehen haben. Wie das Recht auf Diskretion. Klein, aber ewig.

Gang über das Gelände. Bougainvillea blühen entlang der lila Mauern. Ein Stacheldraht obendrauf. Sogar stumm sitzende Männer und Frauen müssen sich in heutigen Zeiten schützen. (In zehn Tagen werde ich wissen, warum.) Das Areal ist etwa hundert Meter breit, zweihundert lang. Acht Gebäude gibt es, alle flach, nur mit Erdgeschoss. Die *Male Dining Hall*, die *Female Dining Hall*, die Unterkünfte der Männer, der Frauen, des Personals. Und die *Dhamma Hall*, ein unaufdringliches, achteckiges Konstrukt, hier wird meditiert. Ein Dutzend Solar-Schilder sorgen für Energie. Zwischen den Häusern liegen die Gemüsefelder. Hier bauen sie Kartoffeln, Tomaten, Kürbis und Rettich an. Die Mittel sind knapp, das Bewusstsein für die Natur und ihre Ressourcen ist stark.

An verschiedenen Stellen hängen Zettel, mit der Aufforderung zu »Noble Silence«. Das sind zwei bewegende Worte, eine Spur pathetisch, aber ungemein verheißungsvoll. Darunter stehen drei Ratschläge, um es erfolgreich durchzustehen: 1. Vermeide jeden Augenkontakt. 2. Gehe nicht zu den Zellen der anderen. 3. Gehe mit niemand anderem.

Um 17.45 Uhr gibt es Abendessen, Dhal, Reis, Gemüse, rein vegetarisch. (Unser letztes, freundlicherweise erfahren wir das erst morgen.) Im Nebenraum essen die Frauen. Der »Speisesaal« erinnert an eine Zuchthaus-Kantine, Fliesenboden, lange Tische, Plastikhocker, wieder die vergitterten Fenster. Hintereinander anstellen, zwei Mann Personal geben das Essen aus. Tee steht bereit. Ab jetzt gilt die Schweigepflicht. Hinterher in die Waschküche traben und das eigene Geschirr abspülen.

Dann nochmals Platz nehmen. Ein Band läuft und jemand mit amerikanischem Akzent liest die »rules« vor, die auf dem Flyer standen, verweist zuletzt auf die Schlangen, die es hier gibt. Und die keinen schrecken müssen. Wer sie entdeckt, soll die Helfer verständigen, dann wird das Tier entfernt. Die Stimme klingt angenehm, kein Kasernenhof-Gebrüll. Gelassen werden die Richtlinien vorgestellt, die Meditationszeiten, die Essenszeiten, die Ruhepausen. Und natürlich müssen alle Neuen die »fünf Grundgebote« des Buddhismus respektieren (leicht den modernen Zeiten angepasst):

- Kein Lebewesen töten (und quälen).
- Nicht stehlen.

– Kein sexueller Fehltritt. (Was immer das bedeuten mag.)
– Nicht lügen.
– Keine Drogen. (High soll die Meditation machen, nicht die Chemie.)

Die halbe Stunde vergeht ohne drohenden Unterton, ohne fundamentalistische Anmaßung. Kein Rauswurf wird bei Nichtbeachtung in Aussicht gestellt, es wird immer nur an die eigene Verantwortung appelliert. Einen »Code of Discipline«, den gibt es. Und Disziplin, die aus freiem Willen akzeptierte, ist lobenswert. Würde nur der leiseste Verdacht religiöser Inbrunst auftauchen, ich würde packen und rennen. Ich suche kein Glaubensbekenntnis, ich will eine Technik lernen, die mir hilft, mein Leben zu intensivieren. Klugerweise stand in den von Harisingh verteilten Unterlagen noch, was Vipassana NICHT ist: »Es ist *kein* Ritual, das auf Glauben beruht. Es ist *weder* eine intellektuelle *noch* philosophische Unterhaltung. Es ist *keine* Kur, *kein* Urlaub, *kein* Ort, um Leute kennen zu lernen. Es ist *kein* Fluchtweg, um den Zumutungen und Wirrungen des Lebens zu entkommen.«

Diese Zeilen machen Mut. Weil sie vollkommen illusionslos klingen. Kein verlogenes Geplärr, das sofort grandiosen Erfolg verspricht. Nicht das debile Geschrei der Werbeindustrie, das mich zu einer Schafsnase machen will, die alles schluckt, was man ihr um die Ohren haut. »In drei Tagen Chinesisch lernen!« und »In fünf Tagen fünf Kilo weg!« und »In zehn Tagen erleuchtet!« Kein spiritueller Crash Course wird feilgeboten. Nein, hier scheint der Ort zu sein, an dem sie lediglich anspornen, nach den eigenen Reserven zu fahnden. Um alle überirdischen Schutzpatrone zu demontieren. »For adults only«, ein Programm nur für jene, die nicht »Höhere« anwimmern, sondern bestimmt und beharrlich an die eigenen Kräfte glauben. Und die der anderen.

Rüber zur *Dhamma Hall*, die erste Meditation steht an. Die kleine Halle ist vollkommen schmucklos, keine Buddha-Statue, keine Fotos, kein Altar, nicht mal Räucherstäbchen, nur die aufgereihten Kissen auf den Teppichen. Kein Hinknien, kein Hinwerfen, nur: Links setzen sich die Männer, rechts die Frauen, vorne auf einem niedrigen Holzpodest nimmt der »Guruji« (Kosename für Guru) Platz, Dr. Ram Nayan Singh. Pensionierter College-Professor und von Goenka ausgebildeter Meditationslehrer, fast achtzig, still, wenig redend. Er wird die nächsten zehn Tage mit uns »sitzen«. Er kann es.

Es beginnt fürchterlich. Denn ein Tonband geht los und man hört Satya Narayan Goenka, den Begründer der Zentren, »singen«. Erst später werde ich wissen, dass er in Hindi und Pali Passagen aus dem *Dhamma* erzählt, der Lehre Buddhas. Dagegen ist nichts einzuwenden, das Fürchterliche aber sind die – für westliche Ohren – fürchterlichen Töne. Schauerlich, wie eine absaufende Kaulquappe, die sich letzte Laute rausquetscht. Zudem verstehe ich keine Silbe. Ab morgen nehme ich meine maßgeschneiderten Ohrstöpsel mit. Unschlagbares Silikon. Als leidgeprüfter Reisender habe ich inzwischen gelernt, mich gegen manche Unbill zu rüsten.

Nach einer knappen Viertelstunde beginnt Goenka zu reden. Und jetzt fließt warmer Honig durch den Raum. Der Mann hat eine wunderbar gütige Stimme. Wäre er Grieche, dann wäre er Sokrates. Übergangslos erklärt er nun (auf Englisch) den ersten Teil der Technik, *Anapana*, Atmung: Die Sitzhaltung kann variieren, nur der Rücken muss gerade sein. Augen geschlossen. Und beim Atmen – einatmen, ausatmen – mit strenger Achtsamkeit auf die »sensations« achten, die man dabei an der Nasenspitze spürt. Das englische Wort führt bei wörtlicher Übersetzung in die Irre. Denn es geht nicht um Sensationen (welche sollten das sein?), sondern um das diametral Entgegengesetzte:

um das Bewusstwerden der feinsten Regungen. An der Nasenspitze.

Außenstehende könnte das an eine Beschäftigungstherapie für die Patienten eines Irrenhauses erinnern. In einem abgedunkelten Raum sitzen und die »Sensationen« auf der Nasenspitze beobachten. Und das immer wieder. Ohne Unterbrechung. Der Eindruck ist falsch, im Gegenteil, die Übung verlangt eine hohe geistige Anstrengung. Die Technik ist mir nicht neu und ich weiß – von anderen und durch eigene Erfahrung –, dass man alle drei, vier Sekunden an ihr scheitern kann. Scheitern, indem man die Nasenspitze vergisst, das gleichmäßige Atmen, die Achtsamkeit. Indem man zu »driften« beginnt. Man denkt – und der Neuling denkt das nur die ersten Minuten –, dass es sich um ein Kinderspiel handelt. Bald weiß er – und jetzt weiß er es für immer –, dass eine monumentale Aufgabe ansteht.

Wer die Courage hat, sich auf die Herausforderung einzulassen, BEWUSST zu leben, sprich, nicht ununterbrochen »abwesend« zu sein, nicht ununterbrochen mit seinem Kopf woanders zu sein als mit seinem Körper, der wird zuerst einmal die Büchse der Pandora öffnen. Denn er wird – ist er nur radikal redlich mit sich selbst – mit Schrecken feststellen, dass er nie, sagen wir, fast nie, mit beiden »Teilen« (Körper und Kopf) vorhanden ist. Er lebt »unbewusst«, getrennt, geteilt, halbherzig. Wer diese Wahrheit aushält, der wird sich irgendwann leise zuflüstern, dass er vielleicht drei, vier Minuten von 16 täglichen Wachstunden »ganz« ist, wirklich »da«, mit jeder Fiber, mit seinen Gedanken, seinem Hirn, seinem Gefühl, seinem Leib. Den Rest über tagträumt er, albträumt er, rechnet mit seiner Vergangenheit ab, flieht in die Zukunft, denkt an den gestern verlorenen Hausschlüssel, denkt an die morgen fällige Stromrechnung, denkt an den Sex, den er vorgestern hatte oder gern gehabt hätte, den Abflug seines Flugzeugs in sieben Wochen, das dumme

Weib, das ihn letzte Woche auf dem Einwohnermeldeamt in den Wahnsinn trieb, den pomadigen Schönling in seiner Bank, der ihm Ende des letzten Jahrtausends ein miserables Wertpapier verhökerte, denkt an alles, alles schreit durcheinander in seinem Schädel, denn der Halbherzige, die halbe Portion, ist überall, jettet in Gedankengeschwindigkeit in alle vier Himmelsrichtungen, ein Tausendsassa, ein Supertyp, ein geiler Multitasker, ein armes Würstchen. Denn da, wo er sich gerade befindet – da ist er nicht.

Ja, es kommt noch schlimmer. Hat er endlich den ersehnten Sex, denkt er an einen anderen Sex. Den er hätte haben können, wenn er nur, ach, wenn er nur. Oder er denkt an die Fernbedienung – bei den ärmsten Würstchen steht der Fernseher im Schlafzimmer –, die er morgen zur Reparatur bringen muss. Sitzt er endlich nach sieben Wochen im Flugzeug, dann sitzt er nicht auf Platz 23 G, sondern hat sich bereits zum Zielort gebeamt, träumt vom faulen Dasein am Strand und der Brasilienbräune, von der er seit dem letzten Urlaub schon fantasierte. Und ist er dann endlich faul, dann träumt er von zu Hause, wo er von den »Wahnsinnsferien« schwärmen wird – ad infinitum absurdum.

Die nächsten zehn Tage werden beweisen, ob ich mich in die Endlosschlange der Würstchen einreihen muss. Jetzt bin ich Oprah Winfrey, bin der, der schon so viel darüber gelesen hat, geredet hat, getan hat. Und noch immer nicht im Augenblick angekommen ist. Aber immerhin gehöre ich mit den anderen zwei Dutzend Teilnehmern hier zu den einsichtigen Würstchen. Die ein anderes Leben wollen, ein *Da*-Sein mit mehr Intensität und Innigkeit. Eines, das sinnlicher nicht sein kann. Weil es jeden Moment, von einem zum nächsten, alle meine Sinne fordert. In der Pariser Metro las ich den Werbespruch: »Vous rêvez, moi, je réalise«, Sie träumen, ich realisiere. Werbung fürs Leben. Meditation wirbt auch. Aber nicht durch einen Mausklick landet man im Ziel, sondern durch Plagen ohne Zahl, durch beleidigte, schmerzkrumme Knie, durch einen Willen, der nicht mit sich verhandeln lässt.

In Zeiten, in denen rastlos »Wohlfühloasen« für unsere Windelgesellschaft angepriesen werden, klingen solche Reden eher unhip. Irgendwann bekommen wir eine Strampelhose übergezogen, sobald wir das Haus verlassen. Denn es nieselt und für den Nachmittag ist Windstärke Nullkommafünf angesagt. Aber dieser lauwarme Wohlfühl-Terror macht krank. Ich will, dass mich das Leben anfranst, dass es mich lebenslänglich daran erinnert, dass ich existiere.

Um 20.25 Uhr kommt über Band nochmals die Stimme von Goenka: »Take rest«, Aufforderung, unser Nachtquartier aufzusuchen. Ich werfe noch schnell einen (verbotenen) Blick auf die sieben Frauen. Beruhigender Blick. Keine Miss India und keine Miss France dabei, keine, die uns (Männern) die nächsten zehn Tage den Verstand rauben könnte, die innere Sammlung. Denn auf Schönheit zu blicken und an Schönheit zu denken lenkt ab, macht nicht ruhig. Einige sehen apart aus. Doch apart ist nicht gefährdend, apart ist angenehm. Das sind Macho-Gedanken, ich weiß, aber deshalb sind sie nicht weniger wahr.

Zurück in der Zelle begehe ich die erste Sünde, die Sünde des Schreibens. Ich notiere Stichpunkte. Trotz klarer Aufforderung, alle Schreibwaren abzuliefern, habe ich nur den Mac in Obhut gegeben. Weil nachts kein Strom vorhanden ist, man zudem das Tippen hören würde. Aber Papier und Filzschreiber sind lautlos. Und irgendwann kommt die zweite Sünde, wieder bei Kerzenschein. Ich lese. Gedichte.

Ich sündige schuldlos. Denn ohne (geschriebene) Sprache vegetiere ich. Kein Wort reden, keine Musik hören, keine Zigarillos rauchen, alles das kann ich unterbrechen. Ich komme die nächsten zehn Tage auch ohne Morden, Stehlen, Schmusen, Lügen und Drogen schlucken zurecht. Ich könnte sogar die drei weiteren, leicht bizarren »precepts« einhalten, die nur für die Fortgeschrittenen gelten, jene, die schon einen Vipassana-Kurs hinter sich haben: Keine Nahrungsaufnahme nach 12 Uhr mittags. Und nicht »tanzen, singen, Nachtklubs besuchen, Girlanden tragen und den Körper mit Kosmetika verschönern«. Und nicht, zuletzt, »in luxuriösen Betten übernachten«. Kann ich alles. Fasten, ungeschminkt einschlafen, kein *Kingsize bed* beanspruchen. Aber den Kopf ohne Nahrung ins Bett schicken, nur daliegen, nur daliegen müssen, ohne dass mich die klugen Gedanken eines anderen – via Buch – erreichen, das kann ich nicht. Nie.

Leider taugen die Kerzen nichts, verbrennen wie Zunder. Es ist kurz nach 22 Uhr, stockdunkel, und ich bin reif für die erste Depression. Weil jetzt Zeit ist, in die Luft zu starren und an die kommenden zehn Tage zu denken. Ungute Gedanken. Ich ertappe mich dabei, dass ich es wie immer mache, wie die meisten: Ich lebe nicht im Augenblick, bin lieber ein furchtsames Häschen, das woanders sein will, das sich schon wieder in die Zukunft verzieht. Weil es die Gegenwart nicht aushält.

Und ich kam hierher, um mir »Kraft fürs Leben« zu holen. Zum Lachen.

Ich döse, kann nicht vor Mitternacht schlafen. Mir fällt ein, dass einer der Beweggründe für das Reisen der Wunsch ist, das zu verlassen, was man schon kennt, eben das, was einem vertraut ist, ja oft schon ermüdet, schon lange nicht mehr begeistert. Das Verlangen nagt, dem Treibsand der Wiederholung zu entkommen. Und man zieht los, um das aufzusuchen, was fremd ist, unvertraut. Dennoch, zu Beginn ist eine Reise immer ein Versprechen, die fabelhafte Möglichkeit auf ein reicheres – Alexander von Humboldt nannte es so – »Weltbewusstsein«. Reisen, um sich bewusst zu werden, was die Welt alles zu bieten hat. An Horizonten, an Wahnsinn, an Mirakeln, an Wohltaten und Schandtaten, an weitschweifigsten Ideen und Verirrungen.

Ich döse nicht mehr, ich bin wieder wach. Das Denken bringt meinen Enthusiasmus zurück. Plötzlich wird mir klar, dass keiner der Teilnehmer vorgestellt wurde. Das ist ein intelligenter Trick. Wir wissen nichts voneinander, kennen keinen Beruf, kein Alter, kein Einkommen, keinen Wohnort, keine Lieben und keine Vorlieben, keine Erfolge und kein Misslingen, nichts. Das ist gut, man hat keine einzige Information zum Vergleich, keine Rangordnung kommt auf, keine Schublade wird bedient. Man hat nur den anderen, so wie er da ist, da sitzt, da geht. Sonst nichts.

Ich höre das Pfeifen des *Varanasi-Express*, die Lokführer lassen es oft pfeifen. So viele Kühe verirren sich auf Indiens Bahngleise. Ich bin stark und widerstehe der Sehnsucht, in den Zug zu fliehen. Mein Kopf und mein Körper bleiben hier. Ungewaschen und ausgestreckt auf einer Bettstatt, die in Kürze den Härtegrad eines Surfbretts erreichen wird, schlafe ich ein.

ERSTER TAG

Um vier Uhr früh läutet die große Glocke. Vier Uhr und keine Minute später. Damit keiner wieder einschläft, geht jemand anschließend mit einer kleinen Klingel an jeder Zellentür vorbei und mahnt schonungslos zum Aufstehen. Wir schlurfen zur *Dhamma Hall*, nur dunkle Gestalten, kein Wort fällt. Jeder nimmt den ihm gestern zugeteilten Platz ein. Über zehn Stunden Meditation stehen an. Ich frage mich, ob sich jemand in diesem Raum befindet, der – ähnlich spirituell talentlos wie ich – von dem aberwitzigen Wunsch nach Klarheit getrieben wird.

Die Mühsal des Lebens beginnt. Denn in Indien haben sie keine Taschentücher, wohl auch kein Wort dafür. Ich weiß es sofort wieder, als sie anfangen, ihre morgendlich verstopften Nasenhöhlen frei zu pusten. Gibt es keine mondäneren Möglichkeiten, sich einzustimmen? Ich merke von der ersten Sekunde an, dass der Wille zur Menschenliebe – auch die steht auf dem Programm von Vipassana – schon bei der Begegnung mit verrotzten Nasen ins Stocken gerät.

Ich reiße mich zusammen, atme, beobachte das Einatmen, das Ausatmen, registriere nach einer knappen halben Stunde die wutentbrannten Knie, atme weiter, erinnere mich an den Satz, dass der Geist stärker ist als jede Materie. Wäre der Geist nur stark genug, dann würde er sich wie ein Laserstrahl konzentrieren, hätte nie Zeit, sich um lamentierende Knie zu kümmern.

Und doch, das ist kein Merkspruch aus dem Lexikon des Ergriffenen. Als ich vor ein paar Jahren von Paris nach Berlin wanderte, kam wieder ein Tag, an dem meine Fußsohlen in Blut schwammen und ich mich alle zehn Minuten fragte, wie sie in diesem Zustand – nur versorgt mit blutroten Notverbänden –

die restlichen neunhundert Kilometer schaffen sollten. Wie ein feuriger Glutstrahl zuckte ihr Schmerz durch meinen Körper. Bis ich plötzlich von einer beschämenden Erinnerung heimgesucht wurde, die so überwältigend war, dass ich erst nach zwei, drei Kilometern wieder aus ihr »auftauchte«, so gefangen war ich von ihr. Und nun wieder die satanischen Wundmale wahrnahm. Die gerade vollständig verschwunden waren.

Diese Erfahrung war der Beweis dafür, dass es den Schmerz in den Füßen nicht gibt, auch nicht in den Hüften, im Rücken, wo auch immer. Er hat nur einen Platz, dort, wo sich das Glück und das Unglück eines Lebens entscheiden: im Kopf, im Hirn. Klar, damals lenkte mich ein Zufall ab, heute kommt mir nichts zu Hilfe. Und natürlich verfüge ich nicht über die geistige Stärke, um diesen Vorgang willentlich herbeizuführen. Von indischen Yogis werden derlei Taten berichtet. Aber ich bin nur Weißer, Europäer, immer aufgewachsen in der Nähe potenter Schmerzmittel.

Zurück zum Atem. Ein Westler sitzt vor mir. Wie eine Statue ruht er, wie ein Gott. Wie gut, wie elegant das aussieht. Und ich sitze hinter ihm, nein, ich turne hinter ihm, verrenke den Körper von einer Position in die nächste, will ihn erlösen von seinen Krämpfen. Und Gott sitzt vor mir und zeigt – immer unbeweglich und geräuschlos –, dass man ganz anders mit dem Leben umgehen kann. Ein Gott und ein Verwirrter befinden sich im selben Raum und haben dieselben Sehnsüchte: Klärung, Tiefe, die Nähe zu anderen. Unergründliches Menschenherz.

Um 6.30 Uhr sind die ersten beiden Stunden vorbei, wieder die Glocke, diesmal ruft sie zum Frühstück. Und jetzt steht dort ein Tonband, damit Goenka nun in der Küche krächzen kann. Aber ich bin inzwischen gewappnet, nur noch als fernes Rauschen dringt das Geträller an meine Trommelfelle. Und das Essen ist gut. Warmer Brei, Reis, eine Mangoschnitte, Kaffee. Die zwei jungen Inder, die unsere Teller füllen, nehmen auch an den Meditationen teil. Man spürt sogleich, dass sie seit langem praktizieren. Sichtbar nicht nur an ihrer Haltung in der *Dhamma Hall*, die sich während hundertzwanzig Minuten nicht änderte. Unübersehbar auch an der Fürsorge, ja Wärme, die sie ausstrahlen. Ohne jede Attitüde, dafür hilfsbereit, zuvorkommend, achtsam. Das spricht für Vipassana.

Eineinhalb Stunden lang ist »rest time«, man kann auf dem Kiesweg die kleinen Gemüsefelder umkreisen oder sich in sein Zimmer zurückziehen. Immer mit vollkommenem Stillschweigen. Ich lege mich auf die Pritsche und sündige wieder. Schreiben als Erste Hilfe, als Hilferuf, wenn die Welt bedrängt. Logischerweise fällt mir ein Film von Robert Bresson ein, den ich als Kind gesehen habe: »Ein zum Tode Verurteilter ist entflohen«, mit François Letterier, der ein (gefangenes) Mitglied der Résistance spielt. Und ich sehe ihn, wie er in der Zelle heimlich Notizen macht und blitzschnell – jemand pocht an die Tür – den Bleistiftstummel in einem Loch der Wand versteckt. Das ist die einzige Handlung, die mir im Gedächtnis geblieben ist. Sie hat mich überwältigt. Noch unter Todesgefahr, noch unter der drohenden Hinrichtung, flüchtet einer in die Sprache, die letzte Verbündete.

Die Analogie ist lächerlich, denn mich bedroht kein Floh, ich bin vollkommen freiwillig in diese Zelle gekommen, ich werde hier kostenlos versorgt: mit einem Dach über dem Kopf, mit sauberer Verpflegung, mit einem Wissen, das ich grundsätzlich für grandios halte. Ja, keiner würde mich aufhalten, nicht einmal nach dem Grund fragen, sollte ich das Zentrum verlassen wollen. Und wenn ich mir genau zuhöre, dann bin ich nicht unzufrieden. Ich bin nur gefangen, aber nicht physisch, sondern in meinem Denken. Ich kann, wie so viele, den Wert des Augenblicks nicht erkennen. Ich bin – und das scheint mir ein typischer Defekt der »weißen Rasse« – nicht glücksfähig. Zumindest nicht oft genug. Die Gründe? Viele, einer davon hat wohl mit der jüdisch-christlichen Elendsideologie zu tun, die zweitausend Jahre lang über das Abendland kam. Leben als Jammertal, Lust als Teufelswerk, Glück als Aufstand gegen Gott. Nur der Elende, der Gott sein Elend eingesteht, ist gottgefällig. Weiß jemand in der Bibel von einem Glücklichen, der nicht heimgesucht wurde?

Um acht Uhr zurück in die *Dhamma Hall.* Der schmale Inder, der neben mir sitzt und bisher mit unverbrüchlicher Ausdauer den Rotz von seinen Nasenlöchern – weit wie Himalaya-Grotten – nach oben beförderte, hat sich inzwischen einen Husten zugelegt. Nach einer halben Stunde wird das ein Keuchhusten. Großzügig bellt er mir eine Millionenladung Bazillen nach der anderen herüber. Nie käme er auf die Idee, sich die Hand vorzuhalten. Zwischenbilanz: Vor mir sitzt ein Meditations-Held, neben mir ein Barbar. Der sich auch nicht bewegt, auch er begabt, trotz der Malaise. Wie in den Boden gegossen sitzt und rotzt und bellt er. Und meditiert. Wie hieß es, was Vipassana *nicht* ist? »Es ist *kein* Fluchtweg, um den Zumutungen und Wirrungen des Lebens zu entkommen.«

Ich konzentriere mich, fange bei Eins an und versuche, das unglaublich weite Ziel – ZEHN – zu erreichen. Zehn bewusste Atemzüge, zehn Mal zählen, zehn Mal den leichten Hauch an der Nasenspitze bemerken. Ohne Ablenkung. Bewusst atmen heißt ja nichts anderes, als »jetzt« sein, »hier« sein. Nichts ist unmittelbarer, nichts assoziiert man direkter mit »am Leben sein« als den Atem. Im bürgerkriegs-verwüsteten Liberia fragte ich einst Moses, einen 18-Jährigen, ob er glücklich sei. Und der Kleinkriminelle: »Ja natürlich, ich atme.«

Jeder, der diesen Versuch unternimmt, zur »Zehn« zu gelangen, sei gewarnt. Er wird fast nie ohne (Gedanken-)Umwege dort eintreffen. Die können ans andere Ende der Welt führen oder das Räuspern des Hintermannes betreffen. Meditieren anfangen ist wie über ein Seil gehen und beim dritten Schritt runterfallen. Und wieder aufsteigen und von vorn anfangen. Und bei Schritt sieben abstürzen und wieder bei Eins beginnen. Und keinem Wutanfall erliegen über die Misserfolge, die im Sekundentakt das Training begleiten, auch keinen Selbstvorwürfen. Nur wieder geduldig die Herausforderung annehmen, wieder aufs Seil, wieder los.

Beharrlichkeit ist ein magisches Wort. Und selbstverständlich bleiben die Zumutungen und Wirrungen auch im Leben eines Beharrlichen bestehen. Aber er wird anders mit ihnen umgehen. Cooler, distanzierter, souveräner, weniger Energie verschleudernd. Ich bemerkte es bei Leuten, deren Geduldsfaden lang genug war. Und bemerke es bei mir, an den (wenigen) Tagen, an denen die Meditation gelang und die Welt und ich anders miteinander umgingen. Ich beneide Frauen und Männer, die so ein virtuelles Passepartout besitzen, das auf elegante, nicht neurotische Weise ihr Leben regelt.

Sehe ich heute die Vorschau eines Bruce-Willis-Films, würde ich gern kotzen. Mitten auf die Leinwand. So ein Typ kann hundert Jahre werden und noch immer nicht begreifen, dass seine Gewaltarien in die Analphase eines Vierjährigen gehören. Wie wahr, ich spüre selbst Gewalt in mir. Aber ich will anders mit ihr umgehen, sie kreativer umsetzen, als mit der Knarre in der Hand die Welt leerschießen.

Ich habe nicht mitbekommen, natürlich nicht, in welcher Sekunde ich an Willis und seine Blutlachen zu denken anfing, die Nasenspitze und den Atem vergaß, und in welcher Sekunde ich wieder »zu mir kam«, weil ich mein Herz schneller schlagen spürte. Meditation ist grausam, sie konfrontiert mit jedem einzelnen Abgrund. Vorzugsweise dem eigenen. Weil Zeit ist, Stille, weil nichts ablenkt, kein Buch, keine Nachrichten, kein Liebesspiel. Man ist sich skrupellos ausgeliefert. Gerade zu Beginn, wenn die täglichen zehn Stunden wie der Boxkampf mit einem Schwergewichts-Weltmeister anmuten. Aussichtslos. Man hat den Bademantel noch nicht ausgezogen und schon fliegt der erste Kinnhaken.

Und wie von selbst folgen die Augenblicke abstruser Lächerlichkeit, in denen ich mich frage, ob ich so weit reisen musste, um mir den Heiligenschein »spirituell« aufzustecken. Ob ich hier den Sucher vorführe, der sich einbildet, in seinem Alter noch etwas zu finden. So eine Ergriffenheits-Maskerade ausprobiere, die nichts als einen Jojo-Effekt produziert. Wer kennt nicht jene Zeitgenossen, die über den Jakobsweg nach Compostela latschten und hinterher – schwer mitgenommen von ihren Räuschen als wundersam erschütterte Pilger – der Welt verkündeten, »dass ihr Leben ganz anders wurde«. Zwei Wochen anders, sicher, dann ist der Wallfahrer-Lack wieder ab, dann kommt wieder der alte Affe Mensch zum Vorschein.

Deshalb ist Vipassana ein Minderheiten-Programm. Denn hier walten keine heiligen Schutzpatrone, die irgendjemanden beschützen. Hier muss einer lernen, für sich selbst zu sorgen. Das hat mit Würde zu tun, mit dem weniger dramatischen Wort »Eigensinn«, mit der Sehnsucht, kein Schaf zu werden, das blökend anderen Schafen hinterhertrottet. (Es gab vor Jahren die Zeitungsmeldung über ein griechisches Schaf, das in eine Felsspalte sprang. Und tot liegen blieb. Und alle anderen Schafe der Herde sprangen hinterher. Sinnbildlicher geht es nicht.) Vipassana ist aufsässig, es ist in seinem Anspruch an den einzelnen nicht zu toppen. Es ist uralt und ultramodern.

Ich habe ebenfalls meine Illusionen mitgebracht. Ich knechte mich die zehn Tage, weil ich denke, dass mir die Exerzitien auch als Schreiber gut tun werden. Vielleicht komme ich näher an mein Unbewusstes. Durch die Stille, die radikale Konzentration. Vielleicht habe ich hinterher Zugang zu Quellen, die bisher nicht sprudelten. Wie jeder Mensch bin ich von der Furcht getrieben, dass ich nur einen Teil, schlimmer, nur einen Bruchteil meiner Gaben ausbeute. Das Sitzen soll mich schärfen, meine Augen, die Ohren, das Talent, genau hinzuschauen. Und das Talent, das Gesehene in Sprache zu übersetzen.

Ich Kindskopf. Ich sollte mich disziplinieren und meditieren. Statt meine Wunschliste durchzugehen, die ich dem Weihnachtsmann Vipassana mitgebracht habe. Das bringt mich zum Lachen, laut in der *Dhamma Hall.* Das entspannt, und ich vergebe mir. Und beginne wieder bei eins, zwinge mich wieder zurück auf das Seil. Wieder vergeblich, denn ein Sperrfeuer zieht gerade durch meinen Schädel. Von der *Dhamma Hall* blitze ich nach Paris, eine nächste Erinnerung jagt mich in ein Café. Und ich sitze zwei Tische von einem »Liebespaar« entfernt. Sie schmusen. Plötzlich klingelt ein Handy und sie holt es aus ihrer Tasche, stoppt das Schmusen und redet. Das Männchen neben ihr nimmt das klaglos hin. (Ich würde die Frau im Weinglas ertränken.) Was für jämmerliche Küsser müssen wir sein, dass Frauen jede Ablenkung genügt, um die Intimität zu unterbrechen. Aber ich liege falsch, gehörig falsch. Kurz darauf wird er telefonieren und sie warten lassen, nein, noch dreister, er verlässt den Tisch, um draußen weiter zu plaudern. Und wieder ersäuft keiner den anderen. Was für einen Abstieg die Liebe hinter sich hat. Früher stürzten sich die einen vor Schmerz aus dem Turmfenster, während die anderen zum Duell ritten, um die Schöne dem Nebenbuhler zu entreißen. Bei Gott keine besseren Zeiten damals, aber inniger, lebendiger allemal.

So deprimierend solche Bilder sind, so erhellend sind sie.

Diese Blasiertheit! Immerhin Lippen und Zungen berühren, sie genießen! Nein, nur zwei *talking heads* sitzen hier, en vogue, von der Stange. Wäre ich König von Frankreich, ich würde ihnen eine Stunde Meditation verordnen. Als Fluchtweg aus so viel Leere.

Die 11-Uhr-Glocke befreit. Ich war nicht schlecht, ich vermute, dass ich in den drei letzten Stunden drei Minuten lang voll innerer Achtsamkeit im Raum saß. Den Rest vertrödelte ich in der Welt. In Los Angeles, in Schlächter-Filmen, in der französischen Hauptstadt, in Galizien, in einem afrikanischen Bürgerkrieg, in einer Schlucht in Griechenland, in anderer Leute Nasen, beim Boxen, in einer Todeszelle der deutschen Wehrmacht, bei einem Liebespaar, das ein Liebespaar spielt. Erstaunlich, wie ich meine eigene Zeit ruiniere. Statt entschlossen näher an jene »onepointedness«, jene *Einpunkt-Konzentration*, ranzukommen, tat ich genau das, was alle tun, wenn sie den eigenen Anforderungen nicht standhalten: Ich kritisierte. Damit ich löblicher dastehe, prächtiger. Folglich nicht den Schmerz aushalten muss, augenblicklich als Niete unterwegs zu sein.

Nach dem Essen umrunde ich die Gemüsefelder. Nur der bedeckte Winterhimmel über uns. Wie passend. Andere wandern auch. Kein Blick füreinander, kein Wort. Beim Gehen soll es sein wie beim Sitzen. Sich ganz hingeben, bei sich bleiben. Nicht darüber nachdenken, was für ein Mann – der vor mir und der da drüben – das wohl sein könnte. (Die Frauen schlendern woanders.) Wäre nur nutzloser, sinnloser Zeitvertreib. Der nie zu einem Ergebnis führt. Erheiternd jedoch der Anblick der meisten Inder. Sie sind das einzige Volk, das den Schal vertikal um den Kopf bindet, wenn es kalt wird. Sie sehen aus wie eine Witzfigur in einem Cartoon, die Zahnweh hat.

Aber natürlich nimmt man die Schatten wahr, die Umrisse, die Profile. Ganz alte krumme Männchen, ganz junge biegsame Burschen darunter. Und natürlich kann ich es nicht lassen. Ich träume davon, dass wir uns jetzt auf die Wiese neben die Mauer setzen, da wo die Bougainvillea blühen – nicht umsonst gehören sie zur Gruppe der Wunderblumen-Gewächse –, und einer nach dem anderen erzählt mir seine Geschichte. Warum er in Not ist und warum er hierher kam. Zu Vipassana. Und jemand bringt Chai und Harisingh rückt meinen Laptop heraus. Damit kein Gedanke verloren geht.

Die Wirklichkeit sieht anders aus. Um 13 Uhr wieder in der *Dhamma Hall* antreten. Vier Stunden Meditation stehen bevor. Das Herz will einem stocken bei dem Gedanken. Als ich endlich sitze, fällt mir eine Radiomeldung ein, die ich vor Tagen gehört habe. Sie betraf die apokalyptischen Waldbrände in Australien. Und wie jemand lichterloh verbrannte, weil er den Autoschlüssel nicht fand, um der Feuerwalze zu entkommen. Den Schlüssel wohl vor zwei Stunden oder am Vortag irgendwo »unbewusst« hinlegt hatte, irgendwo im Haus. Während er ihn losließ, war er im Kopf bereits woanders. Vielleicht beim Hören der Nachrichten über die Feuersbrunst. Jeder von uns, absolut jeder, kennt das, hat es bereits erlebt. Die Unachtsamkeit mit Folgen. Nur hatten wir alle Glück, keine Naturkatastrophe kam anschließend über uns. Der (australische) Glücklose wird nie wissen, dass Vipassana Leben retten kann.

Seltsam, sofort geht es mir besser. Das klingt taktlos, aber so ist es. Die Story spornt an, sie ist sinnstiftend. Denn das dramatische Beispiel beweist: Ob Schlüssel deponieren, ob Ski springen, ob einen Tisch zimmern, ob jemandem in die Augen blicken. Ausschließlichkeit klingt ungemein sexy. Wer dazu fähig ist, wird sogleich erkannt. Er ist anders. Er führt das intensivste

Leben, denn er hat dessen Einmaligkeit begriffen, dessen rabiate Vergänglichkeit. Er verschenkt keine Sekunde, er ist in jeder vorhanden. Wir nicht, wir führen uns auf, als lebten wir ewig.

Nehmen wir ein ganz einfaches Beispiel. Wir bitten jemanden um ein Gespräch. Weil uns etwas betrübt, beschäftigt. Und wir spüren von Anfang an, wie der andere für uns »da« ist. Nicht auf seine SMS lugt, nicht vorbeigehenden Frauen nachschaut, nicht verstohlen auf die Uhr blickt, kein Handy auf den Tisch legt, nicht mit den Fingern trommelt, nicht den Wichtigen vorführt, nur sitzt und zuhört. Und das Wertvollste verschenkt, das er besitzt, seine Lebenszeit, seine unbestrittene Anwesenheit. Ich erinnere mich an einen solchen Moment, in dem mir die Tränen kamen. So gerührt war ich vor Dankbarkeit, so gerührt von einem, der sich von keiner Versuchung korrumpieren ließ. Wie ich ihn beneidete. Weil ich den Unterschied bemerkte.

Wer zu Vipassana kommt, der leidet. Das hat er mit einem Künstler gemein. Der malt oder komponiert, weil ihm etwas fehlt. Lebensfreude oder Sex oder Leichtigkeit. Wer liebt, der schreibt keine Liebesgedichte. Er liebt ja. Wer ein erfülltes Leben führt, Liebe gibt, Liebe bekommt, die vielen Jahre bravourös aushält, von keinem Wahn verfolgt wird, warum sollte so einer sich schinden? Schreiben? Nach Gott suchen? Einen Psychiater kontaktieren?

Wir anderen, die nicht so reichlich von den Göttern Beschenkten, haben beschlossen, uns hier niederzusetzen, um bis spätabends das Joch in unseren Knien zu erdulden. Warum? Weil jeder damit rechnet, dass die schmerzhafte Hingabe sich auszahlt. Dass irgendwann das Blatt sich wendet und Kräfte ihm zuwachsen, von denen er bisher nichts wusste. Oder sie bereits in sich spürte, aber ihrer nicht habhaft wurde, nicht über sie verfügte. Noch vertrackter: sie gegen sich richtete, sich selbst bekämpfte.

Ich will keinen Gott finden, keinen (weiteren) Therapeuten bezahlen, niemanden mehr beauftragen, sich um meinen Seelenmüll zu kümmern. Ich will mich finden, jene Ressourcen, die noch immer brachliegen. Vielleicht finde ich nichts, vielleicht habe ich meine Ressourcen schon verspielt. Auch möglich. Das Risiko einer nächsten Niederlage soll mich nicht einschüchtern.

Als ich vor zwei Wochen dem alten Harisingh zum ersten Mal begegnete, erzählte er mir von einem jungen Italiener, der vor Monaten an einem Retreat hier teilgenommen hatte. Und nach drei Tagen Anzeichen einer schweren Depression zeigte. Und am vierten Tag das Gelände verließ, um nach Hause zu fliegen. Als ich vor knapp dreißig Jahren in einem japanischen Zenkloster lebte, eher aus Abenteuerlust als aus Einsicht, fand man einen Amerikaner tot in seiner Zelle. Er hatte sich erhängt. Der Mann war 41 und schon vorher in psychiatrischer Behandlung gewesen. Harisingh warnte mich, ähnlich äußerte sich der Roshi, der Zenmeister in Kyoto: »Ein Retreat ist keine Psychotherapie.« Wer teilnehmen will, sollte eine grundsätzliche innere Stärke mitbringen. Psychosen werden hier nicht geheilt.

Das lange Sitzen befördert den Seelenschlamm nach oben. Der Meditierende muss sitzen und sich jeden bestürzenden Gedanken zumuten. Von der körperlichen Pein nicht zu reden. Deshalb der Warnschuss, deshalb auch die Fragen im Aufnahmebogen. Wer labil ist, klopft hier an die falsche Tür. Die ganz großen Desaster, die schwersten Ringkämpfe sollten schon hinter einem liegen.

Zurück in die *Dhamma Hall*, zum Atmen, zum Beobachten der Nasenspitze. Mit Willenskraft schaffe ich es ein paar Mal bis zehn. Dann gehe ich wieder auf Wanderschaft, im Kopf. So kurz war die Konzentrationsspanne schon vor zwanzig Jahren. Und zwischendurch schon ausdauernder, weniger störrisch, weniger irritierbar. Das ist normal, heißt es, am ersten Tag geht man k.o. Nach dem Highlife in der freien Welt, nach dem Reisen durch das Bilderbuch Indien landet man in einem abgedunkelten Raum, wo man die Augen schließen und »leer« werden soll. Mit einem Schlag ist alles vorbei. Die Welt als Kino, die Gerüche, die Gesichter, die Sprache, die Storys, die Freiheit. An solche Kontraste muss sich das Nervenkostüm erst gewöhnen.

Die nächste Erholung – sich in der Vergangenheit herumzutreiben, kann wunderbar beschaulich sein – betrifft Janwillem van de Wetering. Einen Niederländer, der ein Buch über seine Zeit als junger Kerl in einem Kloster geschrieben hatte, Ende der fünfziger Jahre: *Der leere Spiegel*. Die Lektüre brachte mich zum Zen-Buddhismus, sie war mitverantwortlich, dass ich ebenfalls nach Kyoto ging.

Der Bericht war geistreich geschrieben. Weil er diesen elenden Eso-Singsang vermied, diese Pose des von sich schwer erschütterten Pilgrims, der auf langer Fahrt über die sieben Meere für uns unterwegs ist. Coelho ist das unübertreffliche Beispiel für diesen bigotten Schmonzes, diese Predigten über den »Durst nach höchster Wahrheit«. Wetering jedoch, damals 26, war ganz von dieser Welt, frech, dreist, intelligent, voller disparater Ansprüche. Er liebte Reisen, Mädchen, Alkohol. Und sein Motorrad. Und Stille, Klarheit, er »wollte Antworten«. So naiv war er. Und natürlich traf ihn dasselbe Los wie uns alle, die zu meditieren anfangen. Er wollte nicht »hier« sein, sondern woanders. Sein Fluchtauto war seine Honda. Er vergaß ein paar hundert Mal das Zählen des Atmens, weil er sich – im Geiste – auf die schwere Maschine schwang, den Sound genoss, das Zittern beim Gasgeben und Durchstarten.

Ich habe kein Motorrad (mehr), nur ein Fahrrad, das ich liebe, das mich aber augenblicklich zu keinen Höhenflügen inspiriert.

Ich tue das, was viele Männer hier gerade tun (am 10. Tag werden sie es mir erzählen): Ich denke an Sex, an Frauenhaut, an Körperpositionen, bei denen keine Knie um Hilfe schreien, denke an das warme Flüstern und Atmen, genieße den Trost, den die Schönheit einer Frau in ein Männerleben bringen kann.

Ist das jetzt ein »sexueller Fehlgriff«, habe ich jetzt gegen Grundregel Nummer 3 verstoßen? Und wäre es nur in Gedanken? Ich weiß es nicht, auch bedeutungslos. Ich weiß nur, dass das Denken an Eros ohne jede Anstrengung gelingt. Nichts existiert mehr in der Welt, nur dieser Drang nach Wonne und Wärme. Er überschwemmt den Träumer, er geht unter in ihm.

Bis das Wort »Andreas« zu mir durchdringt. Ich aber nicht reagiere, weil ich glaube, mich verhört zu haben, nicht wüsste, wer hier nach mir rufen sollte. Aber dann doch die Augen öffne, weil jemand meine rechte Schulter berührt, ein Helfer, der nach vorne weist, zum Kursleiter. Ich gehe benommen ein paar Schritte, setze mich. Und der rührige Mister Singh mit der wunderlich brüchigen Stimme eines 80-Jährigen fragt mich, was er jeden fragt: Ob ich mich auf meine Nase konzentrieren kann und ob es Schwierigkeiten bei der Meditation gebe. Und natürlich sage ich (hier ist das Silentium aufgehoben): »No problem, everything's fine.« Nie brächte ich es übers Herz, dem Guruji jetzt eiskalt die Wahrheit zu beichten. Dass ich die Nase schon längere Zeit aus den Augen, aus dem Sinn verloren hatte und gerade im Bett war mit jemandem, der mich Lichtjahre mehr faszinierte als dieser unsinnliche Körperteil in meinem Gesicht. O.k., jetzt habe ich Vorsatz Nummer 2 gebrochen: Du sollst nicht lügen!

Singh tut, als glaubte er alles, sagt: »Good, let's meditate together.« Und wir beide richten unsere Rücken gerade und meditieren. Bis ich nach ein paar Minuten entlassen bin und auf meinen Platz zurückkehre. Der nächste kommt an die Reihe.

Was hier geschieht, ist eher typisch. So ähnlich verliefen die Begegnungen zwischen Meister und Schüler auch in Japan. Ob Zen oder Vipassana – beide ähneln sich in vielen Aspekten –, grundsätzlich gilt: Nicht schwätzen, nicht zu Erklärungstiraden ausholen, nicht sich beschweren, nicht referieren. So fragte Singh nach meiner Nase eher aus Höflichkeit. Im Grunde ist sie ihm egal. Sie ist so aufregend und ohne Belang wie jede andere Nase hier. Wir sollen zurück zu dem, wovor wir alle davonrennen wollen: sitzen und lernen, »da« zu bleiben.

Bereits heute Mittag hatte ich um ein Gespräch mit Singh gebeten und ihn nach dem Sinn der »chantings« von Mister Goenka gefragt. Diesem unheiligen Krächzen. Und die Antwort? »Höre die Vibrationen und tu deine Arbeit.« Ganz mitleidlos, eher unwirsch. »Höre die Vibrationen ...«, so kann nur ein Inder reden, der vor keiner Lärmquelle Halt macht. Aber ich war nicht verstimmt, eher froh. Mein Ego muss nicht immer recht haben. Es ist, wie es ist, basta. Mein Roshi in Japan hat auf meine Fragen nicht einmal geantwortet, er lachte nur, lachte mich aus.

Es kam noch drastischer. Als ich damals krank wurde, Schüttelfrost und Fieber, wollte niemand so genau wissen, was mir fehlte. Offensichtlich nichts Lebensbedrohliches. Mir wurde ein Zimmer, eine Zimmerzelle, zugewiesen, weit hinten, weit weg von allen anderen. Hier lag die »Krankenstation«. Und keiner kam mich besuchen. Keine Messe wurde für mich gelesen, keine Kerze angezündet, kein Shinto-Priester gerufen, kein Bild einer himmlischen Jungfrau aufgestellt, kein Notruf an den heiligen Bonifatius verschickt, nicht einer im Kloster hatte fünf Minuten Zeit für Mitleid. Nichts. Und doch fand eine Art Wunderheilung statt, in knapp drei Tagen war ich zurück im Dojo, der Meditationshalle. Im Topform. Erst später hatte ich verstanden: Die Rosskur sollte an meine Selbstheilungskräfte appellieren. Zen und Vipassana kümmern sich nicht um übernatürliche

Kräfte, sie wollen nur jeden dazu antreiben, sein eigenes (ungeahntes) Vermögen zu finden, jenes gewaltige Reservoir. Damit er es ausbeutet.

Um 17 Uhr läutet die Glocke, auch vier Stunden hören irgendwann auf. Aufruf zum »Teabreak«, dem Abendessen. Manche erheben sich, als hätten sie in Ketten gelegen. So anstrengend scheint es, sich wieder aufzustellen. Erst gebückt, erst wankend und krumm, erst dann wieder mit funktionsfähigen Beinen. Rüber zur *Dining Hall.* Das abendliche »Menü« wird sich bis zum Ende nicht ändern: Tee und gebackene Reiskörner. Ich schließe die Augen vor Dankbarkeit. Auf einer Bank sitzen und drei Tassen indischen Chai trinken dürfen, ist das Glück. Ich bin, so chaotisch der Nachmittag war, »vorhanden«, auf zufriedene Weise erschöpft.

Blick auf Harisingh, der auf einer Bank vor mir sitzt. Er meditiert mit uns. Er darf, er muss reden. Damit der Betrieb läuft. Er verwaltet auch die Gegenstände, die wir abgegeben haben. Wieder wärmt mir seine Nähe das Herz. Ich schaue ihn mir an wie einen, der als Vorbild dienen könnte. Für meine eigenen alten Tage. Harisingh hadert nicht mehr, seine Anwesenheit strahlt Umsicht aus. Alte indische Männer sind ein Geschenk an die Welt.

Um 18 Uhr tönt erneut die Glocke, zurück zur *Dhamma Hall.* Wieder steht nichts anderes an, als sich auf ein Kissen zu setzen und den Atem zu beobachten. Und wir schlurfen darauf zu, als würden wir nach Sibirien verladen. Aber überraschenderweise beschwingt mich die Stunde. Ich mag Disziplin, sie hilft beim Aufräumen eines zerrissenen Lebens. Sie dient als roter Faden, um aus Widersprüchen herauszufinden. Oder zumindest, um den Kopf über Wasser zu halten und nicht unterzugehen. Sie ist ein Werkzeug, das jedem, der es beherrscht, Vertrauen einflößt.

Dank ihr scheint gewiss, dass man über etwas verfügt, das von außen ganz unabhängig ist: eine Kraft, die einen nicht loslässt. Disziplin ist ein gräuliches Wort, wenn andere es einem einbläuen. Sie endet im Kadavergehorsam. Disziplin strahlt, wenn man sich aus freien Stücken für sie entscheidet. Wie hier. Vipassana fordert heraus, und wer die Herausforderung nicht annehmen will, darf verschwinden. Sobald es ihm beliebt.

Ja, es geht noch einen Schritt weiter. Vipassana fördert gleichzeitig einen rebellischen Geist. Nichts soll geglaubt, alles soll hinterfragt werden. Es macht taub gegen den Sirenengesang der Religionen. Es pocht auf kein Glaubensbekenntnis, im Gegenteil, es will zur Suche nach Wissen verführen, ja noch revolutionärer: Wer keine Antworten findet auf »letzte« Fragen, soll auszuhalten lernen, dass er keine findet.

Um 19 Uhr werden wir Ausländer aufgefordert, uns in die *Mini Dhamma Hall* zu begeben. (Die Inder bleiben in der großen Halle.) Um den *day one discourse* von S. N. Goenka via DVD zu hören. Auf Englisch. (Die anderen hören ihn auf Hindi.) Auch diese »Reden« werden täglicher Bestandteil des Kurses sein, immer zur selben Zeit. Wir sitzen in einem nüchternen Raum, vielleicht fünf mal acht Meter, am Boden liegen Decken und Kissen. Man darf sich lümmeln und den Rücken an die Wand lehnen. Eine schwache Birne brennt, Harisingh schaltet das Gerät ein und das friedliche Gesicht eines heute 85-jährigen Mannes erscheint.

Goenka wurde 1924 als Sohn einer indischen, konservativen Hindufamilie geboren, in Myanmar, dem früheren Birma. Er machte Karriere als Geschäftsmann, sein Leben boomte, allerdings veranlassten ihn wüste Migräneattacken, sich auf die Suche nach Heilung zu begeben. Er begegnete Sayagyi U Ba Khin, einem (hohen) burmesischen Beamten, der nebenbei als Vipassana-Lehrer unterrichtete. Der Birmane galt – so will es die Legende – als Bewahrer der »reinen« Meditationstechnik, jener Form, die Buddha praktiziert hatte. Wie dem auch sei, Sayagyi war auch deshalb bekannt, weil er im Staatssumpf der Korruption nicht versank, sondern unbestechlich blieb.

Die Begegnung änderte Goenkas Leben, durch die Meditation verschwanden auch seine Kopfschmerzen. Er distanzierte sich vom Hinduismus, wurde selbst Lehrer und zog nach knapp fünfzehn Jahren steter Praxis nach Indien, um hier in einem Land, in dem mehr Götter und Göttinnen als irgendwo sonst ihren himmlisch-kindischen Simsalabim treiben, die Lehre vom rigoros götter- und göttinnenlosen Vipassana zu verbreiten. Mit Erfolg, mit imposanter Erfolglosigkeit. Die Zahl der Meditationszentren stieg, sie vergrößerten sich, Goenka bildete Hunderte von Lehrern aus, die Kurse waren voll, die Wartelisten lang, der Enthusiasmus ungebrochen. Aber alles betrifft – im Vergleich zur gigantischen Einwohnerzahl – immer nur die »ungeheure Minderheit«. Ein paar Tausend im Meer von elftausend Millionen.

So sollten wir es gefasst aussprechen: Auch die Herren Buddha, Sayagyi und Goenka werden an den Grundfesten im Universum nicht rütteln: Die »breite Masse« – feiner ausgedrückt: die Mehrheit – ist an eigenständigem Denken und Handeln nicht interessiert. Sie lässt denken und sie wird behandelt. Das ist die nackte, seit Jahrtausenden unzumutbare Wahrheit. Ganz und gar unfreundlich. Aber sie ist es. Ich bin somit nicht hierher gekommen, weil mich der Wahn verfolgt, der Buddhismus oder Vipassana trügen zur Verschönerung der Welt bei, der Weltbewohner. Mitnichten. Ich bin da, um »erwachsen« zu werden. Um das eine, das einzige Leben so zu leben, dass ich auf dem Totenbett nicht in Tränen ausbreche über die vielen blassen Tage, die hinter mir liegen. Stärke ich hier zudem meine Bereitschaft zur Freundlichkeit, zum Mitgefühl mit allem, was Schmerz empfindet, dann will ich zweifach dankbar sein.

Goenka sitzt auf einem Stuhl und redet. Er überwältigt vom ersten Wort an mit seiner Bescheidenheit und seiner Güte. Er spricht ruhig und fehlerlos Englisch. Und er verfügt über Humor, über Witz. Die Angst, dass wir nun zehn Abende lang einem vom eigenen Sermon überwältigten Heilsprediger ausgesetzt sind, ist gänzlich unberechtigt. Man sieht nur ihn, den Kopf, den Oberkörper, das frisch gebügelte Hemd. Nichts im Hintergrund, keine um den Meister schwirrenden Elfen, niemand schwenkt einen Palmenwedel, kein Halleluja-Chor. Es handelt sich bei den Reden um Mitschnitte einer Tour durch die USA. Aus dem Off dringen bisweilen ein paar ironische, dreckige Lacher des Publikums, Antworten eben auf Goenkas Fähigkeit, jede Art von Hochheiligkeit zu vermeiden. Ich entspanne.

Die (freie) Rede dauert über eine Stunde. Ein wichtiger Punkt: »Know thyself«, (er)kenne dich selbst. Meditation ist ein fulminantes Mittel, um sich auf die Schliche zu kommen. »Wer bin ich?« ist eine Frage, von der die meisten glauben, sie hätten eine Antwort darauf. Und sie ahnen nicht einmal, wie weit diese Antwort von der Realität entfernt liegt.

Und der zweite Punkt, das Lieblingsthema aller, die den Segen der Meditation entdeckt haben: Unser (fast) totales Unvermögen, im Augenblick zu verharren. Natürlich, so Goenka, entstehen Situationen, in denen man an die Zukunft oder die Vergangenheit denken muss. Aber doch nur in dem Maße, in dem sie helfen, die Gegenwart zu meistern. Kann man sich eine dünnere Existenz vorstellen als jene, die alles unternimmt, um vor dem Leben – und die Gegenwart ist der einzige »Ort«, wo das menschliche Leben stattfindet – davonzurennen?

Zuletzt singt Goenka, aber erträglich kurz, dann der immer gleiche Schlusssatz: »May all beings be happy.« Wir gehen ins Freie, spazieren durch den Nebel. Ein paar Lichter brennen.

Keiner spricht, jeder vermummt unter seiner Decke über den Schultern. Winternacht in Nordindien. Ein Bild wie aus einem Film, so fern der Welt scheint es.

Dann nochmals in die *Dhamma Hall*, in der nun der Vortrag in Hindi zu Ende ist. Die letzte halbe Stunde Sitzen wartet. Was Goenka sagt, ist längst gesagt worden. Auch von Leuten, die nie in Asien waren, sich nie dem Buddhismus nahe fühlten. Nehmen wir die Weisheit des französischen Philosophen Blaise Pascal, 364 Jahre vor Goenka wusste er bereits: »... Die Gegenwart ist nie unser Ziel (...). Die Zukunft allein ist unser Ziel. Also leben wir nie, aber wir hoffen zu leben. Und da wir uns immerzu vorbereiten, glücklich zu sein, ist es unvermeidlich, dass wir es niemals sind.« Erstaunlich für einen Christen, dass er »leben« und »glücklich sein« in einem Atemzug ausspricht. Am Leben sein ist Glück. Wie wahr.

Um 21 Uhr kommt das erlösende »Take rest«, der offizielle Tag ist vorbei. Zurück in die kühle Zelle. Kein Strom, ich zünde eine Kerze an (von Harisingh gespendet), ungewaschen und angezogen mit zwei Hosen, zwei T-Shirts und einem Pullover lege ich mich auf die Pritsche. Die Anti-Moskito-Spirale glimmt. Ich lese, ich kann nicht anders. Zuletzt eine kurze Geschichte, die ich vor ein paar Tagen in einer Zeitung fand. Jetzt lese ich sie zum dritten Mal. Zufall oder nicht, jedenfalls erzählt sie eine herzbewegende Parabel über das Leben und die Notwendigkeit, sich das nötige Werkzeug zu schmieden. »A Vipassana Story« könnte der Titel lauten, hätte ich sie nicht in einer Sonntagsbeilage unter der Rubrik »Just think about it!« entdeckt.

Hier steht sie: Ein Biologielehrer unterrichtete seine Schüler über den Prozess, wie aus einer Raupe ein Schmetterling wird. Ein Kokon lag vor ihm auf dem Tisch und er informierte die Klasse darüber, dass in den nächsten Stunden der Schmetterling mit allen Kräften versuchen würde, den harten Flor zu öffnen.

Dann verließ der Dozent den Raum. Die Schüler warteten und es passierte. Der Schmetterling kämpfte und kämpfte, um die Wände des Gespinsts zu durchbrechen. Plötzlich überkam einen der Schüler Mitleid mit dem Tier und er beschloss, dem Insekt zu helfen. Gegen den ausdrücklichen Rat des Pädagogen brach er den Kokon entzwei und der Schmetterling kam frei. Um kurz darauf zu sterben. Als der Lehrer zurückkehrte, erfuhr er, was passiert war. Er erklärte den Jugendlichen, dass der Kampf des Schmetterlings unabdingbar sei, um seine Flügel zu stärken. Wer ihm dabei behilflich sei, entziehe dem Falter seine lebensnotwendige Bewährung.

ZWEITER TAG

Vier Stunden später beginnt das harte Leben. Die Vier-Uhr-Glocke, dann das Glöcklein, um die verschlafensten Schuldgefühle zu mobilisieren, um 4.25 Uhr schleichen die letzten Figuren heran, um 4.30 Uhr sitzen wir in der *Dhamma Hall.* Und meditieren, versuchen zu meditieren. Ich werfe einen letzten Blick auf den Gott, der still wie ein Stein vor mir sitzt, und den Mann rechts von mir, der tatsächlich seinen Keuchhusten und die letzte Nacht überlebt hat. Inzwischen habe ich beschlossen, gütig zu sein, zudem bewundere ich ihn. So keuchen, so rotzen und so verbissen nicht aufgeben, das bedeutet Stärke.

Ich bin sogar gütig mit mir, steige fleißig aufs Seil und verzeihe mir jedes Mal, wenn ich abstürze und nicht am anderen Ufer, der Zahl 10, ankomme. Bin nur Mensch, bin nur einer, der erst zur Ruhe kommt, wenn die drängendsten Gedanken aussortiert und zu Ende formuliert sind.

Mein Ego fällt mir ein. Das es laut Buddhismus nicht gibt. Deshalb sitzen wir hier. Um durch die genaue Beobachtung innerer Vorgänge zu erkennen, dass diese ungeheure Behauptung – die Nichtexistenz des Egos – den Tatsachen entspricht. Nicht mein Ego, niemandes Ego gibt es. Verkündet Buddha. Was wir dafür halten, sei nichts als Einbildung, eine unglaublich hartnäckige Fata Morgana. Da laut den Worten des Meisters nichts »permanent« ist, kein Teil auf der Welt ewig dauert, alles vergeht, jedes Atom sich konstant bewegt, jede lebende Zelle sich verändert, warum soll es dann ein »Ego« geben? Schon aufgrund unserer Stimmungsschwankungen ließe sich doch nachweisen, dass es als »feste Größe«, als feste Einrichtung, nie vorhanden war. Es schwankt, von einer Minute, ja manchmal von einer Sekunde zur nächsten. Es empfindet einmal so, einmal das genaue Gegenteil. Es verfügt über keine Basis, keinen festen Grund, es verfügt über nichts. Nur unsere Einbildung.

Um die nächsten Überlegungen klarer im Kontext zu verstehen, sei vorausgeschickt, dass Buddha zu etwas aufgerufen hat, was man nur unter Beifallsstürmen zur Kenntnis nehmen kann. Er rief zu geistiger Unabhängigkeit auf, eigenen Gedanken, eigenem Urteil. So nehme ich ihn jetzt beim Wort: Jede meiner bisherigen Erfahrungen zeigt in die ganz andere Richtung. Denn wenn mich etwas in meinem Leben – 24 Stunden pro Tag, 365 Tage pro Jahr – begleitet, ja nie und niemals verlassen hat, dann mein »Ich«. (»Ich« klingt weniger negativ belastet als »Ego«.) Mein Ich, mein Ego, also meine Sehnsucht nach Liebe, meine Gierattacken und mein Lebenstrieb, werden folglich erst dann aufhören, wenn jemand meinen Kopf vom Rumpf trennt oder durch einen Schuss mein Herz tötet. Oder mein Leben durch einen ganz und gar banalen Tod endet. Vorher wird das »Ich« mich nicht verlassen. So wenig wie meine Haut, meine Lebensfreude und meine Todesangst. Es ist ein Teil von mir.

Ich muss also nein sagen. Zudem leide ich unter einem Autoritätskomplex. Schon als Kind überkam mich das Bedürfnis zu widersprechen. Sicher spielte meine katholische Erziehung dabei eine Rolle. Ich hatte von Anfang an Gelegenheit, der Scheinheiligkeit bei ihren Auftritten zuzusehen. Wie sie heilig redet und unheilig tut. Ich verdanke dem Katholizismus enorm viel. Er hat mich – natürlich nicht in seinem Sinne – zur absoluten Verpflichtung gedrillt, eigenmächtig und eigensinnig den Pfaffensingsang mit der Wirklichkeit zu vergleichen. Dieses Bedürfnis werde ich beim Buddhismus nicht abstellen. Sagt einer »Es gibt kein Ego!«, sage ich »Stimmt das?« Mich nerven Zeitgenossen, die sich empört vom Christentum verabschieden und drei Wochen später jeden Regenwurmtanz und jeden Schalmeien-

Dreiklang aus Hinterborneo als spirituelles Nonplusultra anhimmeln. Die sich plötzlich die Allüre des »Wissenden« aufsetzen und ab Montag nachbeten, was ihnen am Sonnabend eingebläut wurde.

Natürlich versteht man das Verlangen, irgendwo anzukommen und »sicher« zu sein. Aber ich funktioniere nicht so. Ich will für meine Sicherheiten und Reinfälle selbst verantwortlich sein. Ich halte Sicherheit nur aus, wenn ich mir sicher bin. Und nicht, weil ich jemandem beim Predigen zugehört habe. Und predigte Herr Buddha. Es gibt diese Todsünde, sein Innerstes zu verleugnen. Und die begehe ich nicht.

Gleichzeitig bin ich davon überzeugt, dass ich mit Hilfe von Vipassana lernen kann, die gröbsten Ausfälle meines Ichs zu zügeln. Damit im Laufe der Zeit kein Monster-Ego aus mir wird. Damit ich nicht einknicke vor den smarten Hohlköpfen, die vor meinen Augen die Welt verschachern. Damit ich eines Tages nicht mitschachere. Ich will mein Ich zur Mäßigung überreden, es entschärfen, ihm begreiflich machen, dass noch andere Ichs in mir (wie in uns allen) vorhanden sind: wie jenes, das sich von der Idee des Mitgefühls bewegen lässt. Auch davon redet Vipassana.

Zwischen dem Brausen im Hirn meditiere ich, tatsächlich. Und weiß zugleich, dass kein Leser, der nie dabei war, begreifen kann, was es heißt: stundenlang da zu sitzen und stundenlang nichts zu tun und stundenlang den Atem an der Spitze der Nase zu beobachten. Ja, noch weniger begreift, wenn er erfährt, dass hinterher – als eine Art Belohnung – die Sonne wärmen wird, ein passables Essen wartet, zuletzt ein Rundgang vorbei an roten, blauen und gelben Blumen entspannt. Wie bukolisch das klingt, wie nach Labsal und Ferien. Nein, nein, nein. Alle zwanzig Minuten will man aufspringen und schreiend davonrennen.

Hat man den ersten Tag hinter sich, kennt man den Ablauf. Die Routine ist gewollt, sie soll die Konzentration fördern. Auch das Ritual mit dem Guruji wiederholt sich. Man wird nach vorne gebeten, er fragt, ob alles in Ordnung ist, man nickt oder sagt »ja, aber -«, auch gut, dann wieder fünf Minuten mit ihm sitzen und meditieren. Dass er sich auf keine Diskussionen einlässt, wirkt geradezu bestärkend. Jeder würde nur klagen und stöhnen, nur um Mitleid heischen. Interessiert keinen! Geh zurück! Sitz aufrecht und meditiere! Vipassana soll stark machen, wappnen gegen die Fallen träger Komfortsucht.

Wird eine Frau gerufen, dann legt eine Helferin ein anderes Kissen vor den Meditationsleiter. Undenkbar, dass sich ein – gegen die Kühle – dick vermummter Frauenhintern auf etwas niederlässt, wo sich gerade ein dick vermummter Männerhintern befand. Diese hysterische Schreckhaftigkeit, was die Nähe von Mann und Frau betrifft, die zählt nicht zu den Leuchtpunkten des Buddhismus. Das hat er, obwohl keine Religion, mit ihnen gemeinsam. Diese Abscheu vor Sinnlichkeit. Als ob der Geist mehr wert wäre als die Freuden der Sinne. Wie dieser Antagonismus anstrengt, diese Leibfeindlichkeit. Jeder, der mit Sex aufräumen will, beweist nur, dass er nie guten Sex hatte. Nervtötend.

Nach dem Mittagessen marschiere ich in die Zelle. Um mich zu waschen. Ich will (meine) Energie sparen und beschließe, dass einmal pro Tag die eisige Dusche reicht. Dann lege ich mich auf das Surfbrett und hole den (versteckten) Stift und den (versteckten) Block hervor. Wie zwei Bojen in stürmischer See fühlen sie sich an. Man mag mir vieles rauben, aber das Alphabet gebe ich nicht her. Das wäre, als verböte man mir zu atmen, als forderte man mich auf, in ein haltloses Leben zu schlittern. Es gibt einen indischen Aphorismus, der klarer nicht sein könnte: »Der

Mensch ist das, was ihm bleibt, nachdem er bei einem Schiffsunglück alles verloren hat.« Ich werde nie alles verlieren. Wo immer ich strande, werde ich die Sprache mit an Land ziehen.

Einen Teil der vier Stunden langen Meditation am Nachmittag kann man auch in der eigenen Zelle verbringen. Ich versuche es und kehre reumütig zurück. Ich brauche die Kraft der anderen. Ihre (stumme) Energie hilft, obwohl nicht die geringste Kommunikation stattfindet. Und noch etwas, gar seltsam. Mitten unter Leuten bin ich weniger abgelenkt als allein auf weiter Flur in meinen engen vier Wänden.

Als ich wieder in der *Dhamma Hall* Platz nehme, entdecke ich neben den Rotzern die Rülpser. Auch sie sind Teil der indischen Folklore. Die Ungeniertesten furzen zwischendurch. Ich habe zufällig die Augen offen, als mein linker Vordermann gekonnt sein Gesäß hochhebt, damit ein Pups geräuschvoll hinaus an die frische Luft kann. Wohl eine Art Anwesenheitssignal. Ich furze, also bin ich.

Man begreift wieder einmal, dass so mancher auf der Suche nach letzten Erkenntnissen den kleineren mühelos aus dem Weg geht. Empathie ist so eine kleine Wahrheit: sich einfühlen können in andere, in jene zum Beispiel, die gerade nicht verpestet werden wollen. Ob Vipassana den Gefühlstauben je zu Gefühlen verhilft? Andererseits, so heißt es, sollen widrige Umstände – wie Lärm, wie Mief – nie als Ausrede herhalten für fehlende Konzentration. Wer meditiert, soll meditieren und – seine Umgebung ausblenden. Hehre Reden. Ich höre alles, ich rieche jeden.

Nach dem Abendessen brennt ein Lagerfeuer am Eingangstor, hier wärmen sich die zwei Nachtwächter. Die vorbeiziehenden Schatten – von uns stummen Spaziergängern – flackern neben den Flammen. Die Dämmerung und das Feuer werfen ein romantisches Licht über den Hof. Die Schönheit des Bildes gibt Kraft. Seit ich hier bin, schaue ich in jedes Eck, um mich zu stärken.

Zurück in der *Dhamma Hall* bekomme ich noch ein Bild geschenkt. Ich öffne, disziplinlos, die Augen und sehe vier Reihen von Männern und Frauen vor mir, die wie makellose Skulpturen in der Dunkelheit verharren. Insgeheim hatte ich gehofft, dass sie hampeln wie ich. Nein, stark und verschwiegen sitzen sie. Jede, jeder. Auch die bislang Respektlosen. Sie wissen vom Segen der Meditation, sie ja.

Ich schließe wieder die Augen und genieße, trotz der Schmerzen, das abgespeicherte Bild. Menschen, die meditieren, sehen gut aus. Elegant, unangreifbar wie ein Geheimnis. Schon äußerlich übt Meditation – jenseits allen ideellen Anspruchs – eine irritierende Faszination aus. Sie hat Würde und Schönheit, es hat nichts Demütiges. Nichts Verbuckeltes. Als ich vor langer Zeit zum ersten Mal jemanden sah, der meditierte – einen Mönch in Indien –, habe ich mich in einem nahen Gebüsch versteckt und ihn beobachtet. Und ihn bestaunt. Zwei Stunden lang. Er schien ganz nah und ganz versunken in einer anderen Welt. Ich hatte keine Ahnung, was in ihm vorging. Vielleicht zog gerade eine Sexorgie durch sein Hirn, vielleicht dachte er an seine verdammte Verstopfung, vielleicht war er wunderbar einverstanden. Wie dem auch sei, das Verschwiegene und die Unbeweglichkeit verliehen ihm eine Aura von souveräner Gelassenheit. Er saß wie ein Fels und war leicht. Ich schwöre, man sah die Leichtigkeit. Kein Gewicht der Welt hing an ihm, der Mann war nur schön und beneidenswert. Um ein Haar wäre ich näher gekommen, um ihn zu berühren. Um selbst mühelos zu werden.

Compay Segundo fällt mir ein, der Musiker, der erst mit knapp 96 Jahren zu leben aufhören wollte. Und nachgab und starb. Er war berühmt und wurde durch Wim Wenders' *Buena*

Vista Social Club-Film noch berühmter. Den Alten beneidete ich auch. Der Kubaner kam sicher mit einem Glücks-Gen auf die Welt. Er schien unbeschwert, er konnte wohl nicht schwer werden. Über Meditation hätte er womöglich gelacht. Auf die Frage nach dem Rätsel seines langen, unwiderstehlich glücklichen Lebens antwortete er, hundert Prozent unkorrekt: »Zigarren, schöne Frauen und Rum.« Aber ich bin nicht Señor Segundo, ich bin wie die vielen anderen. Ich brauche die Umwege, ich muss erst lernen, dass Glück erlaubt ist. Er bekam geschenkt, wofür wir anderen uns schinden müssen.

19 Uhr, *day two discourse.* Goenka spricht über die »five precepts«, die fünf Grundregeln, die wir hier (und für den Rest des Lebens) beachten sollen. Nun, jeder einigermaßen Zivilisierte braucht nicht daran erinnert zu werden, dass keiner das Recht hat, einen Menschen zu töten. Oder zu quälen. Auch klar, dass einer des anderen Eigentum nicht anrührt. (Ich bin Ex-Kleptomane und weiß, wovon ich rede.) Aber bald wird es komplizierter, Goenka redet, na endlich, über »sexual misconduct« und zitiert unter anderem das Verbot des Ehebruchs. Derlei Geleier kenne ich vom christlichen Beichtspiegel. Ich verstehe es heute nicht besser. Denn ganz offensichtlich hat eine Ehe irgendwann zu siechen begonnen und ganz offensichtlich sucht die Frau (oder der Mann) nach etwas, was im drögen Alltag nicht mehr vorkommt. Aufregung, Erregung, Leidenschaft, Sinnenfreude. Ich behaupte sogar, dass so mancher Seitensprung eine Ehe gerettet hat. Als erfolgreicher Wiederbelebungsversuch eines Ehegrabs. Oder dazu beigetragen hat, dass zwei sich (schließlich) trennten, die sich schon lange nicht mehr nah sein wollten. Es gibt nur eine Prämisse, wenn vom Eros die Rede ist: Zwei entschließen sich aus freiem Willen zu einer (sinnlichen) Tat. Und alles andere gehört in die Schublade

»Moraltheologie«, die schon oft dazu taugte, die Wonnen des Lebens zu desavouieren.

Aber bald wird Goenka wieder modern, lässt den Ranz hinter sich, fordert uns auf, »ardently« (brennend) und »persistantly, constantly and continuously« die Mühen des Sitzens auszuhalten. Auch die Pein, auch die Langeweile, auch das Gefühl von Leere und Sinnlosigkeit. Das ruhige, hochkonzentrierte Atmen, das – von keiner Moral zensierte – Wahrnehmen der gröbsten wie der subtilsten Regungen, all das führe zu mehr Klarheit über uns selbst, zu mehr innerem Halt, mehr Selbstverantwortung. Durch diese Technik wird der Meditierende »zentrierter«, die Zerrissenheit lässt nach, er findet eher zu seiner Identität. Meditation lädt die Batterie der Achtsamkeit wieder auf. Und sie ist das Gegenteil von Weltflucht, denn sie lotst mitten in die Welt hinein, eskortiert jeden Flüchtigen zurück ins Zentrum seiner Existenz, zu seinem Herzschlag und seinem Atem. Sinnlicher, sprich, sich aller fünf Sinne bewusster, kann einer nicht existieren, nicht in der Welt sein.

Um nachzulegen, ironisiert Goenka – eher duldsam als zynisch – den Zeremonien-Schnickschnack offizieller Religionen. Das Anbetteln von Gott und Göttern, die Opfergaben, die heiligen Männer und heiligen Jungfrauen, die Reden von spätem Trost und später Rache. Bei Vipassana gibt es keine Außerirdischen, auch kein Verlangen, darüber zu sinnieren. Aber es gibt die Gewissheit, dass jeder seinen Himmel oder seine Hölle oder beides in sich trägt. Und die Gewissheit, dass kein Erzengel, kein Allmächtiger, keine unbefleckte Gottesmutter, kein indischer Hanuman, kein Shiva und kein Götterliebling Krishna je einen Finger krümmten und je einen krümmen werden, um ihren Ergebenen zu Hilfe zu eilen. Vipassana ist gnadenlos einfach: Jeder ist seines Glückes Schmied. Und seines Unglücks, das auch. Als Trostspender funktioniert es nicht, kein Halleluja-

Brevier, keinen Ablasshandel, keine überirdischen Räuberpistolen hat es im Angebot. Von Ikkyu Sojun (ich habe ihn schon einmal zitiert) gibt es eine muntere Anekdote: Ein Schüler bittet um Rat und der Meister verpasst ihm einen verbalen Querschläger, der auch das Denken von Vipassana resümiert. Sein Satz verwundet nur den, der ihn nicht versteht. Für alle anderen klingt er heiter und aussichtsreich: »Ich würde dir gerne etwas anbieten, um dir zu helfen, aber leider haben wir im Zen überhaupt nichts.«

Vielleicht doch ein paar erklärende Worte. Sojun will sagen: Hör zu, guter Mann, Zen (Vipassana) ist kein Devotionalien-Bauchladen, wo du dir ein Kapuzinerbild, einen Liter Weihwasser und eine halbautomatische Gebetsmühle kaufen kannst. Soll sich irgendetwas ändern in deinem Leben, musst *du dich* ändern. Weder von oben noch von unten ist Unterstützung bzw. Widerstand zu erwarten. Ein Meditations-Lehrer kann dir die Richtung weisen, er kann dir gliederstärkende Ideen mitgeben, er kann dich warnen und anspornen, aber dorthin aufbrechen – zu einem anderen Sein – musst du. Du allein.

Noch ein Gedanke Goenkas heute Abend, und er entspringt wohl der unübersehbaren Gefühlswärme, die von ihm ausgeht. Als Reporter lernt man, jeden gehörten Satz einer »öffentlichen Person« durch einen Lügendetektor zu schicken. Um den Hintergedanken des anderen, seinen Bluffs auf die Spur zu kommen. Um die feine Linie aufzuspüren, die Wirklichkeit und Bigotterie voneinander trennt. Aber bei Goenka bröckelt mein Misstrauen, er fordert noch immer keine Rupie, fordert noch immer zum Unglauben auf.

Vipassana soll, so seine Rede, die Nähe zu den anderen fördern, soll Herzlichkeit generieren. Das Wort »soll« ist natürlich fehlbesetzt, da Aufrufe zur Menschlichkeit noch nie per offizieller Appelle fruchteten. Nein, Goenka ist überzeugt, dass der Akt des Meditierens, sprich, das Auflösen oder immerhin das Besänftigen von nervenzehrenden Spannungen auf natürliche Weise Kräfte freisetzt, die zur Verträglichkeit mit der Welt beitragen. Jeder weiß, dass sein Mitgefühl-Quotient in dem Moment steigt, in dem er sich »calm, cool and collected« fühlt. Und sodann der Krieg in seinem Kopf – gegen sich und den Rest der Menschheit – aufhört. Zumindest eine Waffenruhe stattfindet. C. G. Jung hat es schon vor achtzig Jahren notiert: »Kommt der Mensch in Ordnung, kommen die Dinge in Ordnung.«

Wäre Vipassana eine kalte Technik, die aus Männern und Frauen lediglich Androide schmiedet, die souverän atmen und souverän sich konzentrieren können, es wäre der Rede und der Mühe niemals wert. Auch die Gottlosesten verlangen nach etwas, das sie rüstet, aufrüstet gegen die Anwürfe des Lebens. Und ohne Menschenliebe, bescheidener, ohne Menschenfreundlichkeit, kommt keiner durch. Bert Brecht hat für alle eine ewige Wahrheit aufgeschrieben, die an ewige Wahrheiten nicht glauben: »Das Schicksal des Menschen ist der Mensch.« Mich wundert, wie viele einen derart eklatanten Tatbestand so hartnäckig übersehen. Und den Himmel absuchen nach Beistand. Und nie aufhören wollen, ins Leere zu starren.

In London zirkulieren seit einiger Zeit Doppeldecker-Busse mit der Aufschrift: »Wahrscheinlich gibt es keinen Gott, also höre auf, dich zu beunruhigen, und genieße dein Leben.« Die privat gesponserte Aktion war eine Antwort auf eine Initiative christlicher Kreise. Ihre frohe Botschaft endete damit, dass jeder, der nicht an Gott glaube, »... eine Ewigkeit in der Hölle schmoren wird.« Die immer selben Drohgebärden, die immer gleichen Gräuelmärchen, der immer gleich bleibende Drang, uns mit einem (schrecklichen) Gott das Fürchten zu lehren.

Ach, wie gut es mir geht. Ich schaue einem greisen Inder zu, der mir zuletzt »be happy« zuruft, noch ein paar Sekunden in die

Nacht »singt« (das scheint Goenkas talentloseste Leidenschaft) und uns dann entlässt.

Der letzte Spaziergang, die letzte Meditation. Die anderen Teilnehmer werden immer geheimnisvoller. Weil ich noch immer keine Indizien von ihnen besitze. Vermummte, die sitzen und keinen Mucks preisgeben. Selbst die Unzivilisierten halten nun still, kein Laut dringt mehr aus ihren Körpern.

In der Zelle habe ich Zeit, um über den Vortrag nachzudenken. Nichts wird mich bis Mitternacht ablenken. Das muss jetzt sein. Mein Hirn brennt, denn besonders ein Gedanke Goenkas mahnt zum Widerspruch: dass jeder seines Glückes, seines Unglücks Schmied ist. Zugegeben, ich mag diesen doktrinären Satz und habe ihn mir längst in die Stirn geritzt. Um mir alle Notlügen und jeden Fluchtweg abzuschneiden. Um keine Zeit mehr mit der Suche nach Sündenböcken zu verlieren. Floppe ich, dann liegt die Verantwortung bei mir. *Point final.* So ein Spruch macht stark, ja frei. Ich hasse winseln.

Gleichzeitig weiß ich, dass diese Aussage – Glück und Schuld liegen ausschließlich in eigener Hand – trügerisch sein kann, oft nur nach nacktem Unfug klingt. Das Thema bedrängt mich seit langem, jetzt muss ich es aufschreiben, es klären. Zudem gehört dieser herrische Satz – »Du allein bist haftbar für dein Leben!« – zur Grundausstattung des Buddhismus. Einspruch!

Mir fällt die Gegenaussage – »Du bist es nicht!« – immer dann ein, wenn ich Glück habe. Und noch intensiver ist die Erinnerung, wenn ich mich in einer Situation befand, aus der ich davonkam und andere nicht. Hier ein Auszug aus meiner Glückssträhne: Ich fahre mit einem Bus durch Peru. Als ich mein Ziel erreiche, höre ich vom Busfahrer, dass die Rückkehr vorläufig nicht möglich ist. Warum nicht? Weil nach uns – der Mann erfuhr es über sein Handy – eine Brücke einbrach. Und mit ihr der nächste Bus des Unternehmens, der erst dreißig Meter tiefer zum Halten kam. Mit siebzehn Toten an Bord. Bin ich nun verantwortlich dafür, dass ich heil ankam?

Nächstes Beispiel: Nachdem Mohammed Atta am 11. September 2001 mit einer American-Airlines-Maschine in den Nordturm des World Trade Centers gerast war, schaute ich in meinem Tagebuch nach und sah, dass ich mich auch einmal ganz oben befand, im *Windows of the World*-Restaurant. Allerdings 3471 Tage, bevor Atta zum Massenmord ausholte. Mein Verdienst, dass ich nicht zerfetzt wurde? Letztes Exempel: Als am 26. Dezember 2004 der Tsunami über die (südostasiatische) Welt kam, befand ich mich in Thailand. Nur eben an der verschonten Küste. Bin ich also schon wieder der begnadet Besonnene, der umsichtig plante, um nicht als Wasserleiche zu enden?

Jeder weiß die Antwort und jeder könnte von Umständen erzählen, deren Überleben er nichts anderem verdankt als dem Zufall, dem eiskalt ungerechten Glück. Sicherlich waren unter allen verunglückten Toten, die vor mir starben, viele, die klüger und achtsamer ihr Leben verwalteten als ich. Ihnen aber kein Glück zur Seite sprang, kein bisweilen grotesker Umstand, um dem Unglück auszuweichen. Haben die Überlebenden das alles »verdient«? Und die Toten nicht?

Ja, sagt der Buddhismus, denn nun packt er die Lehre der Wiedergeburt aus. Um den Zufall, den sinnvollsten und sinnlosesten, zu rechtfertigen. Sie lautet: Was immer dem Einzelnen an Entzückung oder schauerlichem Schicksal widerfährt, ist das Resultat seines »Karmas«, eben all seiner in allen seinen Vorleben begangenen Taten und Gedanken.

Ehrlich, ganz ehrlich, diese Erklärung ist mir zu kindisch. Ähnlich albern wie die Sprüche der Monotheisten, die immer dann, wenn sie vor dem Scherbenhaufen ihrer Ideologie der »barmherzigen Gottesliebe« stehen, von den »unerforschlichen

Wegen des Herrn« sprechen. (Umso alberner, da sie ja angeblich oft wissen, was der Herr denkt und meint.)

Ich mag die Chaos-Theorie, die all denjenigen gefallen könnte, die ohne fertige Antworten durchs Leben kommen. Sie geht, wie der Buddhismus auch, davon aus, dass jede Wirkung ihre Ursache hat. Der kleine Unterschied jedoch: Die Chaos-Theorie weiß, dass die Kette von Ursache und Wirkung so aberwitzig lang, so aberwitzig verschlungen ist und von so unzähligen, ja, *unzähligen* Nebenursachen und Nebenwirkungen beeinflusst wird, dass es absolut unmöglich ist zu sagen, das oder das oder das führe zu – genau – diesem oder jenem Ergebnis. Reden wir einmal nicht vom berühmten Flügelschlag eines Schmetterlings in Shanghai, der möglicherweise einen Wirbelsturm in New York auslösen könnte. Reden wir über eine ganz einfache Illustration: Ein Kind wirft einen Stein in einen Teich. Sogleich entstehen Wellen an der Oberfläche, verlaufen sich zu den Rändern des Wassers, fließen zurück zur Stelle des Aufschlags. Die Aktion des Kindes hat eine Reaktion ausgelöst. Aber der Teich ist voller Unkraut, Fische, Larven, Krebse, Bierdosen, Autoreifen, Urin, anderer Steine, Abfall, kurz, voller Myriaden anderer Lebewesen und Dinge, die alle auf ihre Weise die Bildung der Wellen, ihre Stärke, ihre Form, ihre Dauer beeinflussen. Wer würde sich anmaßen, hier den Überblick zu bewahren? Festzulegen, was und wer für genau welche Reaktion verantwortlich war?

Vielleicht demonstriert eine poetische Parabel, wieder aus Indien, noch klarer die Unvorhersehbarkeit des Lebens: Zwei Brüder. Einer hat es geschafft, hat einen kreativen Beruf, hat Freunde, führt ein erfülltes Leben. Der andere nicht, er versank in der Gosse, säuft sich von einem Unglück ins nächste. Frage an den haltlosen Zecher: »Warum bist du abgestürzt?« Und die weinerliche Antwort: »Ach, weil mein Vater ein Alkoholiker war, ach, weil meine Mutter auf den Strich ging.« Dann wird der Bruder befragt: »Und du, warum geht es dir gut?«. Und seine Erklärung klingt überraschend und wunderbar weise: »Ach, weil mein Vater ein Alkoholiker war, ach, weil meine Mutter auf den Strich ging.« Was für eine souveräne Absage an alle, die behaupten, dass auf ein A das B folgen muss, die immer vorher schon wissen, was hinterher passieren wird.

Buddha war ein Revolutionär. Er hat sich vor 2500 Jahren mit der herrschenden Klasse der Brahmanen angelegt, wollte nichts wissen von »Gottesmännern«, nichts von Kasten mit höheren und niederen Menschenwesen. Aber bei der Lehre der Wiedergeburt hat er nur wiederholt, was bereits an himmlischem Märchenfunk vorhanden war. Eben die Erfindung – die natürlich der damaligen Priesterklasse politisch und finanziell zupass kam: Im Universum geht eine moralisch tadellose Gerechtigkeit um, die jedem beschert, was er sich im Laufe seiner vielen, vielen Leben an Gutem und Bösem erwirtschaftet hat. Deshalb waten die einen im Unrat und deshalb reiten die anderen auf einer endlosen Glückswelle.

Lässt man sich auf solche Gedankenspiele ein, landet man irgendwann unweigerlich auf der Rampe von Auschwitz. Allen Rampen, auf denen über einen grausigen Tod entschieden wurde. Und weiß dann natürlich, warum die Nazis ein paar Hunderttausend jüdische Kinder – um nur ein Beispiel zu nennen – vergast haben: Die Gören und Bengel haben es sich selbst zuzuschreiben. Sicher waren sie früher – vielleicht im 18. Jahrhundert oder im Mittelalter oder als Zeitgenossen von König Herodes – Auftragskiller, Puffmütter, Hurensöhne, Waffenschmiede, gar Christusmörder. Sie haben Unheil gesät, jetzt ernten sie Zyklon B.

Mir hilft das Eso-Gemurmel vom Karma nicht weiter, nichts als eine vorlaute, gar unmenschliche Vermutung. Die nicht wirklicher wird, wenn man sie Jahrtausend für Jahrtausend inbrünstig nachbetet. Habe ich etwas von Vipassana, von Zen, verstanden, dann das: dass einer meditiert, um sich leichtfüßiger in seinem Dasein zurechtzufinden. Mit weniger Angst, weniger Wut, weniger Lust auf dümmliche Zerstreuung. Und mit mehr Heiterkeit, mehr Freundlichkeit, mehr Empathie. Meist fällt mir am Ende eines Tages, wie jetzt, mein Lieblingssatz von Karl Kraus ein: »Gibt es ein Leben vor dem Tod?« (Er fällt mir jeden Tag ein.) Ein Weckruf wie ein Peitschenknall. Möchte man glauben, und doch: Viele vergeuden ihr Leben, ihr einziges. Dafür bramarbasieren sie von ihren anderen Leben, die sie dann – so darf man vermuten – ähnlich entschieden vernachlässigen.

Vipassana peitscht auch. Es ist kurz vor Mitternacht und ich bin nicht müde. Zudem freudig gestimmt. Die letzten drei Stunden habe ich nicht meditiert, eher kontempliert, zwei, drei Gedanken entschlackt. Ich kann nur entspannen, wenn ich mit meinem Kopf im Reinen bin. Als ich die zwei Kerzen ausblase, fällt mir wieder das Pfeifen der Züge auf. Sonst kein Laut, sogar die Stimmen der Nachtwächter sind verstummt. Die Hausordnung bestimmt: »Lights out at 9:30 pm«. Aber um diese Zeit sind die Generatoren schon aus, ist das Licht längst verschwunden. (Das bei mir nie leuchtete.) Am Schimmer der Kerzen scheint sich keiner zu stören.

Das griechische Wort für Glück hieß »Eudaimonia«, soll sagen, die schlimmen Dämonen in uns sind zur Ruhe gekommen, nur noch die guten bleiben zurück. Wie jetzt. Sorgsam verstecke ich Filzschreiber und Papier. Der Grauen erregende Gedanke, dass ich um vier Uhr wieder aufstehen muss, holt mich nicht mehr ein. Zugedeckt von meiner gesamten Garderobe schlafe ich ein.

DRITTER TAG

Indien kann erbarmungslos zuverlässig sein. Um vier Uhr tönen die Glocke und das Glöcklein. Da Ausreden nicht gelten, versammeln wir uns eine halbe Stunde später in der *Dhamma Hall.* Einer fehlt, ein Inder. Der Erste. Wie ich später von Harisingh erfahre, hatte er den Stress satt. Verständlich.

Das Training beginnt. Mit ein paar Minuten Schonfrist, denn Goenka, immer mit der Geduld eines fürsorglichen Pädagogen, wiederholt einmal mehr die Grundlinien der Praxis, verweist auf den Atem, die Konzentration, die »persistance«, den Willen, nicht aufzugeben.

Und wie jeder von uns trete ich an, versuche, den streunenden Verstand in die Gegenwart zurückzupfeifen. Denn sofort will er davon, schon um halb fünf morgens will er sich mit der Vergangenheit trösten oder eben nicht trösten, will wieder einen (virtuellen) Krieg führen, den er schon damals, in der Wirklichkeit, verloren hat. Will die Niederlage nochmals durchspielen, will sie nicht hinnehmen, nicht loslassen.

Ich habe nichts gegen meinen Verstand, im Gegenteil, ich verdanke ihm so manches. Geld, den Beruf, die vielen Glücksmomente, die er mir schenkte, wenn ich anderer Leute Gedanken las und sie als elegant und klug erkannte. Welches Glück kann intellektuelle Einsicht verschaffen, wie viel wärmende Nähe zu fernen Fremden herstellen, die durch ihr Denken und ihre Erkenntnisse die eigene Einsamkeit, eigene Verworrenheit lindern. Aber jetzt will ich nicht denken, nicht vordenken, nicht nachdenken, will versinken in Geistesabwesenheit und Gedankenlosigkeit. Um »leer« zu werden, um diesen Zustand bodenloser Seligkeit zu finden. Denn außer meinem Hirn bewohnen noch andere Teile meinen Körper. Auch die wollen schweben und abheben.

Geht nicht. Ich muss antreten und denken. Wahrlich grotesk, ich befinde mich an einem sensationell friedlichen Ort und Szenarien voller Gewalt ziehen durch meinen Kopf. Seit diesem Morgen. Ein ums andere Mal muss ich zurück auf ein Schlachtfeld, muss gegen Männer und Frauen antreten, die vor Jahren, auch vor vielen Jahren, Wunden in meinem Leben hinterließen. Privat, beruflich, bisweilen erheblichen Schaden verursachend. Aber keiner war lebensbedrohend, und all die Verursacher sind seit langem von meinem Radar verschwunden. Schon möglich, dass sie inzwischen fertig sind mit mir, ich bin es ganz offensichtlich nicht. Rachegelüste überschwemmen mich, wie ein rasend gewordener Spießer reite ich auf uralten Debakeln herum, fordere Reparationszahlungen, Unrechtserklärungen, Worte der Buße.

Dennoch liebe ich Vipassana. Weil es den Finger in die Wunde legt. Weil es so genau weiß, wo die Mutter aller Übel liegt. Und ein Hilfsmittel anbietet, das preisgünstiger und unprätentiöser – ein hartes Kissen reicht – nicht sein könnte. Kein Monatsbeitrag ist fällig, keine fluoreszierenden Knieschützer werden gefordert, keiner muss einen Helm tragen, alles – Mensch und Ausrüstung – passt auf einen Quadratmeter.

Und noch etwas, ein weiterer Nebenverdienst. Er ist hochaktuell, gerade in Zeiten, in denen Geist und Vernunft – rund ums Jahr, ohne einen freien Tag – von Königen und Königinnen des Schwachsinns bombardiert werden: Denn Meditieren macht schlau. Seit über zehn Jahren untersuchen Universitäten wie Harvard und Berkeley das Phänomen und die Ergebnisse sind eindeutig: Meditierende mit vielen Stunden Erfahrung können sich – fulminantes Beispiel – bis zu 45 Minuten ohne die geringste (gedankliche) Ablenkung auf eine Aufgabe konzentrieren. Sie lernen schneller, auch präziser. Die Kontrollgruppe, die Nie-Meditierenden, ist weit davon entfernt. Sie begehen nach fünf Minuten die ersten Fehler.

Es kommt noch besser. Meditieren macht warmherzig. Die Zonen im Hirn, die mit Emotionen wie Mitgefühl assoziiert werden, zeigten während des »Sitzens« erfahrener Schüler ebenfalls eine viel stärkere Aktivität. Menschenfreundlichkeit lässt sich also, zu einem bestimmten Grad jedenfalls, trainieren.

Ob ich daran teilhaben darf? Ich bin mir nicht sicher. Manche bekamen ja schon von der Natur ein paar Gene mit, die ihre Motorik souveräner reguliert. Meine Lieblingsgeschichte im *Struwwelpeter* war die Erzählung vom Zappelphilipp, dem Stuhl-Schaukler, der zuletzt Tischdecke samt Tischgedeck zu Boden riss (»und die Mutter blicket stumm auf dem ganzen Tisch herum«). Ein Bruder im Geiste, auch gestraft mit einem Zappel-Gen. Ich würde gern wissen, was der Guruji denkt, wenn er auf mich sieht, auf den armen Kerl, der nicht weiß, wohin mit seinen wehleidigen Knien, auf den komischen Bodenturner, der seine Beine in alle denkbaren Winkel ausstreckt, nur nicht dorthin, wo sie hingehören. Sicher schaut er mit Güte, ja mit Bewunderung zu mir herüber, sieht er doch einen Unbegabten, der sich so inniglich abmüht. Wer ließe sich nicht anrühren von einem, der hoffnungslos verliebt ist und pausenlos abserviert wird?

Auch gut: Goenkas wiederholter Hinweis, dass Meditation vollkommen wertlos bleibt, wenn der »Gewinn« nicht im realen Leben stattfindet. Ein Mensch, der nur klug und freundlich ist, wenn er auf seinem Kissen sitzt, hat das Thema verfehlt. »Zen is action«, sagen die Japaner. Nur wenn das Training dazu taugt, sich hinterher im Trubel der Welt selbstbewusster zurechtzufinden, dafür sorgt, dass die »weltlichen« Handlungen weniger freie Radikale lostreten, weil man gelernt hat – via Meditation – ökonomischer mit den eigenen Kräften zu wirtschaften, erst dann hat die Mühe ihren Sinn. Und das Zauberwort heißt Konzentration.

Eine Parabel macht es deutlich. Zwei Zen-Schüler streiten darüber, wer den imponierenderen Lehrer hat. Der Erste: »Schau, dort drüben spazieren Leute. Mein Meister könnte jetzt ihren Geist manipulieren und sie zu jeder Handlung überreden. Widerspruchslos würden sie ihm folgen.« Der Zweite: »Das ist ein starkes Stück, nichts davon beherrscht mein Meister. Aber er schläft, wenn er schläft, er isst, wenn er isst, und redet, wenn er redet.«

Nehmen wir die deutsche Hausfrau. Sie dient als gutes Beispiel, denn in deutschen Haushalten passieren mehr Unfälle als in der Arbeitswelt. Wobei zu vermuten ist, dass es in französischen oder indischen Wohnungen nicht anders zugeht. Natürlich kann eine Hausfrau gleichzeitig Hemden bügeln, fernsehen, ab und zu ins Handy plaudern, ja kann, wenn sie es darauf anlegt, nebenbei noch Fußmalen und dem Sohnemann die Mathematikaufgaben erklären. Das einzige Problem mit Multitasking: Alles, was man tut, tut man mangelhaft, ungenau und nachlässig. Oder provoziert ein Verhängnis. Die Statistik ist eindeutig.

Nah verwandt der Hausfrau ist der weltweit eifrigste Wichtigtuer, der Businessman. Er tönt hochgestimmt und mit Angeberbrust von den vielen Aufgaben, die er simultan erledigen muss. Um sich – auch darüber liegen Untersuchungen vor – eine ordentliche Depression zu züchten, um reihenweise Fehlentscheidungen zu treffen, um den Umgang mit seinen Mitarbeitern zu ruinieren, um das Superego seines *busybody* zu füttern. Doch auch unser Wichtig-Mann ist wissenschaftlich nicht auf der Höhe, sonst hätte er längst gehört, dass sich das Hirn nur auf *eine* Aufgabe konzentrieren kann, ausschließlich und ganz. Natürlich kann ein intelligenter Kopf schneller (als ein dumpfer) eine anfallende Forderung *nach* der anderen bewältigen. Aber zur selben Zeit, das geht nicht. Doch, klar geht es. Eben dilettantisch und meist so, dass nachgebessert werden muss.

Vipassana ist ein skrupelloser Beobachter. Wer sich einmal auf das Spiel des genauen Hinschauens – auf sich und die Welt – eingelassen hat, wird nicht fassen, wo und wie oft die Meditationstechnik aushelfen könnte, um den Malheur-Quotienten zu senken und die Zahl der Glücks-Momente zu heben.

Hier ein Paradebeispiel. Eine Szene, die jeder Erdenbürger, der nicht mehr auf einem Affenbrotbaum wohnt, schon einmal, nein, zehn Mal, nein, hundert Mal, erlebt hat. Sie ist die banalste und grandioseste Szene, die sich finden lässt, um alle Ingredienzen zu versammeln: Eigenstress, Umweltstress, Ungeduld, ja Ärger, die Absurdität der menschlichen Existenz, die Eitelkeit, das Geschwätz im Universum, Achselschweiß, also alles, was das Leben an Gräulichkeiten bereithält.

Tatort Supermarkt, Tatort Schlange vor der Kasse, Bildbeschreibung: Der Mensch, dessen Ware soeben eingetippt wurde, hört von der Kassiererin den Betrag, den er zahlen soll. Und jetzt beginnt das Drama, jetzt sehen wir – wir dreizehn hinter ihm – einen Lebenszeit-Stehler und geschulten Multitasker seine Künste vorführen. Er plappert gerade, das Mobiltelefon zwischen linker Backe und linker Schulter und – sucht die Börse. Da er sie zu Hause geistesabwesend eingesteckt hatte, sicher dabei multitaskend noch einen Blick auf die Glotze warf, den Schuhcremedeckel zuschraubte, seine Frau ermahnte, doch nicht immer den Wohnungsschlüssel herumliegen zu lassen, weiß er jetzt nicht mehr – schwer genervt und weiterplappernd –, wo sich das Portemonnaie befindet. Haben wir, die dreizehn Komparsen in dieser läppischen Tragikomödie, Glück, dann kommt nur ein halbes Dutzend Hemden-Jacken-Hosentaschen in Frage, in denen sich Geld und Kreditkarte befinden könnten. Haben wir keines, dann sind es ein Dutzend möglicher Verstecke plus ein kleiner Rucksack auf dem Rücken des Helden. Da unser Weltmann zudem noch flegelhaft ist, redet er weiter in sein »Mehrspaßdennje-iPod«-Telefon (so die offizielle Apple-Werbung*), wohl zäh mit Tante Marie-Luise über das Tapetenmuster fürs Kinderzimmer diskutierend. Mitgefühl ergreift uns jetzt, wir vergessen den Zeit-Klau und sehen das Würstchen, den Würstchen-Kopf schief, die Stirn schweißgebadet, beide Hände frenetisch nach dem Objekt der Verzweiflung wühlend.

Ich bin in solchen Situationen besonders milde gestimmt. Weil ich mich selbst erkenne, mich vor etwa fünfzehn Jahren. Als ich noch ein Handy besaß und noch nicht wusste, dass ich mein Leben nicht als Telefonfräulein verbringen wollte. Jene Zeiten, in denen ich schon lange nicht mehr meditierte, schon lange vergessen hatte, dass andere Formen der Annäherung an eine Supermarkt-Kasse existieren. Meine Fortschritte seit diesen Einsichten sind dürftig, aber den Abstieg auf die Bühnen abgründigster Lächerlichkeit, den habe ich hinter mir.

Beim Frühstück geht es mir gut, obwohl ich wieder wie ein Springteufel auf dem Kissen saß. Obwohl immer auf der Flucht vor dem Schmerz, der automatisch mit mir umzog in jede neue Stellung, die ich einnahm. Obwohl ich wieder mit ein paar Karteileichen meiner Vergangenheit zum Duell antrat und hinterher, auch das noch, Unkeuschheit trieb, mich flirrend unreinli-

---

* »Millionen Songs. Tausende Spiele. Stundenlang Spaß« stand noch darunter, unter der Mehrspaßdennje-Anzeige. Gibt es grauenhaftere Aussichten? Songs und Spiele und Spaß, so könnte ein Beschäftigungsprogramm für geistig Schwerbehinderte aussehen.

chen Gedanken hingab. Doch allein das Sitzen hilft. Das Durchhalten. Und der feste Vorsatz, sich zu konzentrieren. Bin ich doch nun inniglicher in der Welt als vor zwei Stunden.

Dazu das Müsli, die Bananen, der Tee, wieder die Freundlichkeit der Helfer, wieder die angenehmen Bewegungen der anderen, von denen keiner drängelt und sein Ego von der Leine lässt. Wir sind uns jetzt näher, ohne das Geringste voneinander zu wissen. Und ich bin die alte Heulsuse, die das Elend so wenig aushält wie das Glück. Vipassana öffnet nicht nur das Hirn, auch das Herz weitet sich.

Natürlich ist das Schweigegebot zu Zeiten eine Last. Wäre es nicht eine Freude, jeden hier dazu zu verführen, dass er all seine Kopfgeburten während der letzten sechzig Stunden erzählt? Meinen so ähnlich und doch so anders. Sicher finden sie in einem völlig anderen »Dekor« statt, in anderen Ländern, in anderen Landschaften, mit anderen Freunden und Feinden. Doch die Matrix, auf der ihre (und meine) Lebensgeschichten spielen, ist dieselbe. Ich verdächtige keinen, dass er sich die Tortur hier antut, weil er es vor Glück nicht mehr aushält in der Welt. Jeder ist auf der Suche nach etwas, das fehlt. Das er finden will. Und findet er es nicht, dann will er lernen, den Verlust auszuhalten. Mit Hilfe der harten Übungen, denen hier alle unterworfen sind. Nicht der Weg ist das Ziel, welch Eso-Tinnef, sondern das Ziel ist das Ziel: »lebenstüchtiger« zu werden, lebensmutiger, sich endlich einmal auf der Höhe dieses Geschenks – seines Lebens – zu bewegen.

Die nächsten Stunden vergeht mir das Gerede von Nähe und Seligkeit. Jetzt sitzt der Cold Turkey in der *Dhamma Hall.* Und der fragt obstinat, ob ein Getriebener je Ruhe findet. Mit einem Körper, der – selbst unbeweglich – noch unter Hochspannung steht. In Poona, bei Bhagwan (alias Osho) gab es frühmorgens eine *Dynamische Meditation*. Hier durfte man eine knappe Stunde lang schnauben, springen, berserkern, tanzen, den Leib erschöpfen. Eine »Katharsis« – ein kleineres Wort wurde nicht akzeptiert – sollte stattfinden. Ob je einer von uns damals »gereinigt« wurde, man darf es bezweifeln. Aber die Luft war hinterher raus, und mit ihr die Wut und der Frust. Die am späten Vormittag wiederkamen. Die Katharsis war eine Erfindung. Die Psycho-Metastasen kehrten zurück. Wie bei den Dicken die Pfunde nach jeder Diät. Jede Brüll-Therapie – einst hoch gepriesen – hat sich als wenig effizient erwiesen. Ob *Urschrei* oder *Encounter*, die Euphorie des Brüllenden verflog kurz danach und der Status quo meldete sich wieder. Ich darf da mitreden, ich habe jahrzehntelang gebrüllt und kein Schmerz wurde je leiser.

Vipassana hat einen anderen Anspruch, es glaubt nicht an Radikalkuren. Die Meditation soll die Knoten »lösen«, sie weder unterdrücken noch sie zum Explodieren bringen. Erinnert Brüllen an Schwergewichtsboxen, so könnte man Vipassana mit Tai Chi vergleichen. So smart sieht es aus.

Klar, Vipassana ist *auch* eine Encounter-Gruppe. Nur begegnet man keinem anderen, nur sich selbst. Und niemand schreit, jedes Treffen wird von einem vollkommenen Schweigen begleitet. Was den Impakt nicht mindert, eher erhöht. Weil man beide Rollen übernimmt, Angreifer und Gegner. Jeder sitzt stumm, Augen geschlossen, Rücken gerade. Und atmet. Und soll nie vergessen, so zumindest die Vorgabe, dass er atmet.

Wer schon einmal LSD geschluckt hat, weiß, was eine *psychedelische* Droge im Körper ausrichten kann. Wie blitzhaft sie in »seelen-offenbarende« (wörtlich übersetzt) Zustände schleudert. In die euphorischen, euphorisierenden oder in die horrenden: um den Schlucker in Lichtgeschwindigkeit in den Horror zu jagen. So ähnlich intensiv kann Vipassana Leib und Seele aus der Fassung bringen, hin zum manischen Überschwang oder direkt an den Marterpfahl.

Als ich mich nach vorne beuge, um meine wimmernden Knie zu entlasten, mich hinknie, um die Spannung in den Sehnen zu mindern, dabei mit der rechten Kniescheibe über den Kopf eines Nagels (woher?) rutsche und ein satanischer Schmerz nach oben durch den Körper rast, blitzt eine Erinnerung aus meiner Kindheit auf. Ein Detail, das ich längst für verschollen hielt. Ich sehe mich als Achtjährigen in einem lichtlosen Keller knien, auf dem spitzen Rand eines Holzscheits, das auf dem verrußten Boden lag. Hier musste ich – so der Name der Strafaktion – »Holzscheitelknien«. Stunden im Dunkeln. Der Bestrafer wusste natürlich, dass ich Angst hatte. Das beruhigte ihn, gab ihm die Genugtuung, dass die Strafe noch nachhaltiger wirken würde. Furcht und Schmerz, das sollte reichen, um mich zu »bessern«. Anscheinend nicht, denn die nächsten Jahre wurde ich immer wieder nach unten geschickt. Die kleine Absurdität bestand darin, dass ich auch derjenige war, der die Holzscheite Tage zuvor per Leiterwagen vom Holzplatz geholt hatte.

Mit einem Grinsen stecke ich den Nagel ein und nehme wieder die passende Stellung auf dem Kissen ein. Kein Funken Selbstmitleid entzündet sich in mir, eher Frohsinn und Dankbarkeit. Ich habe mich damals nicht entschuldigt. Und bin damals nicht zerbrochen. Anders der Amerikaner in dem Kloster von Kyoto, an den ich plötzlich denken muss, der sich in seiner Zelle erhängt hat. Wir hatten die Monate öfters miteinander geredet, damals war der Aufruf zum Silentium weniger streng. Sein freiwilliger Tod hat mich nicht überrascht. Oft klang der 41-Jährige bedrückt, düster. Er hätte Psychopharmaka schlucken sollen und nicht das Risiko eingehen, den Leichen seiner Kindheit – still sitzend, ganz und gar ungeschützt – zu begegnen. Vipassana (oder Zen) ist ein Korkenzieher und nicht alles, was ein Meditierender aus seinem bewussten oder unbewussten Gedächtnis zieht, veranlasst ihn zu Veitstänzen des Glücks.

19 Uhr, *day three discourse*. Hat Goenka bereits über »Sila« gesprochen, die moralischen Aspekte von Vipassana, das Befolgen der fünf Basisregeln, schon ausführlich den Begriff »Samadhi« kommentiert, das Kreuz mit der Konzentration, eben die Kunst, sich auf das Jetzt zu fokussieren, so heißt das Thema heute »Pañña«, kühn mit »Weisheit« übersetzt. Jenes weise Wissen, das den Meditierenden dazu befähigt – so übermütig redet der Alte –, »seinen Geist zu reinigen«. Von allen Gier-Anfällen, jedem schwarzen Zorn, aller Geilheit, aller Skepsis, allem Ingrimm, aller Dummheit, jeder Faulheit, allem Größenwahn und allen Minderwertigkeiten. Wie soll das gehen? Es geht, weil er, der Schüler, endlich »Anatta«, die völlige Ich-Losigkeit, und »Anicca«, die völlige Vergänglichkeit, begriffen hat. So ausgerüstet würde man die Meisterschaft erlangen, eben »Erleuchtung«.

Als ich das Wort »illumination« höre, muss ich sofort lachen. Um das Vergnügen zu steigern, spreche ich es halblaut aus: »I am illuminated.« Wieder lachen, noch unbeschwerter. Das ist einfach zu lustig. Wäre es kein DVD-Player, der zu uns spricht, ich würde nach vorne eilen und den Mann umarmen. Aus Staunen darüber, wie ein Mensch zu Beginn des 21. Jahrhunderts imstande ist, die Wörter »total purity« über die Lippen zu bringen.

Mir geht es an diesem Abend umso besser, als ich mich am Nachmittag – wieder einmal – von der Utopie »rein« und »frei« und »erleuchtet« befreit habe. (Solche Befreiungsaktionen dauern, mit einer einzigen ist es nicht getan.) Befreit von dieser Hysterie, noch schnell vollkommen zu werden. Mir wurde klar, dass mich solche Ansprüche auch wütend machen, ja deprimieren. Nur als Aschehäuflein werde ich egofrei sein, werde ich aufhören, mein Recht zu fordern, meine Sternstunden auszukosten, an meinen Fiaskos und Holzwegen zu leiden.

Wie wäre es mit einem Kompromiss: Ich suche hier nach Kraftquellen in mir, die mich ein paar Grade humaner machen, mir beistehen, ein paar Schichten Egomanie abzutragen. Um öfters zu kichern und in Tränen auszubrechen. Vor Lachen. Aber von der heiligen Buddhaschaft, von der will ich mich verabschieden.

Ich habe als Reporter und Bürger zuviel Hass und zuviel Gewalt erfahren, sei es als Beteiligter, als Beobachter oder als Konsument der Medien, als dass sich meine Ansprüche im Laufe der Jahre nicht geändert hätten. Ich bin – wenig originell – etwas bescheidener geworden. Vor allem mir und meiner Begabung gegenüber, jeden und alle in meiner Umgebung, weit und breit, zu lieben. Doch der Wunsch, dass ich, dessen Leben sich beruhigend belanglos für den Lauf des Planeten abspielt, einen ach so bescheidenen Beitrag zur allgemeinen Menschenfreundlichkeit leiste, der ist geblieben. Trotz meines Erbguts, jener sechs Millionen Jahre blutiger Menschheitsgeschichte. Ich kann das Gewicht der Welt auf mir nicht abschütteln, aber ich kann möglicherweise lernen, sie leichter zu nehmen. Wäre das nicht eine Wohltat für alle, denen ich in Zukunft begegne?

Selbstverständlich: Mein schlichter Anteil – wenn er denn gelänge – bliebe nur ein Rotz im Wind, wenn nicht andere ebenfalls das Bedürfnis verspürten, ihren wuchernden Egoismus zu zügeln. Ein wenig. Nicht mehr. Mit Aufrufen zur Liebe will ich jeden verschonen. Was für ein Scheißwort. Kennt jemand ein anderes, das gleich oft erniedrigt wurde? Nehmen wir lieber Wörter wie »Wohlwollen«, wie »Zuneigung«, wie »Respekt«, die schwingen unaufdringlicher, scheuer, nicht so aufgeblasen und dreist wie »Liebe«.

Hierher passt noch eine Anekdote aus dem Reich des Weißen Mannes. Vor kurzem stattete die Firma *Mediamarkt* ihre Verkäufer mit einem Schildchen aus, da stand: »Ich bin freundlich.« Als ich das zum ersten Mal sah, wusste ich nicht, ob ich jetzt losheulen oder loslachen sollte. Auf jeden Fall wurde mir bewusst, dass wir nun soweit sind: Die Unfreundlichkeit ist die Norm und die Freundlichkeit braucht den ausdrücklichen schriftlichen Hinweis. Wäre ich heute wieder einmal Diktator, ich würde die Sticker in die Mülltonne werfen und den stickerlos Unfreundlichen eine Woche Vipassana verordnen. Damit sie sich von neuem an diesen wundersam lindernden Zustand erinnern.

Meine drei letzten Stunden vor Mitternacht sind voller Heiterkeit. Goenkas Insistieren auf »purify your mind, totally« geht mir nicht aus dem Kopf. Die Maßlosigkeit dieser Forderung bringt Bilder aus meiner Kindheit zurück. Wie jeder Pubertierende jagten mich Allmachtsvorstellungen, um mit der (allmächtigen) Wirklichkeit fertig zu werden. *Ein* Traum hieß Fleisch und Muskeln. Meine Klassenkameraden waren so freundlich, mich vor jedem Besuch des öffentlichen Schwimmbads daran zu erinnern, den Besenstiel nicht zu vergessen. Wozu? Um mich dahinter umzuziehen. Ich war nicht fadendünn, aber besenstieldünn. Und so setzte ich mich ins hinterste Eck der Wiese und träumte. Es war immer derselbe Traum: *Mister Universum* Arnold Schwarzenegger kam an unser Gymnasium, um ein *Ten-Days-Super-Schwarzi-Workout* durchzuführen. Natürlich hatte ich mich angemeldet. Schon ein Blick auf meine Waden genügte, um am Sinn des Lebens zu verzweifeln. Ich wollte sie radikal anders, eben männlich, ziseliert, griechisch makellos. Herbert hatte sich auch eingeschrieben. Er war der Dickste in der Klasse, er besaß mächtige Brüste und war vom Laufen im Sportunterricht suspendiert. Da sich seine Oberschenkel gegenseitig im Weg standen. Und nun wurde aus dem Traum ein strahlendes Märchen: Nach dem neunten Tag war ich auf dem Weg zum Ebenbild eines antiken Halbgotts und Herberts Oberkörper glich einem Panzerschrank. Kein Wunder, dass am nächsten Morgen Herr Schwarzenegger auf uns beide deutete, unmissverständliches Zeichen, dass wir zwei an den Vorwahlen für *Mr Olympia* teilnehmen sollten. Ich weiß nicht, wie oft ich aus diesem schönen Wahnsinn erwachen musste. Um wieder in der Realität aufzuschlagen, in der ich muskellos und verspottet zu Hause war.

Der Zusammenhang – so viele Jahre später – mit heute Abend ist unübersehbar. So absurd der Anspruch ist, aus einem Rachitiker den nächsten Superbody zu modellieren, so absurd erscheint die Forderung, »vollkommen den Geist zu reinigen«. Eher werde ich *der* Pin-up-boy für bedürftige Prälaten im Vatikan, bevor ich meine Innenweltverschmutzung entsorge, »totally« entsorge. Würde Arnie, der Siebenfach-Mister-Olympia, mir einen Wadenmuskel-Zuwachs von *einem* Zentimeter garantieren, ich würde sofort wieder die Gewichte stemmen, sofort alles befolgen, was er anschafft. Nicht anders bei Goenka. Er soll mir ein weniger hehres Ziel anbieten, eines für Zeitgenossen, die spirituell zu keinen Heldentaten taugen. Sagen wir, ein paar Millimeter mehr Leichtsinn und noch ein paar zusätzliche Gramm Duldsamkeit. Himmel, wie reich ginge ich hier nach zehn Tagen vom Platz.

Trotzdem, Vipassana wird jedem gut tun. Wie ein Frostschutzmittel wird es uns daran hindern, dass wir vereisen oder lebendigen Leibes ins Wachkoma kippen. Hinein in den Trott, in die Mühle mit den Mühlsteinen. Albert Einstein antwortete einmal auf die Frage, was ihn antreibe, was seine Neugier befeuere: »Es ist das unwiderstehliche Bedürfnis, dem täglichen Leben zu entrinnen, seiner schmerzhaften Oberflächlichkeit, seiner trostlosen Monotonie.« Naja, der kann leicht reden. Der war Genie, konnte nebenbei sogar Geige spielen.

VIERTER TAG

Von Anfang an bin ich in Form. Der energische Abschied gestern vom voll gereinigten Supermenschen, der alles versteht, alles verzeiht, alles wegsteckt, brachte den Durchbruch. Ich bin wieder bei Normalgröße angekommen, bin wieder nur Mensch, nur einer, der lernen muss, mit seinen Gaben und Defiziten auszukommen. So ist mein Kopf einverstanden, er hält still, er richtet mich nicht mehr. Auch der Körper ist versöhnlich gestimmt, kein Knie jault, kein Knochen meldet sich. Minutenlang kann ich während der ersten zwei Stunden versinken. Mehrmals.

Jetzt passieren jene Zustände, die diese Sehnsucht nach Meditation auslösen, jenen Wunsch, immer wieder dorthin zurückzukehren. Weil sie einen Spalt freigeben, durch den der Meditierende erkennt, was für ein unglaubliches Potential Vipassana bereithält. Man ist mitten in der Welt, aber sie bedrängt nicht. Man betritt einen Raum in sich, der unabhängig vom »Draußen« ist. Ein virtueller Ort, in dem man sich vom täglichen Irrsinn erholt. Dank der unauslotbaren Stille erfährt man Energiezellen in sich, an die man erst jetzt, beim Meditieren, herankommt. Wer das erlebt hat, will in sein altes Leben nicht mehr zurück. Oder, weniger pathetisch formuliert, er will zurück, aber auf die Entdeckung nicht mehr verzichten. Das alte Leben ist noch immer das alte, aber etwas Entscheidendes ist nun anders. Im Zen sagen sie: »Vor der Erleuchtung Wasser holen und Holz hacken. Nach der Erleuchtung Wasser holen und Holz hacken.« Lassen wir das Wort *Erleuchtung* weg, ersetzen wir es einfach durch »Meditation«. Ich muss noch immer Wasser holen und Holz hacken, aber mein »Geist«, meine innere Haltung, haben sich geändert. Das einzige Problem: Kein Buch und kein Wort können dieses »Erleben« vermitteln. Auch kein Handauflegen und kein Sprüchemurmeln. Es gehört nur dem, der hineingeht und die Zumutungen von Vipassana so lange aushält, bis die Erntezeit beginnt.

Ich muss noch oft hineingehen, denn nach dem Frühstück ist die *Eudaimonia* vorbei, jetzt kommen die bösen Dämonen zurück. Die bösesten. Ich frage mich natürlich, ob der Bericht der nächsten Stunde dem Leser zumutbar ist, den die Sturzflüge eines Fremden ja nicht ohne weiteres interessieren. Die Antwort ist Ja, ohne Wenn und Aber. Denn es geht nicht um das private Debakel eines Autors, sondern um das Erzählen eines Vorfalls, den jeder schon erlebt hat. Vielleicht nicht in dieser Form, aber auf jeden Fall etwas, das einen Schock und ähnlich massive Emotionen provozierte. Was mich als Schreiber (und Leser) bewegt: Sprache soll uns an die Welt und ihre Bewohner heranführen. Auf dass unsere Einsamkeit erträglicher wird und wir einer vom anderen etwas begreifen. Und von uns selbst. Wenig genug.

Von null ins Fegefeuer. Mich wundert, dass der Überfall nicht schon eher kam, erst jetzt am vierten Tag. Wie eine linke Gerade landet die Erinnerung an diese Frau in meinem Kopf. Sie soll »GH« heißen, die Abkürzung für Geldhure. Wie Faustschläge prasseln die Bilder jetzt auf mich nieder.

Die Vorgeschichte ist durchaus banal. Ich leihe jemandem Geld, zinslos und ohne festes Rückzahldatum. Nur mit der Auflage, dass ich es wiederbekomme, wenn die Beziehung endet. Viel Geld, für mich zumindest. Wie ich es bei Freunden immer tue, vertraue ich auf das Wort des anderen. Ohne schriftliche Vereinbarung überweise ich die vereinbarte Summe.

Die Liebschaft hört nach zwei Jahren auf. GH beendet sie. Ich sei nicht seriös genug, zu oft auf Reisen etc. Das ist bitter, aber ich bin nicht Michel, mein Lieblingsclochard in Paris, der wegen einer gescheiterten Ehe nun neben der Seine campiert. Er hat die Trennung nicht verkraftet. Ich schon, biete GH sogar an, als »gute Freunde« zu verbleiben, und schaue bisweilen auf mein Konto. Vergeblich. Endlich spreche ich die Schuldnerin darauf an, wir treffen uns, sie sagt alles zu, sie ist kooperativ, verführt mich sogar noch ins Bett, will mich zurückholen in ihr Leben. Und schreibt tags darauf eine Mail, in der sie ausdrücklich die Rückgabe des Kredits bestätigt.

Erst Wochen später kapiere ich, dass eine Geldhure vom Geld nicht lassen kann. Die Mail mit der Zusage hat sie offensichtlich vergessen, verdrängt. GH schreibt wieder eine Mail – sie wohnt weit weg in einem anderen Land –, schreibt viele Mails, behauptet einmal, dass es sich um ein Geschenk gehandelt habe, einmal, dass sie es als Beitrag zu ihrer (zweiten) Eigentumswohnung verstanden habe, zuletzt, dass es ihr zustehe, immerhin hätte ich sie »betrogen«. Jede Behauptung scheint ihr recht, um die Untat zu rechtfertigen. Ich bin naiv und versuche, sie gütlich zum Einlenken zu bewegen. Alles per Mail, per Telefon. Vergeblich. Irgendwann wache ich auf und verklage die Diebin.

Was für eine erbärmliche Situation. Ich sitze in einer *Dhamma Hall*, an einem Platz, wo man »equanimity« lernen soll, Gleichmut, eines der Lieblingswörter von Goenka. Ins Praktische übersetzt: ruhig atmen, bewusst atmen, sich nicht überwältigen lassen von seinen Instinkten. Aber ich fauche inzwischen wie ein Stier, merke, wie mir jetzt das Gesums von Verständnis und Nachsicht und Verzeihen hochkantig am Arsch vorbeigeht. Fuck Buddha, fuck Vipassana, fuck die Sprüche. Ich setze mir jetzt nicht die Pappnase »Holy Andrew« auf, ich lasse mich jetzt überwältigen. Keine Bremse wirkt mehr.

In dem Prozess werden bei GH Niederungen sichtbar, die wir ihr wohl beide nicht zugetraut haben. Als mein Anwalt die Mail vorliest, in der sie in unmissverständlichen Worten die Erstattung der Leihgabe ankündigt (»... zuerst einmal gebe ich dir die Kohle zurück, die du mir geliehen hast ...«), genüsslich weiterliest und Wort für Wort wiederholt, was da steht (»... und weil ich dich sehr lieb habe, weil ich dich brauche, weil ich ohne dich nicht sein kann, weil ich ohne dich unglücklich bleibe ...«), da entkommt der Beklagten eine Bemerkung, so wüst und unberechenbar wie ein Kugelblitz: »Herr Altmann ist gewaltbereit, nur aus Angst vor ihm habe ich das geschrieben.«

Ich werde den Moment nicht vergessen. Statt mit einem dankbaren Lächeln von ihr mein (kostenloses) Geld zurückzubekommen, sitze ich 1500 Kilometer von meinem Wohnort entfernt in einem Gerichtssaal und höre eine Frau, die mir einst »Ich liebe dich« ins Ohr wisperte, sagen, dass ich ein potentieller Schläger bin.

Martin Walser notierte einmal: »Wenn du kein Virtuose im Vergessen bist, verblutest du auf der Intensivstation Erinnerung.« Ich verblute gerade. Und es sprudelt noch heftiger, als ich das Messer weitertreibe und mich erinnere, mich erinnern muss, dass ich den Prozess verloren habe. Und die Berufung. Obwohl der Bruder der Geldhure, der mit uns – wenn ich auf Besuch kam – in derselben Wohnung lebte, vor Gericht der Behauptung der eigenen Schwester widersprochen hatte. Obwohl ich das schriftliche Eingeständnis der Schulden vorlegte. Alles für den Wind.

In einem meiner Bücher hatte ich über GH geschrieben. Damals nannte ich sie noch anders, zarter, hatte erwähnt, wie jeder Gedanke an sie mein Herz beschleunigte, schrieb: »Das Erste, was ich von dir hören werde, wenn wir uns wiedersehen, wird mein Herzklopfen sein.« Das tut es noch immer, nur kommt die Erregung jetzt aus einer anderen Richtung, jetzt klopft es aus Zorn, aus dem Gefühl der Ohnmacht. Schon erstaunlich, zu welchen Niederträchtigkeiten Geld führen kann. Unforgivable.

Wie ausgeliefert ich mich fühle. Zur Bitternis über diesen Menschen, der meine Hilfsbereitschaft missbrauchte, kommt die Bitternis über mich. Weil ich schon wieder das arme, derangierte Würstchen bin, das es nicht schafft, die Hinterhältigkeit zu vergessen und mit einem mitleidigen Grinsen ad acta zu legen. So kann man in der Hölle im Kreis laufen. »Nichts ist gefährlicher als deine unbewachten Gedanken«, sagen die Buddhisten. Wie wahr. Über 25 Monate liegt der Fall nun zurück und noch immer schwärt diese Frau wie eine Wunde in meinem Kopf. Noch immer bin ich nur Schrei, nur Fassungslosigkeit.

Vipassana strengt an, konfrontiert. Draußen in der Welt kann man – und ich tat es, wie es jeder tut – den Schmerzen davonlaufen. Ein Stück zumindest. Kann ein Beschallungsgerät anwerfen, einen Reefer inhalieren, sich an eine Liebhaberin (oder einen Liebhaber) schmiegen, in einem Kino verschwinden und Helden zuschauen, kann ein Bad nehmen und einen Liebesroman lesen. Oder sein Tagebuch öffnen und die Drangsal in Buchstaben übersetzen, kann schreiben, wenn alle anderen Fallschirme nicht aufgehen.

Hier in der *Dhamma Hall* kann man gar nichts. Nur lernen, dass man sein Leben annimmt, so wie es war. Auch die schäbigen Teile. Und weitergeht. Vielleicht noch plant, in Zukunft – geschult durch Sitzen und Atmen – klüger mit seiner Lebenszeit zu wirtschaften. Hätte ich damals, in den Jahren mit GH, schon intensiv meditiert, ich hätte sogleich die vielen Signale der Profitgier an dieser Frau bemerkt. Im Nachhinein erscheinen sie mir überwältigend deutlich. Aber ich sah nur, was ich sehen wollte. Derjenige, der sich noch nie in seine Trugbilder verirrte, der werfe den ersten Stein.

Nach einer guten Stunde lässt der Albtraum nach. Plötzlich fällt mir ein Amerikaner ein, den ich vor Jahren in Florida interviewt habe. Er war Wochen davor aus dem Zuchthaus entlassen worden. Als Unschuldiger. Aufgrund eines DNA-Tests, der eindeutig bewies, dass er nicht der Unhold war, der eine Frau vergewaltigt hatte. Die Erinnerung an den Mann erleichtert. Weil ich plötzlich wieder realisiere, dass es andere Dramen gibt, so dramatisch, dass das eigene Pech eher lächerlich und nicht der Rede wert scheint. Owen C. hatte über zwanzig Jahre seines Lebens verloren, ich nur über 20 000 Euro. Und das Überraschende: Der Typ war cool, brannte nicht vor Hass auf jene, die ihn hinter Gitter gebracht hatten. Ein ganz einfacher Mensch, aber ein Riesenherz. Als jetzt sein Gesicht vor mir auftaucht, spüre ich wieder die Bewunderung für einen, der es klüger anstellte, der ganz andere Zumutungen hinter sich hatte als ich.

Während der Reise durch Indien habe ich ein Buch gelesen, *Letters from the Dhamma Brothers*. Herausgegeben und kommentiert von Jenny Phillips, einer Psychologin. Wer die 224 Seiten zur Hand nimmt, soll wissen, auf was er sich einlässt. Gemeinsam mit Freunden organisierte die Therapeutin ein zehntägiges *Vipassana-Retreat* in einer amerikanischen Haftanstalt, in der *Donaldson Correctional Facility*, einem Hochsicherheitstrakt in Alabama. Eine moderne Festung für 1500 Schwerstverbrecher, inklusive jener, die auf der »death row« auf ihre Exekution warten. Die Gesamtzahl der Jahre, zu denen sie hier verdammt wurden, reicht wohl für eine kleine Ewigkeit.

Die Idee, dass eine Meditationstechnik aus Buddhas Zeiten den Insassen helfen könnte, nicht an ihrem Schicksal zu zerbrechen, war geradezu revolutionär. Phillips erwähnt zuerst die Schwierigkeiten, die überwunden werden mussten, um die zuständigen Autoritäten vom Sinn und Zweck der Übung zu überzeugen. Denn in Zuchthäusern wird gezüchtigt: die Wächter die Bewachten und die brutalsten Bewachten die weniger brutalen. Mit Knüppeln, Fäusten, Messern. Bis hin zum Totschlag. Spricht hier einer von Nachsicht und Verzeihen, dann spucken sie auf den Boden und fluchen. Züchtigen züchtet Männer mit kalten Herzen. Wie sinnig: Hinter den tödlich geladenen Stacheldrahtzäunen fließt der *Black Warrior River*.

Doch Vipassana geht von der Prämisse aus, dass kein menschliches Wesen auf immer verloren ist. Dass in jedem etwas verborgen ist, das sich nach Hingabe, nach Lieben und Geliebtwerden sehnt. Nach drei Jahren kommt die Zusage, im Januar 2002 findet der erste Kurs statt, der erste dieser Art in einem amerikanischen Gefängnis. Auch aus der Einsicht heraus, dass das Maß an Gewalt und Hoffnungslosigkeit erreicht war.

Die Turnhalle wird zur *Dhamma Hall* unfunktioniert, jeder bringt seine eigene Matratze mit, Schlafkojen werden improvisiert, die Kissen in Reih und Glied platziert, drei »free-worldmen«, drei Meditationslehrer, werden eingelassen, alle Zugänge verschlossen, keiner kann raus oder rein. Und die ersten zwanzig Freiwilligen nehmen an einem Experiment teil, das sie auf spektakuläre und unspektakuläre Weise zugleich verändern wird.

Das Buch veröffentlicht auch die Briefe der *Dhamma-Brüder*, jener Teilnehmer, die nach den zehn Tagen nicht aufgegeben haben und mit namenloser Selbstkontrolle in dem Chaos, dem Geschrei, den Wutausbrüchen, dem vollkommenen Mangel an Rückzugsmöglichkeiten – entweder in riesigen Schlafsälen oder winzigen Dreimann-Zellen – weitermeditierten, sogar noch zweimal die Gelegenheit bekamen, das zehntägige Experiment zu wiederholen.

Vipassana ist ein altes Paliwort und heißt »Einsicht«, heißt »auf seine Wirklichkeit schauen«. Es ist ein technischer Ausdruck, ohne jede Anspielung auf Gott, eine Gottheit, eine Ideologie. Schauen. So wie du bist. Auch nicht wegsehen von »Dukkha«, dem Leid. Und sie schauten hin.

Kann ein Außenstehender je den Schmerz eines Menschen ahnen, der für seine Tat – als Mehrfachmörder oder Einbrecher mit Waffengewalt – »life without parole« bekam? Lebenslänglich ohne die Möglichkeit, je als Lebendiger wieder in die »freie Welt« zurückzukehren.

Was *Letters from the Dhamma Brothers* so bewegend macht, sind nicht die schriftlichen Nachrichten von sechsunddreißig erleuchteten Briefschreibern. Es sind die oft herzzerreißend innig beschriebenen Kämpfe jedes einzelnen, um in diesem Bunker aus Düsterkeit und geistiger Öde zu überleben. Eben als Mensch, nicht als zynismus-verhornter Zyklop. Und die Briefe erzählen vom Wandel, von der Fähigkeit, die Instinkte der Rachsucht und der Vergeltung zu deprogrammieren. Immerhin soweit, dass selbst den anderen die Veränderung auffällt. Und hinter dem Rambo der Mensch zum Vorschein kommt, der sich nicht mehr automatisch zu einer Gewaltreaktion provozieren lässt, nicht mehr reflexartig dem Provokateur die Kinnlade zermalmt. Eben ein Mann geworden ist, der begriffen hat, dass jeder Gegenschlag die Spirale der Vergeltung nur noch in elendere Höhen treibt. Somit einen Grundpfeiler des Buddhismus verstand: DU musst dich ändern, du bist verantwortlich. »The only way out is within«, schrieb einer. So wahr, so poetisch.

Die Briefe protokollieren natürlich auch die Zeiten der Not der *Dhamma-Brüder*, die Stunden, in denen kein Buddha und kein konzentriertes Atmen und kein Versprechen sich als ausreichend resistenter Damm erweisen, um nicht von einer Sintflut schwarzen Kummers hinweggeschwemmt zu werden. Wie bei Grady B., der bereits über zwanzig Jahre einsitzt, die ersten acht als Kandidat für den Elektrischen Stuhl, dann nochmals vor Gericht musste, dann ewig lebenslänglich bekam und eines Abends via TV-Nachrichten erfuhr, dass seine Tochter ermordet wurde. Freundlicherweise hat der Sender nicht auf die unsäglichsten Details des Verbrechens verzichtet. Was geht da vor? In einem Vater, einem Mann, einem Zuchthäusler? Und was, wenn er erfährt, dass der Verlust eines Kindes an der Donaldson-Hausordnung nichts ändert, sprich, keinen Kontakt zur Familie erlaubt? Was kann ein Mensch tragen, ohne zugrunde zu gehen? An Qual, die er verursacht hat, und die andere ihm verursachen? Grady ist nicht verschwunden, hat sich nicht am Eisenrohr seines Hochbetts erhängt. Er meditiert weiter, sagt, dass die anderen *Dhamma-Brüder* ihn mit Nähe und Zuspruch versorgen.

Noch ein Wandel fällt auf. Die harten Jungs werden wieder sentimental, wenn ein Sonnenstrahl ihr Gesicht streift, wenn ein Hase über den Gefängnishof hoppelt, wenn einer am späten Nachmittag nach oben blickt und, nach Jahren, die verschiedenen Farben bemerkt, mit denen der Himmel und seine Wolken über ihn hinwegziehen.

Um neun Uhr eine kurze Pause. Wir schlendern still durch den sonnigen Garten. Man kann den Vögeln zuhören und die drei Gärtner beobachten, die gelassen das Unkraut jäten. Unglaublich ihre dünnen Waden. Und das nach so vielen Jahren körperlicher Arbeit. Rätselhaft, wie solche Beine einen Männerkörper durch ein ganzes Leben tragen.

Als ich mich wieder in die *Dhamma Hall* setze, stelle ich fest, dass ich den Schlüssel zu meiner Zelle nicht bei mir habe. Ich stehe auf und hetze zurück, nichts, ich suche den Weg ab, nichts. Bis ich kapiere, dass ich ihn nicht in die dafür vorgesehene Tasche gesteckt habe. Das ist ein schlagendes Beispiel für die drängende Notwendigkeit von Vipassana. Ich sitze wieder und lasse die Situation Revue passieren. Die Zeit und die Energie, die ich gerade verschleudert habe. Weil ich eine Sekunde »abwesend« war, den Schlüssel irgendwo verstaute und gleichzeitig an etwas anderes dachte. Reichen fünf Monate meines Lebens, die ich insgesamt damit verbrachte, nach Gegenständen zu suchen, die ich gerade irgendwo unachtsam deponiert hatte? Und muss ich nochmals drei Monate abschreiben, die ich bei Freunden und Freundinnen aufrecht, auf Knien oder bäuchlings investierte, um bei der Suche nach Brillen, Hausschlüsseln, Handys und Make-up-Spiegeln behilflich zu sein?

Ich besitze eine lange To-do-Liste für den Fall, dass ich doch noch als Diktator eingreifen darf. Heute würde ich die Lektüre von Paulo Coelho als Vergehen gegen das menschliche Hirn deklarieren (sorry, er fiel mir heute Morgen ein) und in jedem Kindergarten eine Stunde Meditation als Pflichtfach einführen. Trillionen von Stunden kostbarer Lebenszeit und ganze Urwälder – siehe den brasilianischen Eso-Salbader – könnten damit gerettet werden.

Jeder Leser, der bis zu dieser Stelle hier im Buch gekommen ist, darf von Glück reden. Denn er hat alle seine geistigen Abwesenheiten im Laufe seines Lebens heil überstanden. Hier noch ein Fehlgriff ohne Wiederkehr, hier eine Szene, die ich vor Jahren in Bangkok beobachtete. Ich weiß nicht, ob eine Woche vergeht, in der ich nicht an sie denke.

Ich will die *Ratchadamri Road* überqueren, warte auf einen günstigen Augenblick. Ich schaue auf den Verkehr, und rein zufällig geraten ein Motorradfahrer mit Kind auf dem Rücksitz, vielleicht Vater und Tochter, in meinen Blickwinkel. Sie kommen von links auf der anderen Straßenseite näher. Beide ohne Helm. Möglicherweise fallen sie mir auf, weil sie lachend miteinander reden, sehr fröhlich scheinen. Sie sind es noch drei, vier Sekunden. So lange dauert es, bis der Mann sich wieder nach hinten zu dem Kind dreht, die Maschine zu nahe an den Bordstein kommt, die Honda sich überschlägt und die beiden aus knapp drei Meter Höhe auf den heißen Asphalt stürzen. Senkrecht nach unten. Augenblicklicher Tod. Hirnmasse liegt herum, oberhalb des Mundes hat es den Rest des Mädchenkopfes weggerissen. Ein Augenblick der Unachtsamkeit, zwei Tote.

Ab 14 Uhr wird die Technik der Meditation erweitert. Ging es bisher darum, die Atmung ausschließlich auf die beiden Nasenlöcher zu konzentrieren, so erklärt nun Goenka den nächsten Schritt, den zweiten. Wie immer per Tonband. Die Erfahrung zeigt, dass die Schüler nach drei Tagen eine Spur ruhiger geworden sind, bereiter für anstrengendere Übungen. Ab jetzt soll jeder den ganzen Körper »scannen«, soll mit Atem und Konzentration oben bei der Schädeldecke beginnen, dort »hineinatmen«, soll registrieren, welche Empfindungen das auslöst, und soll so lange bei dieser Körperstelle bleiben, bis er etwas registriert. Denn jeder Teil fühlt, und wenn nicht, dann liegt es an der mangelnden Sensibilität des Meditierenden.

Dann weitergehen, zum Gesicht, dem Hinterkopf, den Armen, den Händen, dem Hals, der Brust, dem Bauch, den Schultern, dem Rücken, den »lower parts« (sittsam für Geschlechtsteile und Gesäß), dann das linke und rechte Bein entlang bis zu den Zehenspitzen. Dann wieder von vorn, wieder oben anfangen.

Beides ist bei Vipassana gleich wichtig: Die geforderte Konzentration und der Vorsatz, jede Empfindung wahrzunehmen, aber *nicht* zu reagieren. Was immer man an Gefühl in seinem Körper vorfindet, es soll mit Gleichmut zur Kenntnis genommen werden. Kein »Sankhara« soll entstehen, keine Reaktion, keine Wut und keine Ablehnung, kein Jubel und keine Freude. Nur neutrales Beobachten soll stattfinden, nur die Wirklichkeit soll einer zur Kenntnis nehmen und sich zu nichts »hinreißen« lassen. Zu nichts.

Ich weiß sofort, dass ich das nicht schaffe. Ich habe die Gründe bereits beschrieben. Ich bin Mensch unter Menschen und kein gefühllos kasteiter Yogi in einer luftigen Himalaya-Klause. Ich soll einem Mann und einer Siebenjährigen beim Sterben zuschauen, ohne dass mein Herzmuskel an Geschwindigkeit zulegt? Wie das? Klar, meine Verstörung wird am Tod der beiden nichts ändern. Trotzdem, ich reagiere, alles andere scheint mir utopisch.

Doch dieser zweite Part des schroffen Curriculums, eben jener, der einmal mehr mithelfen soll, konzentrierter und »gesammelter« mit seinem Leben umzugehen, der hat natürlich einen Sinn. Weil mit der Konzentration – jetzt von Kopf bis Fuß – die Vertiefung der Feinfühligkeit einhergeht. Wir damit die Welt und uns subtiler wahrnehmen. Was wiederum den Alltag bereichert. Wer kennt eine Freundschaft, eine Liebe, die inniger verläuft als mit einem Menschen, der »versteht«, der über einen inneren Reichtum verfügt, der es mit unserer eigenen Kompliziertheit aufnimmt?

Um die Daumenschrauben anzuziehen, fordert Goenka nun »strong determination«, den unbeirrbaren Willen, die einmal eingenommene Körperstellung bis zur nächsten Pause zu halten, »bewegungslos mit geschlossenen Augen« (um nicht zu schauen, wie es den anderen geht). Man glaubt nicht, wie bescheiden man in seinen Ansprüchen auf Ablenkung wird. Schon sehen, wie jemand sein Kissen zurechtrückt, wird zur Aufregung.

Ich bin ein schwacher Mensch, zudem geschlagen mit einer Narbe am linken Knie, Erinnerung an eine Meniskusoperation. Allein das reicht, um sich bei angewinkelten Beinen das Leid der Menschheit zu vergegenwärtigen. So gelingt die angemahnte »starke Entschlossenheit« nur zeitweise. Solange eben, bis der Drillbohrer in der (operierten) Kniescheibe herrisch nach einem Positionswechsel ruft. Und ich ihn ausführe und dann für Minuten ein Meister meines Fachs bin, mich unkorrumpierbar von allen Versuchungen durch die Regionen meines Körpers atme, ja wie ein Vipassana-Champion die Gegenwart nicht verlasse.

Irgendwann, bald, hört die Meisterschaft auf und ich bin wieder versuchbar. Immerhin kommen die Bilder des Vormittags nicht mehr zurück, der Furor auf die Geldhure bedrängt mich nicht mehr, im Gegenteil, ich tagträume von meiner Freundin, die zu einer anderen Klasse Frauen gehört. Den weitherzigen, den splendiden. O.k., Vipassana ist das auch nicht, aber es ist das Leben. Statt keusch zu sitzen, liege ich neben der sonnenfarbenen Haut der Schönen. Seit ich sie kenne, gibt sie. So selbstverständlich, dass ich sie irgendeines Kalküls verdächtige. So kläglich reagieren jene, die weniger geben. Kein Wunder, dass sie mich beschäftigt.

Bin ich wieder bei klaren, enthaltsamen Sinnen, dann reiße ich mich weg vom warmen Fleisch und kehre zurück ins indische Hinterland. Bin anstellig und folgsam. Für Minuten. Heute nach dem Mittagessen habe ich ein paar Wespen gesehen. Die kamen auch nicht weit in der Kunst der Meditation. Würde ich an Reinkarnation glauben, dann wäre ich sicher in einem früheren Leben eine Wespe gewesen. So wepsig ist meine Motorik, so fahrig und unkontrollierbar. Und jetzt, wenn ich heimlich die Augen öffne, sitzt dieser Ausländer, dieser Zen-Gott, noch immer da. Und zwei Reihen weiter meditiert dieser Inder, der nebenbei als Helfer arbeitet, verharrt wie ein Buddha-Denkmal, das vor Jahren hier vergessen wurde. Die beiden waren nie Wespen, sie waren Bäume mit gigantischen Wurzeln, tief in Mutter Erde verankert. Neid ist keine böse Eigenschaft, er ist nur hilfloses Stammeln angesichts einer Übermacht.

19 Uhr, *day four discourse.* Goenka erklärt nochmals die (für uns) neue Technik. Natürlich fällt dabei öfters sein Lieblings-

wort »equanimity«, nein, »perfect equanimity«. Was immer wir an Empfindungen in unserem Körper vorfinden, was immer wir via »viññana« (Bewusstsein), »sañña« (Wahrnehmung) und »vedana« (Gefühl) erfahren, es darf nie in ein »Sankhara« münden, nie in: Das ist toll und das ist Quatsch! Das ist schön und das ist grottenhässlich! Das ist hinreißend und das ist zum Weinen blöd! Immer soll der Meditierende mit Gleichmut antworten, nie reagieren.

Der Mann spricht von Höhen zu mir, in die ich mich nie versteigen werde. Vielleicht andere, ich nicht. Mein Ego soll verpuffen, das ist ein Witz. Aber trotzdem glaube ich dem Alten jedes Wort. Was ihn selbst betrifft. Er scheint sich im Himmel des absoluten Stoizismus auszukennen, er wirkt so milde, so desinteressiert an Gefallsucht, an Ichsucht. *Lucky you*, uns andere treiben noch viele Süchte. Möglicherweise hat mein Widerstand auch damit zu tun, dass ein solch wertfreier Zustand überhaupt nicht vorstellbar ist. Ich fühle Schmerz, also bin ich. Ich verliere, also bin ich, ich platze vor Freude, also bin ich, ich empfinde Todesangst, also bin ich. Wie soll ein Mensch sein, dasein in der Welt, wenn ihm die »Beweise« seiner Existenz abhandengekommen sind? Wie soll einer von seiner Existenz wissen, wenn er nicht liebt und nicht geliebt wird? Ja, nicht einmal hasst und von anderen gehasst wird?

Hinterher gehe ich noch ein paar Mal im Garten im Kreis. Schwer eingehüllt, schwarz wie eine Schleiereule. Ich versuche alles und scheitere. Ich sollte gleichmütig bleiben und bin übermütig. Der Augenblick ist ein Vergnügen, eine stille indische Nacht ist ein Traum, Sternlein blinken, wie einem Kind fährt mir das Glück durch den Leib.

Goenka erwähnte noch, natürlich, dass wir beim Scannen unserer Körperräume einmal mehr begreifen sollen, dass die wahrgenommenen »Sensationen« vergänglich sind. Juckt es einmal in der linken Wade, so juckt es beim zweiten Scannen nicht mehr, der Reiz ist verschwunden. Eben der Beleg, dass nichts bleibt, dass alles vergeht. Warum sich also seelisch verzehren? Warum anhaften oder abwenden, warum sich verausgaben mit psychischer Energie, mit einem Wort: Warum ein Verlangen kreieren, sprich Abhängigkeiten schaffen, die endlich sind, die verlöschen?

Gestern sprach Goenka ja zum selben Thema. Er erwähnte folgende Analogie: Sehen wir eine Frau mit schönem Haar, dann sollen wir uns vorstellen, dass es vergeht, der Glanz verschwindet. Wie die Zähne, die gleich mitausfallen. Ist das die Lehre vom Leben im Augenblick? Ist das nicht ein seltsam bizarrer Widerspruch? Warum nicht das Schöne im Hier und Jetzt genießen? Auch dann, wenn man weiß, dass es verwittern und vergehen wird. Denn alle Reue ist ja noch peinsamer, wenn man begreift, dass man den Moment der Begeisterung vorbeiziehen ließ. Warum die haarlose und zahnlose Zukunft visualisieren? Nur um der Freude über das Schöne aus dem Weg zu gehen? Hätte ich heute Morgen, als ich die Nase in den Tau des Hibiskus steckte, »Pfui Teufel« ausrufen sollen? Statt einzuatmen und auf Fußspitzen (vor Sinnenlust) davonzutippeln? Soll ich hier auf ein »Nibbana« (Sanskrit: Nirwana) trainieren, wo alle unheilbar happy vor sich hindösen? Ist ein Leben ohne Herausforderungen nicht eine furchtbare Veranstaltung? Ist es so miserabel, unser Dasein, dass alles erstrebenswerter scheint, als auf der Welt zu sein?

Ich bin ein Kind meiner (europäischen) Zeit, meiner Jahrhunderte. Ich kann nicht Inder sein, der ganz andere Jahrhunderte hinter sich hat. Es gibt einen eleganten Satz von Salman Rushdie dazu, er stellt wunderbar klar: »Das vielleicht größte Geschenk, das die Renaissance unserer heutigen Zeit gemacht hat, ist die Entdeckung des Individuums und die Idee von einem souveränen und einzigartigen Selbst.«

Die Kerzen in meiner Zelle knistern noch lange. Ich liege und bin wohltuend erschöpft. Hocken und nur immer nichts tun – geraden Rückens, das schon – kann gewaltig anstrengen. Während des Tagebuchschreibens fällt mir ein, dass Goenka die Praxis von Vipassana noch als Vorbereitung aufs rechte Sterben anpries. Weil man damit auch den Verlust des Einmaligsten – des eigenen Lebens – gelassener hinnehme. Das klingt logisch, triftig. Wie gern man es glauben will. Wie Beruhigungstabletten schlucken wir Sätze, die den endgültigen Abschied erleichtern sollen. (Monotheisten schlucken seit zweitausend Jahren die Paradies-Pille. Jeder braucht sein Placebo.)

Zufälligerweise habe ich eine Geschichte in petto, die nicht logisch klingt, dafür ergreifend echt: Der japanische Zen-Meister Shunryu Suzuki kam 1959 nach Amerika und gründete in Kalifornien das *Zen Mountain Center*, das erste buddhistische Kloster außerhalb Asiens. Der Roshi war entschieden, tapfer, beliebt, hoch verehrt. Sein Buch *Zen-Geist/Anfänger-Geist* wurde ein Bestseller.

Dann kam der Krebs. Der Roshi wurde noch tapferer, mit einem meisterlichen Zen-Lächeln sah er den Tod näherrücken. Nah bis ans Totenbett, so nah, dass sich der Kranke endlich inne wurde, was es bedeutete, die Welt, die Frau und alle anderen Freunde zu verlassen. Und er die Hand eines Schülers ergriff und leise sagte: »Ich will nicht sterben.« Ein halbes Jahrhundert hat er sich auf diesen Moment vorbereitet und bei der Premiere fällt er durch. Wie menschlich.

Beim Sterben ist jeder der Erste und auch Vipassana (oder Zen) wird uns die scheußliche Angst davor nicht nehmen. Doch sie eindämmen, den Level der Bedrohung runterfahren, das scheint durchaus möglich. Ist es doch ein Unterschied, ob ich gefasst und trocken meinen Unwillen kundtue, weil nun mein Leben aufhören muss, oder ob ich unversöhnt und höllisch verängstigt abkratze.

Ich lese noch. Selbst auf einem Surfbrett ist das ein wundersamer Zeitvertreib. Ich lese, dass die Tibeter »rangwang« für Glück sagen und »shenwang« für Unglück. Die gemeinsame Endsilbe »wang« bedeutet u. a. Kraft, Recht, Anspruch. Und »rang« steht für *selbst* und »shen« für *anderer*, sprich: Es geht dir gut, wenn du über dich selbst bestimmst, frei bist, entscheiden und auswählen kannst. Und lausig, wenn ein »Fremder« über dich bestimmt. Das kann ein anderer Mensch sein oder ein »anderer Gedanke«, einer, der deinem Innersten widerstrebt, aber dir einst wie ein Gifttrank eingeträufelt wurde. Durch Erziehung, durch Religion, durch jede andere Indoktrination.

FÜNFTER TAG

Nach Mitternacht Kerzen aus und um 2 Uhr 39 wieder aufwachen. Unglückliche Hunde bellen, von weit her das Gedudel einer Hochzeit. Schon erstaunlich, wie sich Mensch und Tier verbünden, um den Terror der Stille zu vertreiben. Krach als Lieblingslärm. Warum erfindet die NASA keine Sonde, die man über die Haustür hängt, und alle Kläffer, bis hinauf zum Mond, flüstern nur noch? Und warum gibt es kein Vipassana für alle Säugetiere? Angeblich werden böse Menschen auch als räudige Vierbeiner (ja, als Dreibeiner!) wiedergeboren. Wer bellt und kreischt, müsste eine Woche Strafesitzen in der *Dhamma Hall*.

Kurz vor halb fünf sieht die Welt hier aus wie im London des 19. Jahrhunderts. Der Nebel, die dusteren Lichter am Weg, die dunkel verhüllten Figuren, von denen keine spricht. Die Schritte auf dem Kies.

In der Meditationshalle fehlen zwei indische Frauen, ihre Plätze bleiben frei. Am zehnten Tag werde ich von Harisingh den Grund erfahren. Ich greife voraus: Die beiden wurden gebeten, das Gelände zu verlassen, da sie sich hochmütig gegenüber dem Personal benommen hatten. Hochmut ist tatsächlich eine Sünde, eine doppelte gegenüber jemandem, der für das Wohl des Hochmütigen sorgt.

Dazu eine kurze Anmerkung: Wer eine Zeitlang durch Indien reist, wird feststellen, dass gerade die hiesige Mittelklasse eine Art Despektierlichkeit vor jenen an den Tag legt, die nicht »mittel« sind, sondern eine oder zwei oder drei Kasten-Klasssen darunter. Mich wundert, dass die Arbeit mit Vipassana bei den zwei Herrschaften kein Ergebnis gezeitigt hat. Wozu ein Atem-

Künstler werden, wenn der Dünkel nicht schrumpft? Goenka verwies mehrmals auf die unverhandelbare Tatsache, dass jeder Mensch, so genial oder krummbeinig er auch sein mag, mit Wert und Ehrgefühl ausgestattet ist. Per se, per Geburt. Und dass Vipassana dabei helfen soll, diese so moderne Idee nicht aus den Augen zu verlieren. Nicht, weil wir sie uns vornehmen, sicher nicht, denn sie bliebe ganz und gar wirkungslos, sondern weil wir beim Meditieren, auf sinnliche Weise, erkennen, wie sehr wir einander ähneln. Mit unseren Abgründen, unseren Sehnsüchten, ja auch der Sehnsucht, das Leben eines anderen zu bereichern.

Ich bin fleißig, kann trotz des kurzen Schlafs still sitzen, bleibe in der Gegenwart und atme tadellos von eins bis zehn, genieße die Macht, die ich über mich habe, weil ich das tue, was ich für richtig halte. Klar, irgendwann lässt die Hardcore-Konzentration nach und Gedanken nehmen überhand. Überraschenderweise fegen sie nicht durcheinander, sondern haben mit hier zu tun, mit Vipassana.

Als ich wieder diskret die Augen öffne, fällt mein Blick auf einen Inder, den ich für homosexuell halte. Auf Grund seiner Art, sich zu bewegen. Ich grinse, weil mir ein BBC-Beitrag einfällt, den ich kürzlich gesehen habe. Zwei anglikanische Bischöfe diskutieren darüber, ob Gott Schwule liebt oder nicht. Natürlich nicht. Narren unter sich. Drei Narren, wenn wir den närrischen Herrgott gleich mitzählen. Für Vipassana – ansonsten eher prüde – ist sexuelle Orientierung kein Thema, nicht wert eines Themas. Auch beim Stichwort »sexual misconduct« wurde nicht über eine Schwuchtelklausel gesprochen. Ein Mensch ist ein Mensch ist ein Mensch.

Heute ist der fünfte Tag und die Saat trägt Früchte. Ebben die Gedanken ab, gelingt es mir tatsächlich, das Hirn zu leeren, nicht auszuleeren, aber immerhin soweit zu beeinflussen, dass es Raum für neue Wege schafft. Dann entsteht diese Freude, die jeder spürt, wenn er vom Fleck kommt, wenn er »fort-schreitet«: Ideen fliegen mir zu, wie ich noch radikaler mein Leben entschlacke, noch konsequenter den Klimbim entsorge, mit dem wir unsere Existenz belagern. Ich will meine Jahre nicht mit der Verwaltung von »Konsumgütern« vergeuden, mich nicht erschöpfen bei der Suche nach »Service Centern«, wo sie den Schrott reparieren, den ich nicht brauche. Ich brauche Tickets, um abzuheben, Klamotten, Bücher, Hotelbetten, einen kleinen Weltempfänger und immer genug Geld, um geisttötende Tätigkeiten zu delegieren und keine Stunde das zu arbeiten, was mich nicht beflügelt. Vipassana als Kundenschutz. Es hellt auf, macht wachsam, vor jedem Kauf soll es mich ermahnen, für Sekunden die Augen zu schließen. Damit ich mir zuhöre. Und dann entscheide, ob ICH das Ding will oder die Werbeabteilung von Sony will, dass ich es will. Und wenn ICH, dann kaufen. Und wenn nicht, dann lässig davongehen. Es geht hier nicht ums Hohe Lied des armseligen Lebens. Ich bin nicht arm. Und arm sein ist widerlich. Ich begreife nur mit zunehmendem Alter, dass weltweit eine ungeheure Maschinerie installiert wurde, um uns mit Bedürfnissen totzumüllen, von denen wir vorher – vor Ankunft der Müllmänner – nichts wussten.

Ich verstehe, wenn einen 15-Jährigen andere Wünsche jagen, als auf einem Kissen auszuharren und seine Nasenlöcher zu inspizieren. Wer sich zu Vipassana entschließt, der tut das, weil das Maß an Irrwegen, Pannen und Pleiten voll ist. Ich weiß nicht mehr, wie ich die Zeit in dem japanischen Zenkloster überstanden habe. Aber damals war ich dreißig Jahre jünger, biegsamer, unschuldiger, konnte nachts heimlich die Stadt besuchen, die Sünde. Ich war mehr aus Abenteuerlust gekommen als aus der Einsicht heraus, dass Achtsamkeit – nur ein anderes Wort für inneren Halt – lebensnotwendig ist, »die Not wendend«. Jetzt habe ich genügend Niederlagen kassiert, um »Opfer zu bringen«: Meine verbogenen Knie, das Stechen im Rücken, diese Anfälle von Trübsinn und die bedrohliche Aussicht, dass nichts anders wird.

Auf dem letzten *World Psychodelic Forum* in Basel wurde erwähnt, wie der medizinisch kontrollierte Einsatz von LSD dem Patienten dabei hilft, seine Probleme genauer zu sehen, sie präziser zu benennen. Und gleichzeitig dafür sorgt, dass jene Emotionen (Angst, Schwermut, Hoffnungslosigkeit), die das Problem im Kranken auslösen, ihn nicht überwältigen. Ihm also genug Kraft bleibt, sich damit auseinanderzusetzen.

So verstehe ich Vipassana. Man sieht hin und – sieht nicht weg. Weil das Training inzwischen die nötigen Ressourcen mobilisiert hat, um die Auseinandersetzung anzunehmen. Vipassana ist nicht zimperlich, es ist ein Kampfsport für Erwachsene.

Ich erinnere mich: Gelang mir das Sitzen (zu Hause) und ging ich nach einer Stunde Meditation wieder hinaus in die Welt, dann war ich »geordneter«, saß fester im Sattel, war unverletzbarer. Einen halben Tag lang gewiss. Ganz konkrete Zustände passierten. Befand ich mich im Ausland, so redete ich plötzlich die gelernten Fremdsprachen mit einer Leichtigkeit, an die man sonst, so heißt es, nur unter Alkoholeinfluss herankommt. Ich war »ungehemmt«, nicht blockiert von Versagensängsten. Längst im Unbewussten verschollene Wörter tauchten wieder auf. Ich war wieder ein Gesamtmensch, nicht zerstückelt, nicht aufgeteilt in Kopf, in Herz, in Bauch. Alles gehörte zu mir, alles war Ich und war einverstanden.

Und ich war »leichter«, trug mir weniger nach, haderte nicht, genoss diese wunderlichen Augenblicke, nicht aus der Welt gefallen zu sein, nicht jeden als meinen Gegner zu verdächtigen.

Ich liebte noch immer nicht besinnungslos die Menschheit, aber ich war freizügiger mit meinem Lob, mit meinem Lächeln. Und sie auch. Swing kam auf zwischen den sechseinhalb Milliarden und mir, so eine coole Nonchalance. Das sind nicht »meine« Erfahrungen, die nur mir gehören, nein, es sind jene, die alle machen, die sich um ihr »Seelenheil« – hier auf Erden, hier allein – sorgen. Und die Konsequenzen ziehen. Vipassana wirkt wie ein Aufputschmittel für unsere trägen Herzen, wie ein Werkzeug, um den IQ der emotionalen Intelligenz zu stimulieren.

Schon überraschend, wie lange ich gebraucht habe, um einen Ort, einen Unterricht zu finden, der frei von diesem esoterisch-überirdischen Stuss ist. Bei Goenka wird keiner kommandiert, keiner geschröpft, keiner mit Ritualen belästigt, keinem das Murmeln unverständlicher Texte auferlegt. Und keiner wird Zeuge peinlicher Vorkommnisse. Hier ein paar Rückblenden:

In einem irischen Meditationscamp prügelten sich einst die beiden Leiter. Es ging um die Frage, wer die Schönste im Raum vögeln darf. In Paris musste man zuerst einen Vorbereitungskurs absolvieren, um mit dem rechten Fuß (eben dem linken) den Ort betreten zu lernen. Während einer Woche Zen in einem österreichischen Benediktinerkloster saß ich mitten unter freudlosen Greisinnen, die das Kirchengestühl mit einem Meditationskissen verwechselt hatten. In Thailand musste ich wegen der Gefahr eines Hitzschlags die Blechhütte verlassen. (Oder war es das erhabene Gesülze eines Erhabenen, der von der Bühne herunter von der »heiligen Leere« schwafelte. Wo leben diese Dorfprediger? Unter Buddhas Feigenbaum? Wo auch immer, sicher nicht im 21. Jahrhundert.) In Boulder, hübsche Stadt in Colorado mit buddhistischer Universität, stand ein Teilnehmer gleich am ersten Tag des Retreats auf und rief entzückt: »Ich bin erleuchtet.« Und lief zu jedem und fragte: »Siehst du die Erleuchtung?« Da ich wusste, dass man Abgedrehte nicht provozieren darf, bejahte ich mit einem eindeutigen Kopfnicken. Später erfuhr ich, dass Fred – wir waren die beiden Deutschen hier – wieder als Trucker über europäische Autobahnen fuhr. Sicher seine letzte Chance, um am Leben irre zu werden.

Die Suche nach einem erweiterten Bewusstsein kann in die überspanntesten Zustände führen. In Poona stieg ich zum ersten Mal in einen *Samadhi-Tank*, so dramatisch nannte Bhagwan ein sarkophag-ähnliches Getüm, in dem sich eine körperwarme, zwanzigprozentige Salzwasserlösung befand. Man legte sich in den dunklen, schalldichten Sarg und schwebte. Ohne einen Finger zu rühren, nur auf dem Rücken liegen und loslassen. Als ich nach Stunden wieder heraustrat und zurück zum Ashram ging, schepperten meine Füße, als trügen sie Schneeketten. Nach der Grabesstille landete jedes Geräusch wie ein Hammerschlag auf meinen Trommelfellen, Vogelstimmen, Radfahrer, Kühe beim Fressen – ein Höllenlärm. Als mich Freunde umarmen wollten, wich ich erschrocken zurück. Bis in alle Nervenspitzen lag ich bloß. Jetzt war ich das Gegenteil von einem verhornten Seelenkrüppel, jetzt war ich nur ausgeliefert, schutzlos, ohne Schild.

Bert Brecht riet einmal, sich eine Elefantenhaut zu besorgen, die garantiere eine brauchbare Deckung. Und hinterher solle man sich ein Elefantenherz zulegen, das sei empfindsam und mitfühlend.

Noch ein Nachwort zu Poona: Wer spirituellen Rat sucht, ja ihn zeitweise findet, ist dennoch vor einem Absturz nicht sicher. Als ich nach Europa zurückkehrte, war ich kaum fähig, eine belebte Straße zu überqueren. Ich musste mir zureden, mich anschieben. Als ginge es darum, einen krokodilverseuchten Fluss zu durchwaten. Ich war überfordert, nicht mehr fähig, es mit der hochmotorigen Welt aufzunehmen. Dazu Schweißausbrüche und permanenter Durchfall. Wochenlang, dann wichen die schlimmsten Ängste und ich erholte mich. Eine Straße war wieder eine Straße, ein Hund wieder ein Hund und kein Raubtier.

Andere erholten sich nicht. Sie kamen noch verwirrter zurück als ich. Sie landeten in einem fränkischen Striplokal oder schulten auf arbeitslos um. Oder siechten als Junkies, noch immer an der Nadel, trotz der Hoffnung, dass die Begegnung mit Bhagwan sie befreien würde. So die Minderheit. Doch bei den meisten Rückkehrern ging es brav wie zuvor weiter. Ihnen widerfuhr das Gräulichste: Sie vergaßen die Gründe, warum sie aufgebrochen waren, arbeiteten wieder in Jobs, die sie schon vorher gehasst hatten, reihten sich wieder ergeben in die lange Reihe jener Männer und Frauen ein, die ein Leben führten, das sie nie wollten.

Nicht rückfällig werden, nicht den Weg allen bürgerlichen Fleisches gehen, das ist ein aufreibendes Gewerbe.

Um 11 Uhr raus, Mittagspause. Die Sonne wärmt, ich habe Hunger und eine unglaubliche Lebensfreude. Und muss kichern über Goenka und seine penetrante Forderung nach »equanimity«. Heute einmal mehr, er kann es nicht lassen. Nun, die Botschaft wird bei mir nicht ankommen. Immer Gleichmut? Mich plagen so viele verschiedene Arten des Muts. Der Hochmut, der Kleinmut, der Unmut, der Wagemut – bisweilen. Aber der Gleichmut? Muss das sein? Darf ich jetzt nicht hüpfen vor Übermut? Muss ich die Freude auf Sparflamme drehen, damit für später noch etwas übrig bleibt? Lauter überflüssige Fragen, denn ich bin, wie ich bin. Am Temperament manipuliert keiner. Auch nicht die gesammelten Sprüche Buddhas.

Die vergangenen Stunden brachten noch eine Erkenntnis, eher die Bestätigung einer Erkenntnis. Wenn ich ruhig werde in der *Dhamma Hall* und die Meditation greift, dann überfallen mich keine wahnsinnig wilden Einfälle, um mit dem Rest meines Lebens fertig zu werden. Die Ideen sind eher praktisch: Plötzlich fällt mir genau der Mensch ein, der mir bei der Recherche zu einem Buch helfen könnte. Ich finde eine List, um einem administrativen Ärger aus dem Weg zu gehen. Ich habe eine Idee, eine Wortidee, um einen komplizierten Sachverhalt in einem Text zu formulieren. Das alles »erreicht« mich, weil es still ist, weil ich Zeit habe, weil kein Stress mich blockiert. Vipassana als Ratgeber.

Irgendwann im Laufe der letzten Meditation wurden die Gedanken seriöser, tiefer. Ich sah die Stressbeulen, die ich bei Freund und Feind ausgelöst hatte. Weil mich eine Rachsucht plagte, weil ich recht haben wollte, weil ich nicht vergeben konnte. Und nun – beim unbewegten Sitzen, beim bewussten Atmen – erreichten Lösungsmöglichkeiten mein bislang verstocktes Hirn. Das sind diese (raren) Augenblicke, in denen ich klüger, ja weiser werde und zur Heiterkeit anderer beitrage. Vipassana als Lebenshilfe.

Goenka hatte gestern die Meditation mit einem Glas verglichen, in dem sich schmutziges Wasser befindet. Wie sich dort nach einer Weile der Dreck setzt und das Wasser (relativ) sauber wird, so setzen sich im Laufe des Stillsitzens unsere »schmutzigen« Gedanken – wie der Ruf nach Vergeltung, der Schrei der Gier, die Sucht nach Komfort und Routine – und wir sehen klar, immerhin klarer, sehen die Möglichkeiten, die sich vor uns öffnen. Der österreichische Dramatiker Johannes Nestroy schrieb einmal: »Weinen könnt' ich, wenn ich dran denk', was aus mir hätt' werden können.« Ich hasse den Satz, er darf nicht vorkommen in meinem Leben. Ich will sein, was ich werden wollte. Jeder will das.

Vipassana als Kraftnahrung. Und Weichspüler. Immer zum Nutzen dessen, der gespült wird. Seine Welt sieht hinterher blauer aus, weniger finster, weniger rachsüchtig rot. Denke ich an die Gesichter, die mir in Paris (oder Berlin oder Wien) auf der Straße begegnen, dann könnte man vermuten, sie seien auf dem Weg in den nächsten Gulag. Die meisten von ihnen. Die trostlose Visage als Erkennungszeichen des modernen Menschen. Vor einigen Jahren habe ich mir angewöhnt, von einer Caféterrasse aus jeden zu beobachten, der vorbeikommt. Eine Viertelstunde lang »voir comme la vie passe«. Kein anderes Kriterium zählt als die Ausstrahlung des Passanten, sein Gang, die Augen, sein Blick. Ob Mann, Frau, jung, alt, dünn, weniger dünn, pomadisiert oder lockig geföhnt, nichts soll eine Rolle spielen, nur seine/ihre »Anwesenheit« in der Welt.

Ach, wie sie schlurfen, die Menschlein, wie vergraben in sich und abwesend sie sind, wie sie den Buckel krümmen und kaum einer auftaucht, dem man die Freude ansieht, am Leben zu sein. Vor Jahren stand eine Meldung in der Zeitung über einen offensichtlich geistig gestörten Amerikaner, der wegen mehrfachen Totschlags vor Gericht stand. Der Richter: »Warum haben Sie all diese Leute getötet?« Und der Angeklagte: »Aus Mitleid, ich konnte ihr Schicksal nicht mehr ertragen. Sobald ich jemanden mit einem traurigen Gesicht sah, schoss ich ihn nieder.« Ich habe damals laut gelacht, als ich das las. Die Antwort hatte Witz, ja bewies Mitgefühl. O.k., ich würde die Trostlosen nicht abknallen, ich würde ihnen eine Website-Adresse aufschreiben. Um sich für ein Vipassana-Wochenende anzumelden. Diese Meditation ist kein Zaubermittel, aber ein Heilmittel gegen das Verwelken mitten im Leben. Das schon.

Zurück zum Rundgang, wieder gehen wir aneinander vorbei und haben noch immer kein einziges Wort miteinander gewechselt. Ich besitze gerade ein Elefantenherz und sehe niemanden, der stört. Die Langen, die Kurzen, die ganz Normalen, die Bärtigen, die Glatzigen, jeder ist an diesem Vormittag unschuldig und nah. Wie die Gärtner, die heute mit grandioser Gelassenheit Unkraut jäten. Ohne Plan, einmal hier, einmal da, dann da aufhören und woanders weiterzupfen. Der kontemplative Blick auf einen (arbeitenden) Inder reicht, um ein paar Geheimnisse dieses Landes zu begreifen, das gültigste: Alles nicht so wichtig, alles wird aufhören und sterben. Das Unkraut, der Nachbarhund, du, wir, die Welt. Warum also schwitzen und die Mühsal im Universum verdoppeln? Wie einleuchtend es klingt, dass der Buddhismus in Indien seinen Anfang nahm. Kein Volk hätte besser zu ihm gepasst. Haben sich die Deutschen darauf geeinigt, dass das »Betreten des Rasens verboten« ist, so steht in Indien virtuell und überall: »Let it be«, lass los, ist doch alles Schall und Rauch. Deshalb legen sich die Gärtner jetzt auf die Wiese und blinzeln in die Sonne. Man glaubt nicht, welchen Frieden manche Bilder im Betrachter auslösen können.

Den langen Nachmittag über bin ich fleißig. Die Intervalle der Konzentration werden länger. Schon eigenartig, was hier passiert. Wildfremde Männer und Frauen kommen in einem abgedunkelten Raum zusammen, setzen sich und – schweigen. Kann man friedlicher miteinander umgehen? Das noch Eigenartigere: Die lautlose Präsenz der anderen hilft. Ich habe ja versucht, allein in der Zelle zu meditieren. Und wie reumütig bin ich zurück. Jene seltsame Energie fehlte, die man nicht hört, nicht sieht, nicht anfassen kann.

Irgendwann ist wieder »Sprechstunde«, das heißt, jeder wird zum Guruji gebeten, jeder fragt und keiner bekommt eine Antwort. Warum das so ist, wurde bereits erklärt. Ich jammere über meine lädierten Knie und der Alte fertigt mich ab: »Schau zu, wie der Schmerz kommt und wieder geht, nichts hat Bestand.« Ähnlich tiefschürfend referiert ja auch Goenka: »All is impermanent, even the pain«. Ich hätte jetzt eine unbändige Lust, mit allen Erleuchteten aller Zeiten über diesen Kalenderspruch zu diskutieren. Weil mir letzte Wahrheiten nicht helfen, wenn sie in der Wirklichkeit nicht ankommen. Hier ein ordinär platter Fall, von dem vielleicht dreihundert Millionen meiner Zeitgenossen ebenfalls betroffen sind: Über meinem Appartement wohnte ein Mensch, der nachts bis zu fünf Mal die Waschmaschine laufen ließ. Stundenweise. Genau über meinem Futon. Ging die Schleuder, wurde ich gleich mitgeschleudert. Da half kein Bitten, kein Betteln, kein Drohen, kein Brüllen um Gnade. Fazit: Der Typ gehörte zu jener Menschenrasse, die als Arschloch auf die Welt kommt. Wie richtig, verehrte Erleuchtete, auch dieser Schmerz – der Schmerz der Schlaflosigkeit – verging. Denn nach vierzehn Jahren verschwand der Sadist. Im Vergleich zu den acht Milliarden Jahren, in denen das Universum besteht, sind vierzehn ein lautloser Furz, im ganz konkreten Leben aber eine ungeheuer lange Zeit.

Wie, Meister aller Meister, hätte ich mit dieser rasend machenden Trivialität umgehen sollen? Nachdem weder die Polizei noch der Hausbesitzer einschritten (ich war Ausländer, der Simpel ein Inländer). Ausziehen? Aus einem kleinen Traum mitten in einer Weltstadt? Den Rohling lieben? Sicher nicht. Ihm seine drei Zimmer mit Ameisensäure versauen? (Bin unbefugt in seine Wohnung eingedrungen, habe das Szenario durchgespielt. Und aufgegeben, denn der Verdacht wäre unweigerlich auf mich gefallen.) Also lieber nicht. Vipassana üben? Zu welchem Behuf? Um mir meinen Grimm wegzulügen? Um den Nachsichtigen vorzuführen? Es gibt Zeiten, auch das habe ich gelernt, die muss man erleiden. Und sich eingestehen, dass man gerade verliert.

In französischen Kinos lief vor Jahren eine Werbung der Marke *Lindt*. Man sah einen Mann eine Tafel Schokolade genießen, aus dem Off kam der Satz: »Quelques grammes de finesse dans un monde de brutes«, ein paar Gramm Raffinement in einer Welt voller Rüpel. Ich würde gern wissen, wie hoch der Anteil der Zuschauer war, die der Behauptung widersprachen.

Zurück zur *Dhamma Hall*. Heute, mit Rückblick auf den Schleudergnom, hilft Vipassana. Mein Atem bleibt konstant, ich hyperventiliere nicht, sogar meine Mordlust ist verflogen. Zudem besänftigt mich der Gedanke an die Nachmieter, jene zwei Frauen, klug, umgänglich, humorvoll. Schon gravierend die Erfahrung, dass von einem auf den nächsten Tag eine Drangsal zu Ende sein kann: weil ein anderer »Geist« umgeht, weil die Weltherrschaft des Prolos in diesem Haus ab jetzt nicht mehr gilt.

Ich erreiche mit Anstand den Abend. Sitzen und atmen, atmen und sitzen. Die meisten Fehltritte – das Abschwirren in Tagträume – kann ich abblocken. Nur einen lasse ich durchgehen. Er ist lustig, er entspannt: Meine erste Begegnung mit dem Buddhismus war ein Buch, *Der historische Buddha*, von Hans Wolfgang Schumann. Das Treffen stand unter einem ungünstigen Stern, denn ich hatte das hübsche Hardcover gestohlen. Um Haaresbreite wäre der Diebstahl vor versammeltem Buchladen-Personal aufgeflogen. Nur dank einer blitzschnell eingenommenen Körperhaltung – gebückt und die Hände gegen den Bauch gepresst – kam ich davon. Ich inszenierte eine Art epileptischen Anfall, der einzige Ausweg, um das schwere Teil daran zu hindern, aus einer maroden Jackentasche zu rutschen. »Schlechtes Karma!«, würden die Eingeweihten triumphieren. Um meine hier in Indien an allen Ecken und Enden des Körpers auftretenden Plagen zu erklären. Eben die kosmische Rache für einen Bücherdieb! Glaube ich nicht. Denn hier sitzen noch andere, die auch wimmern. Und bestimmt hat keiner von ihnen, so darf man vermuten, eine Buddha-Biografie geklaut.

Plötzlich ein Zwischenfall. Ein lauter Schluchzer durchbricht die Stille. Dann das eindeutige Geräusch eines Menschen, der weint. Nicht verhalten, sondern gebeutelt von Schmerz. Ich öffne umgehend die Augen und erkenne am Rücken, der sich heftig bewegt, um wen es sich handelt. Eine Inderin, eine ältere Frau, die mir schon durch ihre Haltung und Disziplin aufgefallen ist. Fast überrascht mich das Geräusch, so weit weg und unvorstellbar scheint es hier. Nichts geschieht, keiner sagt was, niemand rührt sich. Der Mensch ist ja nicht in Gefahr und eine *Dhamma Hall* ist kein Kinderhort.

Wie gern würde ich mich jetzt neben sie setzen, ihre Hände nehmen, sie trösten. Und den Grund der Trauer wissen wollen. Ich könnte nicht sagen, was überwiegt, mein Mitgefühl oder die Neugier. Beides meldet sich. Aber das wäre der falsche Moment. Vipassana ist kein Kurort, kein Versöhnungs-Festival. Jeder von uns ist (auch) hier, um mehr von sich zu erfahren. Und das Erfahrene zu akzeptieren, zumindest zur Kenntnis zu nehmen. Je tiefer sich jemand in sich hineintraut, desto eher die Gefahr, dass er an Schichten rührt, die weh tun. Stille, die keine äußere Ablenkung duldet, wirkt wie ein Katalysator auf der Reise ins eigene Chaos. Ich höre die Frau weinen und auf seltsame Weise beruhigt es mich.

Plötzlich fällt mir ein Mann ein, der ebenfalls während einer Meditation weinte. Aber da wusste ich, warum. Es geschah in einem thailändischen »Aids-Kloster«, in dem ich mit anderen Ausländern als Freiwilliger arbeitete. Patienten massieren, Windel abnehmen, den Leib waschen, Windel anlegen, hinterher am Bett sitzen und dasein. Abends besuchte ich Suthani in seinem Ein-Zimmer-Bungalow, er war einer der buddhistischen Mönche, die hier lebten. Ebenfalls infiziert. Das HIV-Virus war bereits ausgebrochen, aber der 35-Jährige konnte noch für sich selbst sorgen, sah noch nicht wie die stelzendünnen Wracks im

Hospiz aus. Er sprach gut Englisch, erzählte von den billigen Huren und seiner Nachlässigkeit mit Kondomen. Wir redeten und meditierten. Und irgendwann liefen ihm die Tränen über das Gesicht. Es war der Augenblick, so berichtete er später, in dem ihm wieder mit aller Intensität bewusst wurde, dass er bald sterben würde. Natürlich heulte ich mit. Und natürlich konnte ich ihn nicht trösten, wirklich trösten, denn sein frühes Ende schien unvermeidlich. Aber ich durfte mich neben ihn setzen und die rechte Hand auf seinen Rücken legen. Es war wie ein Ritual, das uns erleichterte und gleichzeitig das Heulen verstärkte.

19 Uhr, *day five discourse*, das Leben wird leichter. Man darf den Rücken an eine Wand lehnen, sich mit Decken einpacken und diesem wunderlich gütigen Goenka zuhören. Wie er von unseren Verstrickungen, Lüsten und Versuchungen erzählt. Und von der Weisheit Vipassanas, die uns lehren soll, sie alle loszulassen.

Ich will niemanden langweilen mit der bereits abgelegten Beichte, dass ich für derlei heroische Kraftakte nicht zu haben bin. Aus eingestandener Schwäche, Geistesschwäche, Fleischesschwäche. Gut, Buddha sagt: »Life is misery«. Wie wahr, jeder von uns – ob aidskranker Buddhist, jungfräuliche Christen-Nonne oder der von allen guten Geistern verlassene Atheist – weiß es. Und jeder kennt auch den Satz von Gérard Depardieu: »La vie, c'est le désir«, das Leben, das ist die Sehnsucht. Man kennt den Satz, auch wenn man ihn noch nie gehört hat. Summa summarum: Wir behalten das Leid. Und wir behalten die Sehnsucht, mit dem Leid fertig zu werden. Deshalb lechze ich nach Schönheit, nach Ebenmaß, nach Formen und Klängen, nach Sprache und Musik, nach Haut und Liebeskunst. Damit sie mich nähren in jenen Augenblicken, in denen das Leid mich heimsucht und kein Klang und kein Blick mich ermutigen.

SECHSTER TAG

Mein gefühltes Alter liegt bei etwa dreihundert. Das hat wohl mit den dreißigtausend Stunden Schlaf zu tun, die mir fehlen. Heute sind es wieder zwei oder drei, die ich meinem Körper raube. Ich kann mich an keinen Tag meines Lebens erinnern, an dem ich nicht mit dem Gedanken aufgewacht bin, dass ich etwas versäume, wenn ich liegenbleibe. Und diese Manie hat sich eingenistet, unbelehrbar. Und öffnete ich in einem Kuhdorf die Augen, irgendwo zwischen Murmansk und dem Nordpol, und hätte ich bereits am Vorabend erfahren, dass nur Kühe auf mich warteten, kein Schwein, kein Ochse, nichts, auch keine Kuhmagd, ich würde aufstehen und die Kühe besuchen. Ich habe keinen treueren Freund als meinen Leib. Auch wenn er murrt, wie immer, aber dann doch um 4.15 Uhr aufsteht und in die *Dhamma Hall* trottet.

Wir sind um diese Zeit nur noch ein Drittel. Jeden Morgen werden wir weniger. Ob der Rest pflichtgemäß in der Zelle meditiert, wer weiß. Ihre Fenster bleiben verdächtig dunkel. Bewundernswert. Ich beneide jeden, der sein herrisches Über-Ich überhört.

Doch diese dunklen Stunden, so früh, so leise, verbreiten einen versöhnlichen Zauber. Man sitzt – noch läuft kein Tape mit der Forderung nach letzter Achtsamkeit – und meditiert und spürt, wie ein Tag anfängt, wie das Licht, die Temperatur, die Geräusche zunehmen. Ich schwebe wieder, eine Stunde lang, in der nichts anders sein soll: Sitzen und mit dem Atem den Körper abtasten. Und alles wahrnehmen und nichts festhalten. Jetzt gerade kann ich es. Weil nichts mich bestürmt. Keine Wut hält mich gefangen, kein beklemmender Gedanke, auch keine Vorfreude, nur Freude. Ich öffne kurz die Augen und begreife wieder, wie ästhetisch Vipassana aussieht, wie elegant. Kein Equipment wird verlangt, nur Körper. Sonst nichts.

Ich habe schon angedeutet: Jemand entdeckt Meditation, weil er ein Mittel, eine Methode suchte, um die Zahl seiner (künftigen) Verluste zu drosseln. Wer oft genug gegen die Wand gefahren ist, macht sich auf den Weg zu einer Alternative. Wenn er denn entschlossen genug ist. Andere kommen, weil eine heftige Neugier auf ihre Tiefen und Untiefen sie treibt, auf ihre Widersprüche. Meditation als Mittel, um das Superwunder Mensch zu erforschen. Vieles kann motivieren, auch die Kälte einer von Protzsucht vernagelten Gesellschaft. Was die meisten jedoch gemeinsam haben, ist das, was mein japanischer Zen-Meister »the call« nannte. Er musste es wissen, denn Hunderte hatte er bereits unterrichtet. Er wollte damit sagen, dass jemand eine innere Stimme hören muss. Penetrant genug, um den Verwirrten anzufeuern. Damit er sich auf den Weg macht. Kein überirdisches Gewisper, natürlich nicht, auch keinen esoterischen Schmalz von fernen Planetoiden.

Nein, eher ein Drängen, verbunden mit einer gewissen Sicherheit, dass die Entscheidung für Meditation die richtige ist. Sie kommt wie für ein Kind, das jemanden Geige spielen hört. Und Tage später mit dem Unterricht beginnt. Wie für einen 30-Jährigen, der sein tausendstes Buch liest und erst jetzt begreift, dass er selbst schreiben will. Mancher Ruf wird sofort vernommen, ein anderer braucht Jahre, um sich Gehör zu verschaffen.

In Hagia Eleni, einem Dorf in den Bergen von Mazedonien, traf ich auf einer Reise durch Griechenland die alte Lydia. Sie gehörte wie ein Dutzend anderer Männer und Frauen zu den *Anastenarides*, den Feuertänzern. Einmal im Jahr, immer im Mai, rannten sie über brennende Kohle. Und jauchzten. So schön war es, so berauschend. Bauern und Bäuerinnen feierten einen alten Brauch aus hellenischer Vorzeit. Viele Legenden schwirrten, eine so blumig und fantastisch wie die andere. Lydia, pfiffiges Bauernherz, hatte in der Schule etwas Englisch gelernt. Bei ihr habe ich auch das Wort »call« gehört. Mehrmals stand sie am Rand des rotgelb glühenden Teppichs – und kehrte um. »Weil ich den Ruf des Dionysos nicht höre. Ohne ihn verbrenne ich.« Und irgendwann rief Dionysos und Lydia begann zu beben und mit den Füßen aufzustampfen. Und endlich über die 1200 Grad zu rennen. Hingegeben, unberührbar. Zugegeben, so dramatisch wird keiner zu Vipassana abberufen. Dafür aber sind die Konsequenzen drastischer. Vier Meter überqueren dauert eine Sekunde, Vipassana ist ein Bund fürs Leben.

Gang zum Frühstück, Blick hinauf in den bewölkten Himmel. Durch eine einzige Öffnung der Wolken dringt die Sonne, lässt ein paar Strahlen in den Garten fallen. Ich grinse vor Dankbarkeit. Ich würde vor Gericht aussagen und unter Eid beschwören, dass Meditation die Begabung zur Lebensfreude stärkt.

Ich brauche diese »Beweise«, es gäbe sonst keinen Grund, hier meine Zeit zu verhocken. Der alleinige Ertrag, der mich interessiert, ist die Zunahme der Lebensintensität. In welcher Situation auch immer. Mögen die anderen für den Gleichmut talentiert sein, ich will den Übermut trainieren, ich will vibrieren.

In Frankreich wird gerade ein Mann durch die Medien gereicht, der 27 Jahre in ein paar Dutzend Zuchthäusern verbrachte. Davon siebzehn in Einzelhaft. Allein auf neun Quadratmeter Eisen, Beton, Stahl. Ohne Sonne, ohne Wolken, ohne Regen, nichts. Michel Vaujour, unbelehrbarer Bankräuber und unbelehrbar freiheitshungrig. Fünf Mal bricht er aus, einmal mit Hilfe einer Geliebten, die ihn per Hubschrauber vom Dach eines Hochsicherheitstrakts holt. Nach dem fünften Mal streckt ihn ein

Kopfschuss der Polizei nieder – in einer Bank, wo sonst – und Vaujour bleibt als Krüppel liegen. Im September 2003 wird er als knapp 52-Jähriger »bedingt« entlassen. Mit einem Körper, der wieder leidlich funktioniert. Der Ex-Einsame liebt eine Frau und hat ihr versprochen, das Gangsterleben aufzugeben. Jetzt läuft ein Dokumentarstreifen über ihn in den Kinos, der mitreißende Titel: »Ne me libérez pas, je m'en charge«, lasst mich nicht raus, ich kümmere mich selbst darum.

Um die Anspielungen in dem Film zu verstehen, muss man seine Autobiografie gelesen haben, »Ma plus belle évasion«, mein schönster Ausbruch. Ein Kapitel heißt »Auf dem Yoga-Weg«, die zwanzig Seiten sind der Grund, warum ich den Ausbrecherkönig hier erwähne. Denn mit 26 beschließt Vaujour – allein wie ein Mensch in einem 24-Kubikmeter-Käfig nur sein kann –, sich mit Yoga zu befassen. Er hört auf zu rauchen, den restlichen Tabak wirft er in die Toilette. Kein Radio mehr, er zerbricht den Transistor. Keine Matratze mehr, er stellt sie ins Eck. Keine Nahrung mehr, nein, das geht nicht, aber zwei Tage Fasten pro Woche, das geht. Er lernt den Atem kontrollieren, meditiert, schindet sich mit den *Asanas*, den Yoga-Haltungen, sucht nach der berühmten »yama«, der Harmonie zwischen sich und der Welt. Das ist umso witziger, als der Leser zuerst glaubt, dass der Kriminelle das alles auf sich nimmt, um »anständig« zu werden. Von wegen. Er will sich auf sein nächstes Fluchtunternehmen vorbereiten, das höllisch kompliziert ist und eine rücksichtslos strenge Vorbereitung verlangt.

Und der Coup gelingt, nach fast drei Jahren Kasteiung wird Yogi Vaujour mit seiner aus Seife und schwarzer Schuhcreme gebastelten Pistole, mitten im Justizpalast und umgeben von Schwerbewaffneten, eine Beamtin als Geisel entführen und – entschwinden. Yoga macht frei, um ein überzeugenderes Plädoyer kann man nicht bitten.

Die Kräfte, so schreibt Vaujour, die ihm via Yoga und Meditation zugewachsen sind, haben ihn nicht verlassen. Auch später nicht, nach seinen Eskapaden, als er wieder als Einzelhäftling die »absolute Einsamkeit« und das »absolute Schweigen« aushalten musste. Auch jetzt nicht, als freier Mensch. Diese Kräfte, so der heute 55-Jährige, reichen für ein ganzes Leben, ganz gleich, wie es sich manifestiert.

Vaujours Existenz soll jedem Mut machen. Konzentration, bewusstes Einatmen, bewusstes Ausatmen, der Fokus auf die essenziellen Dinge sind eben keine Täuschungsmanöver, keine Ablenkungsmanöver, um sich vor der Welt zu verbarrikadieren. Das Gelernte führt in die genau entgegengesetzte Richtung, verführt zu mehr Nähe. Jede spirituelle Suche, die dem Suchenden keinen ganz konkreten Zugewinn an Lebenstapferkeit verschafft, ist nichts als eine andere Art, seine siebzig oder achtzig Jahre totzuschlagen. Und das ist ein krimineller Akt.

Ich komme gut über den Vormittag. Ich würde gern wissen, ob es Freiberufler schwerer haben mit dem Loslassen von Gedanken. Denn sie leben davon, dass sie kreativ sind, dass Ideen kommen, Einfälle, Geistesblitze, Bilder. Garantiert meditieren Beamte besser. Einen Pensionsberechtigten bedrängen weniger Nöte. Mich bedrängt gerade Hirnsex. (Das habe ich sicher mit vier Fünfteln der männlichen Weltbevölkerung gemein, auch der verbeamteten.) Frauenwärme, der Geruch von Brüsten, ihre Bereitschaft zur Hingabe, Flashes von Nacktsein und Geilheit überrennen meinen Hypothalamus. Wie der Gedanke an die Macht, die Frauen über uns Männer haben. Jetzt wäre ich gern Goenka, der zückte in solchen Momenten sein Lichtschwert »equanimity« und die Bedrängnis hätte ein Ende. Er würde die schönste Inderin vor sich sehen, hingestreckt und bronzefarben wie ein indischer Traum, er würde sie seinen Namen seufzen hören und er würde eiskalt »cut« rufen. Und das herzschlagjagende Trugbild wäre zu Ende. Lässig verscheucht, in seine Schranken verwiesen. Bestechend.

Ich hätte gern gewusst, wie Männer sich zwischen zwei Optionen entscheiden würden: a) sie könnten jede Frau haben oder b) sie könnten – wie Buddha, wie Goenka und alle anderen Wunderknaben – ungerührt an jeder Versuchung vorbeigehen.

Das menschliche Hirn generiert die seltsamsten Assoziationsketten. Plötzlich muss ich an Govind denken, einen Mann, den ich vor Jahren in Varanasi getroffen habe. Trotz dicken Barts war er noch immer als Weißer erkennbar, vielleicht knapp fünfzig. Früher hieß er Tom oder Jeffrey. Wie belanglos, er wollte es nicht mehr wissen. Als er nach Indien kam, meinte er, »there was not much singing in my heart«. Inzwischen war er ein *Sadhu* geworden, trug nur noch orangefarbene Kleidung und hatte alles hergegeben, sogar seinen kanadischen Akzent, sprach nur noch lupenreines Indienenglisch.

Er war das absolute Gegenteil von Vaujour, Govind wollte der Welt entsagen, sehnte sich nach keiner Frau, nach keinen Säcken voller Geld, nach nichts, auch nicht nach Leben. Auch nicht nach einem anderen Leben danach. Er hatte genug, er wollte *Nibbana*, eben den großen, unwiderruflichen Frieden. »I want to get out of life«, sagte er und deutete auf eine Stelle neben dem Ganges. Er spürte keinen Hass auf sein Dasein, keinen Ekel, nur diesen steten Drang, bald sacht und unauffällig zu verschwinden.

Wann immer wir uns trafen, lud ich ihn zum Essen ein. Sein dünner Leib, nur ernährt von Dhal und Reis, brauchte Abwechslung. Ich schien geradezu süchtig nach diesem so anderen Menschen. Sein Ego war inzwischen auf eine Größe geschrumpft, die man mit bloßem Auge nicht mehr erkennen konnte. Er war wunschlos und unglücklich, denn sein einziges Bedürfnis – und Selbstmord kam nicht in Frage – blieb unerfüllt: zu sterben, *to get out.*

Aus vielen Gründen werde ich den Todessüchtigen nicht vergessen. Wohl auch nicht, weil er mir einen unheimlich abschüssigen Satz geschenkt hatte, einen von epochalem Glanz: »Der *American Way of Life* ist die destruktivste Massenvernichtungswaffe in der Geschichte der Menschheit.« Meisterlich formuliert. Prägnanter kann man die Verwüstungen nicht beschreiben, die eine Weltanschauung an der Erde verübt hat. Dieser atemlose Hunger nach materiellem Gerümpel, der wie ein Heuschreckenschwarm den Planeten leerfrisst. Und nebenbei, wieder als Massenwaffe, massenweise Hirn vernichtet. Längst global, längst imitiert von uns allen.

Ich habe keine Ahnung, was aus Govind geworden ist. Natürlich besaß er keine Anschrift, nur eine überdachte Veranda in einem Park, wo er schlief. Aber Wehmut ergreift mich jetzt, hier in der *Dhamma Hall*, als ich an ihn denke. Govind war von einer seltenen Wärme und Rücksichtnahme. Er wollte nie etwas beweisen, nie stärker und wichtiger sein als ein anderer. Dabei war er geistreich und voller Ironie. Auffallend jedoch, dass diese Leichtigkeit nie half, wenn es um seine Furcht ging, wiedergeboren zu werden. Wieder als Weißer, als Kanadier, mit noch weniger Liedern im Herzen. Damals wurde mir einmal mehr klar, wie fixe religiöse Ideen einem Menschen die Lebensfreude ruinieren können, wie sie als ätzender Mehlstaub sein Denken verpfuschen.

Mittagspause, essen, heimlich schreiben, dann hinaus in den Garten. Ich will nicht sterben, ich habe noch einiges vor. Aber auf die Wiedergeburt kann ich auch verzichten. Das eine Leben soll innig und bunt sein. Und dann für immer aufhören. Basta.

Keiner weiß etwas, alle wissen nichts, jede Diskussion über die Zukunft nach dem Tod ist infantil und anmaßend. Die einen haben den Himmel mit achtzig Jungfrauen (supergeilen, vermutlich) erfunden, andere ohne Supergeile. Beim Erfinden der Hölle waren sie sich einig, die christlichen und die islamischen Erfinder: beide Male ohne die Supergeilen. Die Fernöstlichen fabulieren vom Mensch als Wiedergänger, einmal als Kuh, einmal als Ochse, einmal als schöne Prinzessin, einmal als Blut speiender Menschenfresser. Alles klingt nach mehr oder weniger törichten Kindereien, eher tauglich, das Niveau der Volksverdummung noch um einige Atü zu heben. Ich schlage vor, man predige mir von diesem Leben, dem einzigen, von dem wir wissen, dass wir es haben.

Man sollte fünfhundert »Tiefgläubige«, nein, fünfhundert Tiefstgläubige – ob sie nun ans paradiesische Vögeln glauben oder ans Auferstehen inmitten himmlischer Heerscharen oder an die nächsten tausend Wiedergeburten – zu einer Spritztour im neuen Airbus A 380 einladen. Und dann einen Absturz simulieren. Und ihnen, den Großgrundbesitzern der Wahrheit, zuschauen, wie sie mit beglückt-freudigem »Halleluja!«, »Allah Akbar!« und »Lang lebe die Wiedergeburt!« in den Abgrund rauschen. Von wegen. Kreischen würden sie vor Panik und Schrecken. Und irgendwann sollte man das grausame Spiel beenden und ihnen, den jetzt fünfhundert Bleichgesichtern, erzählen, dass sie gar nichts glauben. Aber alles glauben *wollen*. Getrieben von Angst, von Delirien der Angst.

Die Sonne strahlt inzwischen und alle gehen spazieren. Sich rühren und schauen ist eine dankbar angenommene Alternative zur Unbeweglichkeit mit geschlossenen Augen. Wir gehen aneinander vorbei, blicken aneinander vorbei. Keine »Beziehung« soll entstehen, kein »Anhaften«. Dennoch, jeden vollends zu ignorieren ist nicht möglich. Man sieht die Umrisse, die Gangart, hört den einen schlurfen, den anderen hinken, den Dritten zielbewusst ausschreiten. Man speichert alles, jagt die Daten durch den körpereigenen Computer und – verurteilt. Genau so. Bevor uns ein Lob entkommt, entkommt uns ein Tadel, eine abschätzige Bemerkung. Die Engländer haben ein intelligentes Wort dafür: »to belittle someone«, jemanden »klein« machen. Damit sich das eigene Ego narzisstischer rausputzt.

Schon möglich, dass ich mich irre, aber hier in dieser Umgebung mit dem gütigen Goenka, dem gütigen Harisingh, der Meditation, der Natur, hier lassen die Reflexe der Kritiksucht ein wenig nach. Ich kann (leider) nur von mir reden, aber noch immer verspüre ich kein Bedürfnis, nach jemandem zu spucken. Ja, sie gefallen mir, jeder in seiner Art. Auch die Westler. Keiner mit dieser Weihrauch-Visage, diesem betulichen Ausdruck jener, die sich auf dem rechten Weg wissen.

Für einen Besucher, der nie von Meditation und Vipassana gehört hat, müssen unsere Rituale befremdlich wirken. Er sieht meinen Nachbarn und mich jeden Morgen, Mittag und Abend unsere Zellen öffnen und schließen, sieht uns drei Meter voneinander getrennt stehen, sieht uns kein Zeichen des Kennens austauschen und hört uns kein Wort sprechen. Wir tun, als wären wir allein. Das muss ihn an eine Klinik für Autisten erinnern, die (scheinbar) ungerührt von Welt und Umwelt ihr Dasein fristen. Nie käme der fremde Beobachter auf die Idee, dass wir beide bewusst unsere Neugier, die Neugier auf »draußen«, unterdrücken. Wie alle anderen hier auch. Weil wir überzeugt sind, dass diese Art von Abstinenz unsere Fähigkeit zur Innenschau, zur Selbsterkenntnis, steigert. Selbstverständlich nicht, weil des Menschen einziges Ziel die Nabelschau ist, sondern weil nur derjenige, der eine Ahnung von sich hat, eine Ahnung von anderen bekommt. Erst wenn ich weiß, was Verlassensein und Sinnlosigkeit in mir anrichten, erst dann sehe ich, dass andere mir verdammt ähnlich sind. Und wir einander beistehen sollten. Erst wenn ich die eigene Bosheit und Gier in mir erkenne, erst dann höre ich auf, mich als moralisch korrekter Gutmensch anzubiedern.

Zurück in die *Dhamma Hall*. Wie friedlich die Folterkammer aussieht. Keine einzige Beißzange liegt herum, kein Metzgerhaken, nicht mal ein Trichter, um die Gefolterten mit Essig volllaufen zu lassen. Ich übertreibe erheblich, und dennoch: geradezu rührig der Versuch jedes Einzelnen, Zeit zu schinden, pedantisch das Kissen zurechtzuzupfen, den Bezug straffzuziehen, nochmals zu schütteln, Probe zu sitzen, wieder zu schütteln. Der ganze Zauber, um den Augenblick hinauszuzögern, in dem man definitiv zu meditieren beginnt, sprich, die Folter aushalten muss.

Der Nachmittag gelingt. Ich habe immer noch nicht verstanden, warum der Körper plötzlich nachgibt und meditieren mag, ja, keinen Schmerzenslaut von sich gibt und irgendwann nur dasitzt. Planlos, kampflos, gewissenlos. Weil er eingestimmt ist? Durch die Gedanken an Govind, an einen, der wohl jeden, dem er begegnete, mit »good vibes« versorgte? Oder ist es mein Einverständnis mit allen, die sich mit mir in diesem Raum befinden? Ich weiß es nicht, ich habe noch nie ein System entdeckt, nach dem mein vegetatives Nervensystem funktioniert. Es ist launisch wie eine Diva. Heute ist es gönnerisch und ich will die Gunst der Stunde nutzen. Ich sitze tatenlos da und denke tatsächlich, ohne Witz, dass ich etwas – o.k., etwas Winziges – zum Weltfrieden beitrage. So winzig wie die Spende der anderen 23 hier. Ein paar Stunden später sind zwei Dutzend Männer und Frauen eine Spur verträglicher, versöhnter. Mit sich, mit dem Rest. Ist das nichts?

Irgendwann kommen die Hintergedanken wieder. Die meisten lassen sich vertreiben, so banal sind sie. Andere gefallen mir, denen gehe ich hinterher. Ich habe Meditation immer auch als Kontemplation verstanden, als Ort, um Erfahrungen zu »dechiffrieren«. Ich brauche Zeit, um zu verstehen, was ich weiß. Mir fällt eine provozierende Behauptung Goenkas ein, der vom grundsätzlich »Guten« im Universum sprach, eben von Ursache und Wirkung, von guter Tat und guter Wirkung, von schlechter Tat und schlechter Wirkung. Als sei der Weltraum »moralisch«. Deshalb würden die Gierigen als Unglückliche wiedergeboren. Und die Großherzigen als noch bessere Wohltäter.

Ach, Goenka, wie gern würde ich mich an deine Schulter lehnen und all den *sweet nonsense* glauben. Die Natur soll »gut« sein? Wie kann man so blindwütig der Wirklichkeit ausweichen? Verblendet der Drang nach einer wohligen Sicht so radikal? Die Natur ist auch nicht »böse«, sie ist vollkommen »amoralisch«, vollkommen gleichgültig. Sie ist nicht »gut« oder »schlecht«, weil sie gute oder schlechte Absichten hegt, sondern weil es sich laut Evolution gerade so ergibt. Der Tsunami ist gräulich für jene, die in den Fluten begraben wurden. Für die Natur hat er absolut nichts Böses. Die Riesenwelle kam, weil die geologischen Verhältnisse so waren, dass sie losstürmen musste. Und nicht, weil die Natur irgendjemanden abstrafen wollte.

Und der Löwe, der das Zebra reißt, ist er das Untier? Und hat das Zebra vorher unreinlich fantasiert, heimlich auf Zebra-Weibchen gestarrt? Und die Gottesanbeterin (sinniger Name), die noch *vor* dem Ende der Begattung dem Liebhaber den Kopf abbeißt, ist sie das ultimative Luder? Nein, ist sie nicht. Erst der brachiale Akt sorgt dafür, dass der Kopflose seinen Samen in den weiblichen Körper pumpt.

Kommen wir zu den Menschlein. Auch hier haben sich die »bien pensants«, jene, die immer nur Gutes von der Welt denken, was Schönes, was Supergerechtes ausgedacht. Siehe Goenka, der glatt verkündet, dass jeder, der Hass und Verachtung verbreitet, von zähen Gewissensbissen verfolgt wird, ja die dunklen, die heimtückischen Gefühle auf ihn selbst zurückfallen. Das ist ein kühner Satz, der oft stimmt und oft überhaupt nicht. Vielleicht hilft wieder eine Notiz von Blaise Pascal, dem Mathematiker und Philosophen aus dem 17. Jahrhundert: »Niemals tut man so gut das Böse, als wenn man es mit gutem Gewissen tut.« Und flugs fallen einem die massenmordenden Kreuzfahrer ein, die mordgeilen KZ-Schinder, die totschlaglustigen Bolschewiken, die selig massakrierenden Horden um Friedensfürst Mohammed und die Schädel spaltenden Hutu in Ruanda: In der Rekordzeit von drei Monaten haben die frommen Kirchgänger 800 000 Tutsi – auch Ruander, auch fromme Kirchgänger – totgehackt. (Man sieht, Gläubigsein rettet weder davor, Mörder noch Ermordeter zu werden.)

Keine Rede, dass die christlichen oder nichtchristlichen Bestien nach dem Schlachten und Morden geknickt nach Hause trotteten. Oder ritten. Oder ins Flugzeug stiegen. Im Gegenteil, Lieder schmetternd, frohgesinnt nach so viel getaner Pflicht, feierten sie ihre Untaten, waren unumstößlich davon überzeugt, Gutes, nein, Bestes für die Menschheit geleistet zu haben.

Noch eine Fußnote. Nach dem Tsunami sah ich ein Foto in einer indonesischen Zeitung, es zeigte die vollkommen zerstörten (Adobe-)Häuser eines Stadtviertels und mittendrin die unversehrte (Ziegel-)Moschee, Text darunter: »Allah's hidden hand«. Bisweilen hat Idiotismus keinen Namen. Der Allgütige lässt zwar alles Hab und Gut seiner Schwärmerinnen und Schwärmer vernichten, trägt aber Sorge dafür, dass kraft seiner »versteckten Hand« sein Eigenheim wohlbehalten übrig bleibt. Gütiger und geheimnisvoller geht es nicht.

Bescheidener Rückschluss: Die Idee von einer »gerechten«

Natur scheint mir eher waghalsig. Als ich in Mexiko City mit Hunderten anderer aus einer Schule rannte, weil die Erde und die Schule bebten (die einen kamen davon, andere nicht), und als ich an Thailands Westküste entlangfuhr und auf dem Strand die aufgedunsenen, völlig entstellten Wasserleichen liegen sah, war ich da Zeuge einer fürsorglichen Natur?

Nun, auch Vipassana wird das kosmische Getriebe nicht in ein Schlaraffenland verzaubern. Aber da, wo Meditation praktiziert wird, kommt mehr Swing ins Leben, verschwinden ein paar Hornhäute. Nein, sie ist keine Weltverbesserungs-Maschine, sie kann, im besten aller Fälle, dem Meditierenden mehr Freude, *more singing* in sein Herz bringen. Um für weniger Wahnsinn und Kümmernis verantwortlich zu sein. Und Freude infiziert. Immerhin jene in nächster Nähe.

Ein zweiter Rückschluss sei erlaubt. Siehe Goenkas Beteuerung, dass es den Racheengel immer auch selbst trifft, dass »Heimzahlen« stets Gewissensstürme und finsteres Schwanen im eigenen Busen auslöst. Was der Guru hier voraussagt, mag sein, passiert durchaus. Oft zu Recht, da Schuldgefühle daran erinnern, dass man sich in den Mitteln vergriffen hat.

Aber oft passiert es nicht, das Schwanen und Grauen im Busen. Denn jeder weiß: Einmal knallhart Bescheid stoßen, einmal jemandem eine (schmerzhafte) Lektion erteilen, einmal Unrecht mit Nachdruck vergelten, all das kann in einem erhebenden Gefühl enden. Gleich sieht der Tag vergnüglicher aus, gleich weiß man wieder, dass man sich dagegen gestemmt hat. Bisse im Gewissen? Von wegen. Nur Freudenschreie.

Nur so will ich Vipassana verstehen: Es soll niemanden zum fügsamen Haustier züchten, sondern unterscheiden helfen, wo Nachsicht und Verzeihen angebracht sind und wo Gegenwehr und ein Tritt ans Schienbein entschieden mehr zum Weltfrieden beitragen.

19 Uhr, *day six discourse.* Wieder könnte ich mich in Goenka verlieben. Mein Kopf widerspricht ihm und mein Herz taut. Immer. Die Ausstrahlung des Alten besteht aus Güte, Leichtigkeit und Humor. Ich traue jedem seiner Worte zu, dass es mit seinem Leben übereinstimmt. Aber der 85-Jährige ist eben Vipassana-Schwergewichts-Weltmeister. Mag es mancher hier bis in die Mittelklasse schaffen, ich bin nur Papiergewicht. Seine Stimme ist so sanft, dass ich bisweilen einnicke. Und beim Aufwachen nichts versäumt habe, denn Goenkaji (ein »ji« bedeutet immer eine Koseform) singt noch immer und schon wieder von den Wohltaten der uralten Technik. Wie alle, die etwas grandios beherrschen, hat er inzwischen vergessen, dass Anfänger sein (oder unbegabt) kein lustiges Schicksal ist.

Doch irgendwann äußert er einen Gedanken, für den man aufstehen und »Bravo« rufen will. Weil er letzte Zweifel beseitigt: »Vipassana praktizieren bedeutet nicht, dass aus dir ein willenloses Gemüse wird, dass du das Unrecht anderer an dir erträgst. Aber du sollst nicht reagieren, du sollst agieren«, soll sagen: sich so im Alltag verhalten, dass es zu einer demütigenden Situation gar nicht kommt. Da Achtsamkeit eine Umgebung schafft, die Würdelosigkeit nicht zulässt. Und wenn doch, dann soll einer nicht blindlings ausholen, sondern Contenance bewahren und eine Lösung finden, die kreativ ist. Für beide, für alle Beteiligten.

Auch das ist hochkarätig anspruchsvoll, aber Vipassana erhöht tatsächlich das Charisma, die Selbstsicherheit. Ich habe immer fasziniert auf Männer und Frauen geblickt, die das beherrschten, was zu den Grundideen des Buddhismus gehört: *Gedanke – Wort – Handlung*. Eins nach dem anderen, ohne Bruch, stimmig.

Wieder entlässt uns Goenka mit »May all beings be happy«, wie ein schuldloses Kind wünscht er uns Glück. Mit der Taschenlampe in der Hand findet jeder zurück in seine Zelle.

Kerzen brennen, ich lese, ich schreibe. So lange, bis mir wieder die Zeile des indischen, so brillanten Schriftstellers Pico Iyer einfällt, die ich vor Wochen entdeckt habe. Poetisch drückt sie aus, was in einem vorgeht, der loszieht in die Welt, selbst wenn es die innere Welt ist: »Was mich wirklich zum Reisen drängt, ist die Aussicht, all das zu verlassen, was ich kenne, und all das zu betreten, was ich nicht kenne. Und möglicherweise niemals verstehen werde.«

SIEBTER TAG

Morgens liegt Tau auf meinen Schuhen. Das erfrischt die nackten Füße. Mir ist jedes Mittel recht, das die Illusion verschafft, weitere zehn Stunden Meditation auszuhalten.

Um 4.29 Uhr sitze ich in der *Dhamma Hall.* Und um 4.30 Uhr bin ich an der Ostküste des Subkontinents gelandet: Auf der Reise durch Indien las ich einen Bericht über eine »beautiful Russian«, die sich in einem Nobelviertel von Mumbai ein »Mudras-Consulting« eingerichtet hatte. Mudras sind »mystische Handgesten« aus Tibet, mit deren Hilfe wir, so lässt die schöne Russin wissen, in Kürze alle unsere Neurosen wegfingern können. Wie noch zu erfahren ist, geben sich die Allerschönsten und Allerreichsten bereits ihre Türklinke in die Hand. Ich bin sofort auf Seiten von »Jewa« (sicher ihr Künstlername), die wahrscheinlich aus einem sibirischen Dorf stammt und Olga Josepha heißt und sich eine einzige Finte ausgedacht hat, um die Allerdümmsten und Allertumbsten um die Finger zu wickeln: durch »mystical mudras« und gegen enormes Entgelt. Die (indische) Reporterin des »Portraits einer erfolgreichen Frau« in der Zeitung ließ sich auch wickeln. Nach einer halben Stunde, so schreibt sie, verließ sie »erschöpft« das Penthouse der Wunderheilerin. Um nach einer weiteren halben Stunde »completely reenergized« wiedergeboren zu werden: »Ich hätte Bäume ausreißen können!« So der letzte Satz des Artikels.

Was für eine wohltuende Lügengeschichte, in der wir erfahren, dass wir nur ein Ex-Model besuchen und mit ihr ein paar Mudras üben zu brauchen, um wieder energiegeladen antreten zu können. Zum Bäume ausreißen. (Welch passende Metapher für heutige Zeiten.) Die Nachricht, dass wir mehr als dreißig Minuten einmal pro Leben hergeben müssten, um uns davon zu überzeugen, in Zukunft weniger Bäume auszureißen, eine solche Nachricht kommt anscheinend nicht an.

Nein, lieber ein (spiritueller) Quickie mit Jewa. Das Vergnügliche daran: So abstrus sich die Angebote zur Heilung unserer neurosen-traktierten Seelen anhören, so hanebüchen frech die Tricks der Bauernfänger auch klingen mögen, das Heer der zerebral Zukurzgekommenen drängelt ein weiteres Mal.

Ach, wie gut wir es in der *Dhamma Hall* haben. Jeder von uns weiß immerhin, dass einmal Kaffeeklatsch mit Mudras büffeln oder Pendel schwingen oder Hare Krishna frohlocken oder das karmische Horoskop deuten nicht reicht, für nichts reicht. Wir haben immerhin begriffen, dass ganz andere Investitionen gefragt sind, um das Rad der dösigen Gewohnheiten, der endlosen Sackgassen zu stoppen. Um es anschließend in eine Richtung zu schwingen, die mehr Begeisterung in Aussicht stellt, mehr dem entspricht, was man als Halbwüchsiger für seine Zukunft fantasierte. Jeder, der geboren wird, will, nein, muss seinen Platz in dieser Welt finden, der ihn mit genügend Anteilen an Würde, Freude, Eros und Herausforderungen versorgt. Findet er ihn nicht, wird er zum Aas oder zum Fanatiker oder welkt zum klinisch-depressiven Mauerblümchen, schrumpelt zum bösen Alten. Ich mag mich täuschen, aber so viele sind es nicht, die da ankamen, wo sie einst hinwollten.

Nochmals zurück zu der armen Schönen, die von Sibirien nach Mumbai zog, um mit ein paar Fingerübungen eine reiche Schöne zu werden. Ach, wenn die Geschröpften nur wüssten, dass man Vipassana auch als Lügendetektor einsetzen kann. Auch das noch. Wer meditiert, bekommt ein klareres Gefühl für die

Energie eines anderen. Nähert sich einer als Freund, als Freundlicher, als jemand, der mein Leben bereichert? Oder kommt einer, der mir die Haut abzieht, wieder ein Müllmann mit Müll im Angebot? Sitze ich gar vor einer Jewa, die schon gelogen hat, bevor sie den Mund aufmacht? Der Vipassana-Trainierte entdeckt die Lüge, weil er »da« ist, in genau jenem Augenblick, in dem ein anderer ihn zunebeln will. Er ist geistes*anwesend*, nicht geistes*abwesend*, nicht multitaskend, nicht träumend, nur gegenwärtig. Er sieht den Nebel und er sieht das Trugbild hinter dem Nebel. Und er kann eiskalt »nein« sagen.

Ich weiß, ich sitze in der *Dhamma Hall*, um zu meditieren. Und nicht, um über die glorreichen Seiten des Meditierens zu spekulieren. Aber bisweilen fehlt mir die Kraft zur harten, stringenten Konzentration auf den Atem, dann renne ich eben Gedanken hinterher. Doch ich bilde mir ein, dass ich das heute konsequenter beherrsche als früher. Ich denke nur *einen* Gedanken, *einen* Gedankenstrang. Nichts verführt mich zur Untreue, zu Dutzenden anderer, völlig zusammenhangloser Ideen. Ich werde zielgenauer, zielbewusster. Zuerst im Kopf, später – wenn ich das Gedachte in der Wirklichkeit anwende – im Leben. Ja, auch das gehört zu den Nebenwirkungen von Vipassana. Es vermehrt meine »quality time«, das ist jene Lebenszeit, die sich warm und innig in mir ausbreitet. Und es reduziert die Zahl der Stunden, in denen ich mit der Arschkarte unterwegs bin.

Der Drillbohrer, der Gedankenbohrer im Hirn hat aber auch einen Vorteil: Irgendwann versiegt die Wörterflut, das Denken hört auf, die Buchstaben ziehen sich zurück, es wird stiller im Kopf, leerer, jetzt übernimmt wieder die Meditation. Ich zähle den Atem, atme von Kopf bis Fuß, tue wieder nichts anderes, als das mühselige Geschäft desjenigen voranzutreiben, der verstanden hat, dass a) das Leben das Fantastischste ist, was wir besitzen, und dass b) die Droge Leben nicht aufhören darf zu wirken. Je zentrierter ich mich bündle, desto überschäumender kann ich mich hinterher verausgaben. Ein Extrem bedingt das andere. Vipassana ist ein Extremsport, der leiseste überhaupt, ganz unscheinbar.

Als ich in therapeutischer Behandlung war, schon als Jugendlicher, hörte ich einen Psychologen zu seinem Kollegen sagen: »Der hat seine Zukunft schon hinter sich.« Aus dem Zusammenhang des (belauschten) Gesprächs war zu erfahren, dass es sich um einen Patienten handelte, dem nicht mehr zu helfen war. Dass seine nächsten zwanzig oder dreißig Jahre nicht anders sein würden als seine Vergangenheit. Zu gefroren sei sein Herz, zu viele Niederlagen hätten es bereits niedergestreckt, als dass er es noch mit der Zukunft aufnehmen könnte. Als Siechling würde er den Rest absitzen, als einer, der jede Änderung als Fluch oder Segen interpretiert. Statt als Provokation, die seine Kreativität weckt. »Der hat seine Zukunft schon hinter sich«, so könnte auch ein Henker reden. Nie will ich den Satz hören, nie damit gemeint sein. Er klingt wie ein Todesurteil. Lebenslänglich tot sein, das ist ein harsches Schicksal.

Wie jeder Mensch will ich anderen von guten Erfahrungen erzählen. Um ihnen zu helfen. Umgekehrt natürlich genauso. Ich höre etwas und übernehme es, bin dankbar für den Rat. Und wie jeder kenne ich Frauen und Männer, denen nicht zu helfen ist. Die das Ende ihrer Geschichte schon erreicht haben. Wie obiger Patient.

Doch das Los eines Fremden bleibt mir fremd. Bewegend wird die Geschichte, wenn es sich um einen Freund handelt. Und ich habe einen, den ich wie eine wandelnde Zeitbombe wahrnehme, die nur noch den rechten Ort und die passende Zeit abwartet, um zu explodieren. Vor Hass, vor Zorn, vor dem Gefühl, nicht teilnehmen zu dürfen am Leben, an den »Erscheinungen der Welt« (Goethe). Und Goethe wusste (und dieser Freund weiß), dass zu den atemberaubendsten Erscheinungen auf Erden die Frauen zählen.

Vor sieben Jahren wurde Manfred B. von seiner Lebensgefährtin verlassen. Das tut weh. Wegen eines anderen. Das geht noch tiefer. Aber solche Wunden heilen, wenn wieder eine Frau auftritt und sich nach der Nähe des Verlassenen sehnt. Aber – und hier liegt die Mutter aller Schmerzen von M. B. – diese Frau gibt es nicht. Auch nach sieben mal 365 Nächten kommt keine zu ihm, um ihn zu umarmen und von ihm umarmt zu werden. 2555 tote Nächte, ohne die Haut und den Atem eines Menschen, der ihn begehrt und der von ihm begehrt werden möchte.

Immer wenn ich ihn sehe, wird mir bewusst, welche seelischen Flurschäden Einsamkeit anrichten kann. Wie sie einen auffrisst. Und wie sie sich wandelt. Und wie sie irgendwann zum Hass auf die Welt wird.

Warum ich den Mann erwähne? Weil ich plötzlich an ihn denke. Nachdem ich kreuzbrav eine knappe Stunde die Wehleidigkeiten meines Körpers ausgehalten habe, keinen Millimeter verrückt, keinem Gedanken nachgelaufen bin. Die Erinnerung an ihn war unvermeidlich. Wie eine persönliche Niederlage trage ich den Freund mit mir herum. Dennoch muss ich jetzt grinsen. Denn während der sieben Jahre wurde ich sicher Europas fleißigster Damen-Beschaffungs-Berater. Wie viele Strategien habe ich entworfen, um ihn, diesen elend Schüchternen, in die Nähe jener Menschenrasse zu bringen, die ihn wie keine andere Tag und Nacht beschäftigt. Sprachkurse, einschlägige Cafés, Internetforen, Reiseziele, Kontaktadressen listete ich auf, stets mit der Prämisse im Kopf: Dort wimmelt es von Frauen! Ich nahm ihn mit, zu Freunden, zu Lesungen, zum Tanzen, zum Essen und Trinken, stellte ihn vor, probte mit ihm (mögliche) Begegnungen, korrigierte für ihn die Texte (möglicher) Liebesnachrichten, übte (mögliche) Telefongespräche, kontaktierte ihn aus allen Erdteilen, ließ ihn keine drei Wochen aus den Augen. Ja, empfahl ihm Puffs, auch in Paris bei mir, wo es anonymer für ihn sei, war bereit, ihn zu eskortieren, bot an, ihm zum Geburtstag (oder an jedem anderen Tag) eine Hingebungsvolle ins Haus zu schicken: war ich doch unverdrossen davon überzeugt, dass selbst eine gekaufte Frauenhaut noch um tausend Wonnen besser duftet als das feinste (leere) Seiden-Leintuch. Aber nicht einmal dafür reichte sein Mut.

Und dann geschah das Wunder. Nein, nein, keine Himmlische tauchte am Horizont seines Männerlebens auf. Nein, das Wunder war der Moment, in dem er mich fragte, wie das mit dem Meditieren sei. Wo man das macht? Wie? Es interessiere ihn. Endlich. Selbstverständlich hatte ich ihm wieder und wieder davon gepredigt. Ohne dass nur ein Wimpernschlag Neugier zurückkam. Ja, hatte ihm erzählt, dass ich einst eine Woche lang gefastet und meditiert hatte. Nur Tee und Wasser und schlafen und »sitzen«. Um radikal »einsichtig« zu werden. Weil ich meinen Beruf aufgegeben hatte und einen neuen suchte. Nichts weniger.

Wie ein Pawlowscher Hund sprang ich herbei, freute ich mich über seine Nachfrage, fing sofort wieder zu predigen an, verwies auf Bücher, auf Adressen, versprach persönliche Unterweisung beim nächsten Besuch, erwähnte zuletzt, dass er sein Duplex nicht einreißen und neue Wände hochziehen müsse, dass nichts anderes gebraucht würde als ein hartes Kissen. Möglicherweise zwei. Selbst dafür wusste ich einen Internet-Shop. Er müsse nur aussuchen, bestellen, drei Tage warten und – anfangen.

Es kam zu keinem Mausklick. Nicht einmal dazu. Ich hatte uns beide überschätzt. Denn Manfred B. – ein witziger, großzügiger Mensch, mit Ironie und Klugheit begabt – war schon längst das geworden, was die Japaner einen »Hikimori« nennen. Einer, der aus Angst vor den täglichen Anforderungen nicht mehr das Haus verlässt, ja ein Super-Hikimori, der auch niemanden mehr in sein Haus lässt. Nur die Glotze darf da sein, darf leuchten, ihn trösten, sprich, ihn bei lebendigem Leib am Leben hindern. Denn nie und nimmer wird eine der Begehrten den Bildschirm verlassen und die Bettdecke von Manfred B. aufschlagen. Um darunter seine Lippen zu küssen. Ich habe natürlich keine Ahnung, ob das Training von Vipassana dem Verzweifelten bei der Erfüllung seines Traums geholfen hätte. Immerhin haben die Meditationstechnik und Frauen eines gemeinsam: »Erfolg« ist nicht sicher, sicher ist nur: Einer muss losgehen, muss etwas wagen.

Wenn ein Mensch absäuft, beginnt er, über Auswege nachzudenken. Bei vielen bleibt es beim Denken. Sie haben noch nicht genug gelitten, um die Kräfte zu mobilisieren, die es braucht, um dem Sumpf zu entkommen. Oder sie leiden bereits entsetzlich und sind trotzdem noch immer zu unentschlossen, um die Schussfahrt zu bremsen. Das immer unergründliche Menschenherz.

Als ich nach der Mittagspause wieder in der *Dhamma Hall* sitze, fällt mir zum ersten Mal auf, dass hier keine Greisenveranstaltung stattfindet, keine letzten Exerzitien für Leute, die noch drei Wochenenden zu leben haben und noch schnell mit sich »ins Reine« kommen wollen. Die Mehrheit hier besteht aus Erwachsenen zwischen dreißig und fünfzig. Und ganz Junge gibt es auch, Studenten vermutlich. Wie ich ihr Bedürfnis nach Halt verstehe, nach etwas, das sie mit Energie ausrüstet. Und mit Werten und Zielen, anderen als den handelsüblichen. Um standzuhalten in einer sich rasend verändernden Welt.

Ob sie jedoch wissen, dass auch Vipassana nur geben kann, was einer schon hat? Es darf verschüttet sein, verwittert, verschollen, aber irgendwo muss es in ihm verborgen sein. Nie wird einer etwas finden, auch nicht mit Hilfe von hunderttausend Stunden Vipassana, das nicht in ihm ist. Die Technik der Meditation könnte man mit jenen handlichen Metallsonden vergleichen, mit der die Penner im *Central Park* von New York nach Gold suchen. Die Geräte piepen nur, wenn sie fündig werden.

Nicht anders hier. Aus einem Herz aus Stein wird kein warmer Muskel, nur weil einer mit gekreuzten Beinen auf dem Boden verharrt und seine Nasenspitze beobachtet. Irgendwo in dem kalten Geröll muss der Rest einer Sehnsucht nach einer anderen Form von Existenz versteckt sein. Diesen Restposten, hat einer Glück, entdeckt er beim Meditieren. Und erweckt ihn zum Leben.

Tapfer wie ein Zehnkämpfer absolviere ich mein Programm, bin der vorbildliche Vipassana-Schüler, sammle meine Achtsamkeit, verscheuche (im Kopf) jede Zerstreuung. Bin Athlet, trotz eines lästigen Stechens in der Nierengegend. Um mittendrin, vielleicht nach einer halben Stunde konsequenter Routine, schlagartig fahrig zu werden, fiebrig. Bin zu keinen fünf konzentrierten Atemzügen mehr fähig. Doch nicht aus Erschöpfung, im Gegenteil.

Jetzt habe ich das Sitzen satt, das Gefangensein, will aufspringen und rennen, losrennen, handeln, tun, reagieren, will die Berge von Arbeit abtragen, die auf mich warten, will an einem riesigen Tisch sitzen und auf meinen Mac hämmern, will mein von Gedanken und Blitzen verstopftes Hirn befreien, will jetzt die Wildsau sein, die aus dem Gatter wetzen muss. Aber ich bleibe, muss bleiben. Und werde dafür belohnt, fürs Standhalten. Ein Kraftfeld wandert durch meinen Leib, das – trotz der freiwilligen Haft hier in der *Dhamma Hall* – eine Welle unbekümmerten Überdrehtseins lostritt.

Ich unternehme nicht den geringsten Versuch, das Beben zu stoppen. Ich will es abspeichern, um mich in mageren Zeiten daran zu erinnern. An diese Wucht, diese Ekstase mühselig gezügelter Vehemenz. Mein Körper sprudelt, der Reservetank ist noch lange nicht an. Ich begreife, dass Power in mir steckt, aber weiß zugleich, dass ich noch immer nicht verstanden habe, wie ich über sie – kontinuierlich – verfüge. Zu sporadisch fließt sie. Oft ist Stromausfall, no power. Oder »little power«. (So redete mein letzter Hotelbesitzer, als er Kerzen an die Gäste verteilte.)

Ich schiele auf die anderen in der *Dhamma Hall*. Klar, sie zeigen die Antwort: sitzen, fokussieren, bereit sein, den Preis zu zahlen. Mit Beständigkeit, mit Regelmäßigkeit, mit dem unbedingten Willen, jeden Tag zum Zweikampf anzutreten. Mit sich und dem Schweinehund Trägheit.

Wie kriegerisch das klingt. Dabei handelt es sich um Meditation, um still sein, um unauffällig sein. Um nichts, immer um nichts anderes, als die sagenhafte Kunst zu üben, keinen Augenblick seines Lebens zu vergeuden.

Für den Rest des Nachmittags fallen mir Geschichten ein. Zu heftig sausen die Neuronen durch meinen Kopf, als dass genug Ruhe zurückkäme für das dornenreiche Scannen, das »Hineinatmen« in die verschiedensten Körperteile, an der Schädeldecke beginnend, an den Zehen endend. Als Endlosschleife.

Vielleicht hat das Unbewusste die zwei Worte »no power« markiert, denn meine Zeit in einem indischen Dorf taucht vor mir auf. Dort gab es nie Elektrizität, sagen wir: nachdem der Transformator ins Reisfeld gefallen war. Ich war als Reporter unterwegs, um über die »Unberührbaren« zu recherchieren. In

Nighwan, irgendwo im Bundesstaat Bihar, einem Dorf wie die 550 000 anderen Dörfer Indiens auch. Hier lebten etwa tausend Einwohner. Weit hinterm Mond, meist wundersam friedlich und sauber aufgeteilt in die typisch hinduistische Hackordnung der vier Kasten. Und der Kastenlosen, jene, die »beschmutzten« und die man deshalb nicht berührte. Und einen Brahmanen hatten sie auch, Shree Pandey, den Priester, er gehörte selbstverständlich zur ersten Kaste.

Wir zwei mochten uns von Anfang an. In seinem Heuboden schlug ich mein Moskitonetz auf. Ich ertrug sein kümmerliches Englisch, das er an mir ausprobierte, und er ertrug meine tausend oder zweitausend Fragen. Tagsüber war ich mit den *Mushavar* unterwegs, den hiesigen Unberührbaren, den Rattenfängern. Und Rattenessern. Sie gruben ein ellenlanges Loch in die Erde, legten Stroh hinein, verstopften alle anderen Risse rundherum, zündeten das Stroh an und warteten. Bis eine von Todesangst getriebene Ratte durch das Feuerloch ins Freie floh. Dann packte der Jäger zu und schnitt ihr mit einer Rasierklinge den Unterzahn heraus. Um ihren Biss zu entschärfen. Die Ratten sollten leben. Damit sie nicht in der Nachmittagshitze verwesten. Abends starben sie dann, im Kochtopf unter freiem Himmel. Natürlich war ich eingeladen, bekam immer die Delikatesse zu essen, den Schwanz. (Mit desaströsen Folgen für mein Immunsystem, fünf Monate lang war ich nach meiner Rückkehr Patient im *Institut Pasteur*.)

Den Morgen verbrachte ich immer mit dem first-class-Inder, dem Brahmanen. Wir frühstückten gemeinsam, er im Haus, ich im Hof. Distanz musste sein. Dabei war Mister Pandey kein Dracula, kein Menschenfresser, eher umgänglich. Aber ich war der »Mlechchha«, der Fremde, der Nicht-Hindu (genau genommen: der Nicht-Arier!), der fremde Unberührbare. Meine direkte Nähe hätte ihn »polluted«, verunreinigt. Was sonst?

Nach dem Essen – und das ist der alleinige Grund, warum ich den Aufenthalt in Nighwan erwähne – meditierten wir zusammen. Er im Yogasitz, ohne Unterlage, ich auf »birmanisch«, mit einem Kissen zwischen Fersen und Gesäß. Und wieder getrennt, er drinnen, ich draußen. Ich fand das ungemein erheiternd, ungemein lehrreich. Selbst bei einer Tätigkeit, die (unter anderem) dazu beitragen soll, mit der Anmaßung von Hochwohlgeborenen und Untermenschen aufzuräumen, selbst dann noch kann einer von der Aufgeblasenheit seiner »holy scriptures« nicht lassen. Was lernen wir daraus? Gegen Dummheit, erst recht nicht gegen göttlich verordnete, ist kein Kraut gewachsen. Auch nicht das sonst so zuträgliche Heilkraut Vipassana.

19 Uhr, *day seven discourse*. Goenka spricht von den »five friends«, die dem Meditierenden helfen können. Freund Nummer eins: Vertrauen in Buddha, aber ohne »blinde Hingabe« – Bravo, Guru! – und ohne hirnloses Jubeln, sondern immer konfrontiert mit »discriminatory intelligence«. Jener Gabe, die zu unterscheiden weiß, die zuerst prüft und dann akzeptiert. Oder verwirft. Die restlichen vier Freunde sind bekannt. Drei von ihnen haben wir hier in der letzten Woche kennengelernt: Anstrengung, Aufmerksamkeit, Sammlung. Und der fünfte Freund wäre Weisheit. »Wirkliche Weisheit«, die es versteht, mitten in den Niederträchtigkeiten des täglichen Lebens den (berühmten) Gleichmut zu bewahren.

O.k., den kenne ich nicht, bin auch noch immer nicht von der Weisheit dieser Weisheit überzeugt. Will lieber bersten vor Lachen und Staunen, überlaufen vor Freude und Rage, will eben – so bescheiden gesagt – nur das tun, was mir gegeben ist. Und der hehre Unerschütterliche, der Fels in der Brandung, der Mister Supercool, der ist ganz offensichtlich nicht vorgesehen in meinem Genom.

Zurück zum Diskurs. Irgendwann erwähnt Goenka, wieder einmal, die »total purification«, nach der wir streben sollten, die totale Reinigung. Im Busen, im Herzen. Er kann das Träumen nicht lassen.

Wir sitzen noch immer in der *Mini Dhamma Hall* und ich grinse ihn zärtlich an, den rührigen Alten in dem Videorecorder. Weil mir plötzlich der Film *Rio Bravo* mit John Wayne einfällt. Wohl als Reaktion auf des Meisters Sprüche vom reinen Leben. Bei John W. kommt keiner ins *Nibbana*, bei ihm fliegen die Fäuste und die Kugeln. Big Egos unter sich. Die Erinnerung beruhigt mich, sie erzählt von einer Welt, die ich verstehe. Sie ist unrein und vertraut.

Noch eine letzte Meditation, dann zurück in die Zelle. Launig lege ich mich auf mein Bett. Goenkas Reden wärmen, trotz der Tatsache, dass sie zum Einspruch aufrufen. Typen wie er sind ein wunderbares Gegenstück zum Typ Volltrottel, von denen ich einen vor kurzem im Radio gehört habe, am Silvesterabend, an dem der »Finanzexperte« die Zuhörer aufforderte, ja noch vor Mitternacht eine »Order an der Börse zu platzieren«. Denn »eine Sekunde zu spät« könne unselige Folgen haben. Nicht, dass er einen Grund für die Dringlichkeit angegeben hätte. »Jede Sekunde zählt«, rief er uns noch zu. Nicht jede Sekunde Leben, nein, jede Sekunde Raffsucht.

Wie wahr: Die Zeitgenossen, die uns zum Wahnsinn Wachstum aufhetzen, werden nicht aussterben. Sie schäumen vor Gier und wissen, dass wir ihnen so ähnlich sind. Aber die Zwischenrufer, die Störenfriede, sie werden auch nicht leiser. Sie erinnern daran, dass uns noch andere Sehnsüchte anrühren. Und dass wir verkümmern, wenn wir sie nicht hegen.

»Du musst dein Leben ändern«, heißt das letzte Buch von Peter Sloterdijk. Noch ein Störenfried. Der Titel hört sich furchterregend pathetisch und zugleich so einfach an. Sich ändern. Darum geht es. Ändern unsere irre Lust, die Erde auszubeuten und totzuschlagen. Vipassana und unser »noble friend« Goenka wollen zu nichts anderem animieren. *Sich ändern*, wie lässig sich das hinschreibt. Wie kolossal es sich anfühlt, sobald einer damit anfängt.

Ich liege auf dem Rücken, lese, döse, lese. Von draußen das Bellen der Hunde. Sie haben nie vom *Dhamma* gehört, sie jagt keine Habsucht, keine Sucht nach Haben, sie wissen nichts von Weitherzigkeit, sie müssen sich nicht täglich hundert oder dreihundert Mal fragen, ob sie das Richtige tun. Sie tun es. Ein Leben ohne Moral, immer amoralisch. Das würde ich auch gern leben, nicht für immer, aber einen Sommer lang.

Nach den Hunden kommen die Schnarcher, die Schnarchtöne aus den Nachbarzellen. Skurrilerweise höre ich sie erst heute. Als Kind habe ich einen Kriminalfilm gesehen, in dem sich ein Verbrecher durch sein Schnarchen verriet. Und abgeführt wurde. Eine gerechte Strafe, dachte ich damals, wer schnarcht, muss ins Gefängnis. Ich lege das Buch weg und höre genau hin. Einer schnarcht, dann beginnt der zweite, irgendwann schnarchen alle. Als steckte einer den anderen an. Um endlich wie eine kleine Armee rüsselnd durch die Nacht zu ziehen.

Früher habe ich sie gehasst, der Welt erste Schlafräuber, hätte ihnen gern zwangsweise Nasenlöcher und Münder verspachtelt. Heute greife ich seelenruhig zu meinem Paar maßgeschneiderter Silikonpfropfen, die wie Korken die Gehörgänge versiegeln. In diesen Augenblicken liebe ich das Abendland und seinen technischen Fortschritt. Er beschützt mich. Und sorgt für eine Wut weniger. Noch ein Fortschritt.

ACHTER TAG

Seit drei Uhr lese ich. Aus Band 10 der *Frankfurter Anthologie,* herausgegeben von Marcel Reich-Ranicki. In »10. Jänner 1834« schreibt der Dichter Clemens von Brentano: »... Ach wo ist meiner Sehnsucht Braut ...« Das ist so beruhigend an uns Männern, wir haben die immer gleichen Sehnsüchte, wir sind so überschaubar.

Heute sind um 4.30 Uhr erst vier Leute anwesend. Wie vier Grabsteine auf weiter Flur sehen wir aus. Was nichts an der Einzigartigkeit der Stunde ändert. Wie eine sanfte Droge entführt die Stille in einen anderen Bewusstseinszustand.

Meditieren kann wie Schreiben funktionieren. Zuerst lebt man etwas, und dann kehrt man an den Tatort – da, wo das Leben stattfand – zurück. Meditierend oder schreibend. Und während dieses Vorgangs sieht und erkennt man Details, Gefühle, Zustände, die man in der damaligen Wirklichkeit nicht wahrnahm. Weil es zu schnell ging. Oder man emotional zu geladen war.

Auffallend wieder, wie bizarr durcheinander das Bewusstsein funktioniert. Als mich vor drei Tagen die Erinnerung an jene Frau überfiel, die mit meinem Geld davonging, kam mir mit keinem Gedankensplitter eine ganz ähnliche und doch ganz andere Geschichte zu Bewusstsein. Jetzt aber, ruhig und gesammelt in der *Dhamma Hall*, kommt sie.

Sie ist schnell erzählt. Vor Jahren überwies ich einem Freund einen monatlichen Betrag, um sein Medizinstudium mitzufinanzieren. Wieder ohne Zinsen, nur mit der losen Vereinbarung, dass er ratenweise zurückzahlt, sobald er als niedergelassener Arzt verdient. Bernhard V., so soll er heißen, hatte über den zweiten Bildungsweg das Abitur gemacht. Mir gefiel seine Kraft, sein resoluter Entschluss, den Beruf auszuüben, den er liebte.

Alles ging seinen Weg: Staatsexamen, Arbeit in einer Klinik, Bankkredit für die Übernahme einer Großstadt-Praxis. Und irgendwann, vier Jahre später, meldete ich mich, erinnerte an unseren Deal. Vergeblich. Keine Antwort, kein Rückruf, kein Fax, keine Mail, nichts. Ich forschte nach und fand heraus, dass B. V. inzwischen zum Alkoholiker mutiert war, zuletzt nur noch voll gelaufen zur Arbeit ging, ganz zuletzt gleich blau im Sprechzimmer liegen blieb. Alles war in Promille ersoffen, der Mann, die Arbeit, die Ehe.

Vor Gericht verlor jeder. Die Banker, die anderen Freunde, die Frau, ich. Das Wrack Bernhard V. erkannte jede Schuld an und beantragte ein Insolvenzverfahren. Stattgegeben. Damit war die Sache erledigt. Mein (von mir bezahlter) Anwalt zeigte mir noch die Gläubiger-Liste, ich stand mit 11.173,96 Euro netto an letzter Stelle, ich Glückspilz.

Das Überraschendste an dem Fall war, dass ich damals keinen Groll empfand. Zumindest keinen dramatischen. Auch jetzt nicht. Goenka sprach einmal davon, dass Geduld und Vergebung leichter fallen, wenn die Tat, die Untat, aus einem Motiv heraus geschieht, das frei von Niedertracht ist. Er bestätigt damit nur, was wir alle wissen. Bernhard V. flüsterte nie »Ich liebe dich« in mein Ohr, erfand nie hinterfotzige Geschichten, denunzierte mich nie vor Gericht als einen Gewaltlüsternen. Mein Herz reagierte also »logisch«, es brandete nicht, tobte nicht. B. V. war nur ein Loser, ein Schwächling, überfordert von den Ansprüchen des Lebens. Das schon. Aber er war kein Schwein.

Ich sitze in der *Dhamma Hall* und keinen Schlag schneller geht mein Herz. Ja, ich wachse über mich hinaus und denke mit einem nachsichtigen Grinsen an die vermüllte Schnapsdrossel, den Ex-Doktor und Abgewirtschafteten. Zur reinen Liebe ihm gegenüber schaffe ich es immer noch nicht, aber ich würde mir wünschen, jemand erzählte ihm von Vipassana. Ich habe keine Ahnung, ob es die Lehre von Konzentration und Disziplin mit Säufern aufnimmt. Aber einen Versuch ist es wert, denn viel windiger kann B. V.s Existenz nicht werden.

Noch ein heiterer Nachsatz. Der heute Bankrotte war immer als Gutmensch unterwegs. Er konnte sich stundenlang über die Unmoral der Welt auslassen. Und über die eigene Anständigkeit. Täglich überkam ihn mehrmals »ein Gefühl von Wut und Trauer«, wenn er etwas über die Haltlosigkeit der Menschheit erfuhr. (Und da gab es einiges zu hören.) Jetzt, in der *Dhamma Hall*, muss ich lachen, kann es nicht mehr unterdrücken, ja: Ich genieße die Schadenfreude. Ich bin eben ein Schlechtmensch. Denn ich schaue mit Wohlwollen hin, wenn die »Anständigen« bauchlanden. Jene, die Anstand mit der Maskerade des Anstands verwechseln.

Frühstückspause, Nichtdenken und Denken machen hungrig. Heute brennt im Garten ein offenes Feuer unter einem Riesentopf, wie in einem afrikanischen Kraal. Hier kann sich jeder einen Eimer warmes Wasser holen. Zum Duschen, zum Waschen. Das Bild macht Freude, es ist archaisch einfach.

Beim Spaziergang fällt mir ein Zeitungsartikel ein, der von Verhaltensforschern berichtete, die herausfanden, wie Leute das Alter eines Fremden – im Verkehr, auf der Straße – schätzen. Erstaunlicherweise war es nicht sogleich der forschende Blick ins Gesicht, auf die Haut, nein, es war die Art, wie einer sich bewegte. Beschwingt, schlurfend, ausladend, vertippelt, behände, stur. Wie auch immer.

Das mache ich jetzt auch und denke mir bei jedem eine Zahl. Wäre das Leben jetzt nicht wunderbar, wenn ich sie alle unter diesem Vorwand ausfragen dürfte? Endlich. Nicht nach so faden Dingen wie ihrem Geburtsdatum, nein, nach ihrem Lieblingsmenschen würde ich forschen, nach ihren letzten zehn Gedanken, nach dem Traum, der nicht in Erfüllung ging. Und nach den Sehnsüchten, die noch werden sollen.

Während der Vormittagsstunden kommt es zu einem Zwischenfall. Mitten in der Meditation steigt Guruji, Mister Singh, von seinem kleinen Podest. Und fällt um. Wie ich später erfahre, plagte den 80-Jährigen ein Schwächeanfall. Da ich sofort die Augen öffne, sehe ich, wie die zwei Helfer, die gerade noch versunken wie zwei Ölgötzen meditierten, hochspringen und auf ihn zulaufen. Kein Reiben der Knie, kein Ächzen, kein Humpeln auf den ersten Metern, nein, aus dem Lotussitz in den Sprint. Ein formidables Bild von Achtsamkeit, von der Kunst, im Augenblick zu sein.

Sekunden darauf blitzt die Erinnerung an ein Interview mit John Travolta auf, das er nach dem Tod seines Sohnes Jeff gab und in dem er sich bei allen bedankte, die seiner Familie ihr Mitgefühl ausgedrückt hatten. Der Schauspieler sagte, diese Anteilnahme sei ein Hinweis auf die »inherent goodness of man«, auf die dem Menschen innewohnende Güte. Das ist ein steiler Satz, zu dessen Beweis man Millionen Beispiele vorlegen könnte. Und Millionen, in dem alles bewiesen wird, nur keine *goodness*.

Während ich mitverfolge, wie die beiden dem Alten auf die Beine helfen und ihn aus der *Dhamma Hall* zu dem nahegelegenen Häuschen führen, in dem er wohnt, rinnen mir die Tränen über das Gesicht. Ich bin eine unverbesserliche Heulsuse, ich hätte gern einen Inkontinenzbeutel für meine Augen. Um heimlich loslassen zu können. Oft ist mir die Duselei nur peinlich. Aber die einfachsten Gesten der Hilfsbereitschaft bringen mich aus der Fassung. Ich habe bis heute nicht verstanden, warum. Heule ich, weil es dem Guruji schlecht geht, oder heule ich, weil andere sich rühren lassen von fremdem Leid? Ich weiß es nicht. Ich weiß aber, dass Vipassana die Bereitschaft zu fühlen erhöht. Das weiß ich.

Und weil die Ruh' dahin ist, drängt sich noch eine Frage herein. Die gewichtigste zum Thema Buddhismus, jene, die jeden »Unerleuchteten« in den Wahnsinn treibt: Wie kann einer Mitgefühl empfinden, wenn er kein Ich hat? Wie würde jemand, dem alle Ichbezogenheit fremd ist, hier reagieren? Wie soll er den anderen spüren, wenn jede Identität, alles Seine, ihn verlassen hat? Ja, angeblich noch inniger spüren als vorher, als er noch sein Ich mit sich herumschleppte? Aller Identifikation beraubt, kann doch einer nur »gleich-gültig« bleiben. Vor jedem Elend, vor jeder Freude. Hat nicht schon Dante die »Lauen« in den siebten Kreis der Hölle verbannt? Fürs Lausein, für ihre Weigerung zu leben, zu spüren, Partei zu ergreifen?

Die Assoziationsketten hören nicht auf. Auch das hat Meditieren mit dem Vorgang des Schreibens gemeinsam: Ein Gedanke führt zum nächsten. Zu einem, der mir Augenblicke zuvor noch nicht bewusst war. Konkret: Die zwei aufspringenden Helfer und das Phänomen des Ichs, das der Buddhismus verschwinden machen will, sie katapultieren mich in eine Szene, die ich jetzt eher mit Scheu veröffentliche. Weil ich mit dem Vorwurf rechnen muss, ein Protz zu sein. Der Leser sei mit dem Hinweis beruhigt, dass ich das Soll an Feigheiten in meinem Leben bereits erfüllt habe, ich aber jetzt von einem Moment erzählen will, in dem ich nicht feig war. Und weil er, das ist entscheidend, fugenlos zu dem bisher Geschriebenen passt.

Tatort Paris, ein Café in der Nähe meiner Wohnung, abends gegen halb elf. Ich habe meinen Mac dabei und schreibe. Leute reden und lachen, ein Radio dudelt, alles normal und wie immer. Plötzlich hitzige Rufe, an der Theke schlagen der Kaffeehaus-Patron und ein Angestellter auf einen Mann ein, packen ihn links und rechts und stürmen mit dem Betrunkenen auf den fünf Meter entfernten Ausgang zu, schleudern, ja, schleudern ihn auf das Trottoir, kicken noch mit den Füßen nach, bis ihr Opfer über die Bordsteinkante rollt und dort liegen bleibt. Dann lassen sie ab und kehren zurück.

Ein Bild von ausgesuchter Brutalität. Wie die meisten hier habe ich keine Ahnung, wie es zu dem Zwischenfall kam. Alles ging blitzschnell, ohne Vorspann, ohne Entwicklung, nur Schreie, Prügel, Rauswurf, Nachtreten, der gesamte Auftritt in weniger als zehn, fünfzehn Sekunden. Ich stehe sofort auf, lasse alles zurück, auch den Computer, gehe auf den vielleicht 40-Jährigen zu, beuge mich über ihn, frage ihn, ob er aufstehen kann, er nickt, ich fasse ihn unter den Achseln und ziehe ihn hoch. Inzwischen hat sich ein Kreis von Schaulustigen gebildet. Sie schauen und sind lustig. Der Mann ist korpulent, alkoholisiert und benommen. Das Manöver des Hochhievens dauert. Und kaum steht der Dicke wieder gerade, beginnt der zweite Teil der Fehde. Der Mensch bedankt sich noch bei mir, sagt »regarde« und zieht ein Messer aus seiner rechten Jackentasche. Und stürmt zurück Richtung Café. Sicher nicht, um einen Pastis mit Erdnüssen zu bestellen, sondern um seinen Rachefeldzug anzutreten. Der mit gezückter Klinge an der Schwingtür endet, blitzschnell von seinen beiden Kontrahenten – hinter dem Glas – blockiert. Er endet endgültig, als der Kopf des Entschlossenen so heftig gegen die Scheibe knallt, dass der schwere Krieger ohnmächtig zu Boden sinkt. Minuten später fahren die Polizei und ein Krankenwagen vor.

Ich gehe zu meinem Platz, mein Mac ist noch immer da. Erst jetzt holt mich der Schreck über meinen Leichtsinn ein. Unbewacht ein solches Gerät zurücklassen ist wie 1000 Euro Cash neben der Kaffeetasse vergessen. Es wäre nicht mein erster Rechner, den einer illegal davontrug. Aber meine Freude meldet sich viel inniger, eine kleine Glückswelle durchströmt mich. Kein kleinbürgerliches Hadern hielt mich zurück, ich war nur Zen, nur Augenblick, nur Gedanke (Unrecht!), Wort (Tu was!), Aktion (Losgehen!). Ich war wie die beiden Helfer, die Momente zuvor nichts anderes taten als zu handeln. Ich wage es kaum hinzuschreiben, aber an diesem Tag in Paris hatte ich, so steht es in meinem Tagebuch, meditiert. Vorher.

Mittagspause, an den Mauern entlanggehen, die uns vor Indien schützen. Hier drin ist niemand arm, die Blumen blühen, kein Abfall verdreckt, keine Überbevölkerung wuchert, kein Verkehrschaos droht, alle beißenden Zumutungen fehlen. Man muss sich nicht wehren. Wie schön es hier ist. Und später, ich weiß es schon jetzt, werde ich noch intensiver begreifen, wie schön es hier war.

Manche von uns sitzen nun wie Gartenzwerge entlang des Wegs. In Denkerpose, in Kaputt-Pose, in Ergebenheits-Pose. Die Tage zehren. Gestern habe ich zum ersten Mal bemerkt, dass manche weder in der Zelle noch in der *Dhamma Hall* meditieren, sondern sich ein diskretes Plätzchen im Garten suchen und dort ihr Kissen hinlegen. Die Idee ist gut. Sich seine Freiräume genehmigen scheint ein positives Zeichen. Regeln überlisten auch. Vipassana lässt sich überall praktizieren, auch in der Sonne, auch im Schatten, überall da, wo einer bereit ist, sich und seinen Schmerz auszuhalten.

Inzwischen habe ich meinen neuen Helden entdeckt. Den Japaner. Er muss der Schmerzlose sein. Den zehrt nichts. Er verzichtet sogar auf die Pausen, wie in den Boden gemeißelt bleibt er sitzen. Länger als alle anderen. Ein Monument. Jedes Mal, wenn ich meine Gliedmaßen in andere Richtungen auslagere, blinzle ich in seine Richtung, links hinter mir. Und der Fujiyama sitzt da, wo er schon immer saß. Unverrückt, majestätisch wie ein Weltwunder. Welche Kraft lodert in dem Kerl. Schon ihn anschauen macht Mut. Oder lässt zweifeln, verzweifeln.

Um 13 Uhr wieder in der *Dhamma Hall* sitzen, mit Genugtuung feststellen, dass unser Guruji zurück ist. Und drei Minuten nach der Freude verfalle ich in einen Zustand, für den ein amerikanischer Psychologe vor fünfunddreißig Jahren einen genialen Namen fand: *the flow*, eine von Glückshormonen überbordende seelisch-körperliche Befindlichkeit. Der gebürtige Ungar mit dem grausam eckigen Namen Mihaly Csikszentmihalyi (sprich: Tschik-sent-mihaji) hat ganze Bücher darüber geschrieben. Wen dieses Glück bei einer Tätigkeit packt – sei der Mensch nun Tischler, Dichterin, Bergsteiger, Revolutionärin, Hebamme oder Vipassana-Schüler –, wird sofort wissen, dass es berauschender auf Erden nicht werden kann. Denn der Mensch hat das erreicht, was die alten Inder ein paar Tausend Jahre vor dem Universitäts-Professor eben »onepointedness« nannten, jene *Einpunkt-Konzentration*, dieses hemmungslose Fließen, diese schöpferische Leidenschaft, diese tausendprozentige Fokussierung der Aufmerksamkeit. Dieser Rausch hat nie mit »Erfolg« zu tun, mit Ruhm, mit Ansehen, mit tosendem Applaus. Alles geschieht im Inneren desjenigen, den dieser Taumel erwischt.

Nach siebeneinhalb Tagen, in dieser Stunde, zieht es mich in die Tiefe. Ich bin nur einverstanden, nur da, nur Hingabe, nur einer im Gleichklang von Leib und Seele. »Atmung, Herzschlag und Blutdruck sind optimal synchronisiert«, schrieb Csikszentmihalyi, »Harmonie herrscht zwischen dem limbischen System, das die Emotionen steuert, und dem kortikalen System, zuständig für Bewusstsein und Verstand.«

Es ist kein rasendes Glück, eher eine beispiellose Zufriedenheit in mir. Keiner mault, keiner kritisiert, nicht die kleinste (innere) Stimme nörgelt. Weil die Achtsamkeit so ausschließlich ist, dass kein Platz für Gegenstimmen bleibt. Ich meditiere, ich bin Meditation. Kein Widerhaken reißt an mir, nicht am Körper, nicht am Herz, nirgends im Kopf.

Wenn ich es jetzt noch schaffe, diesen Gral der Unbedingtheit mit Hilfe von Vipassana immer wieder in mein Leben jenseits des Kissens zu retten – da, wo ich schreibe, liebe, reise und mit dem vulgären Joch des Alltags konfrontiert bin –, dann fließe ich, dann habe ich die Hälfte meiner Lebensmiete schon bezahlt.

Natürlich gelingt das jedem Interessierten leichter, wenn er mit sinnlichen Tätigkeiten beschäftigt ist. Wenn seine fünf, sechs Sinne gefordert werden, und selbstverständlich kommt der Flow eher selten, wenn man mit dem Aberwitz der Existenz konfrontiert wird. Aber die Lehre Csikszentmihalyis ist ja auch keine Heilslehre, sie ist, ähnlich Vipassana, eine durch und durch gottlose Anregung, um den Quotienten an Freude und Erfüllung zu heben. Wer den Swing und den Flow besitzt, hat etwas, das – nehmen wir nur ein Beispiel – eine Couch-Potato-Niete nie haben wird. Die verzappt ihr Leben, die steht zur Verfügung, eine Niete verfügt über nichts. Sie hört keine Glückshormone, bei ihr rauscht nur der träge Abgesang eines verlorenengegebenen Lebens durch den Kartoffelleib. *To flow* heißt, wörtlich: fließen, strömen, fluten. *To zap* heißt, wörtlich: zappen, abknallen, auslöschen.

Irgendwann tauche ich wieder auf, an der Erdoberfläche, der Tiefenrausch lässt nach. Und Gedanken kommen wieder, Erinnerungen. Gut so, sie helfen, um (nochmals) etwas klarzustellen: Soll keiner auf die abseitige Idee kommen, hier einen Reiseführer ins Glück zu lesen. Dämlichere Bücher als jene, die den Leser mit »Tips for happiness« schikanieren, sind schwer zu finden. Die Schreiberlinge leben davon, dass die Tipps nicht funktionieren. Und dass noch immer die verstiegene Idee umgeht, dass des Menschen einziges Ziel das Glück sei. Vipassana (oder Csikszentmihalyis Vorschläge) soll mir die Herzmuskeln stärken. Auf dass ich das Glück und seine Schatten, die Einsamkeit, die Kälte, den Irrwitz, ertrage, in vollen Zügen. Beides eben: das Glück und das Malheur. Die Aussicht auf pausenlose Seligkeit ist nicht weniger furchteinflößend als der Blick auf den trägen Sack, der glücklos sein Leben verglotzt.

Alles, was ich will, ist alles. So einfach ist es.

Vor dem Eingang der *Buddha Hall*, in der Bhagwan einst seine morgendlichen Reden hielt, stand ein Schild: »Leave your mind and shoes behind.« Die Schuhe ließ ich zurück, ohne Widerrede. Aber meinen Verstand nahm ich mit. Immer. Was für ein Ansinnen, mir das Denken, das Mitdenken, abspenstig zu machen. Einer spricht zu mir und ich soll hirnlos mit dem Kopf wackeln. Soll nur »fühlen«. Als ob Denken das Böse sei und Spüren das immer Wahre und Gute. Das klingt ergreifend schwachsinnig. Auch Gefühle täuschen, verführen in die Irre, haben nichts mit der Wirklichkeit zu tun.

Ein schnelles Blättern im Geschichtsbuch könnte zum Nachdenken einladen: Die abgründigsten Schurken wurden von ihren Völkern geliebt (wenn das kein Gefühl ist) und angebetet (funktioniert auch mit einem IQ von minus 300). Und »die Liebenden« wachten hinterher aus ihren »echten und wahren« Gefühlen wieder auf. Umgeben von Leichenbergen und Trümmerhaufen. Wäre doch nicht verkehrt gewesen, wenn sie ein bisschen Hirn aktiviert hätten: *bevor* sie für ihre geliebten Führer schlachteten und/oder sich schlachten ließen.

Noch eine Randbemerkung zu Bhagwan (für den so mancher vor Vergötterung in Ohnmacht fiel): Auch sein Liebesmeer vertrocknete. Die Bewegung zog nach Amerika und verkam im Neoliberalismus. Bald standen dreiundneunzig Rolls Royce auf dem Parkplatz des Ashrams im Bundesstaat Oregon. Zuletzt hing der »Erleuchtete« am Lachgas, zwischen galoppierendem und unheilbarem Größenwahn schwankend, während ein Teil des »inneren Zirkels« per Mordversuch und Hetzkampagnen um seine Nachfolge kämpfte.

Da lobe ich mir den Goenka. Der hat es inzwischen auf 85 Jahre gebracht und nicht einmal, nicht ein einziges Mal, kam eine Nachricht über ihn in die Welt, die etwas anderes betraf als seine Absicht, eine Meditationstechnik namens Vipassana zu verbreiten. Gratis, beharrend, ohne Leibwächter und Chauffeure, ohne Schein und Scheinheiligkeit.

Der Rest des Nachmittags vergeht mit »Arbeit«, den gelingenden und wieder scheiternden Versuchen, mich auf den Augenblick zu konzentrieren. Ich verstehe, warum so viele vor dem Meditieren zurückschrecken. Wer es einmal probiert hat, wird noch am selben Tag begreifen, dass eine Willenskraft gefordert wird, für deren Investition so schnell keine Belohnung wartet. Sofort kommt nur die Mühsal, Gewinne werden eher später eingefahren. Aber wenn, dann sind sie nicht zu bezahlen, dann hat jeder Schmerz sich amortisiert. Für wenige Dinge in der Welt gäbe ich heute die Dividenden her, die ich dem unbeweglichen Sitzen verdanke. Und jedem, der wieder einmal nicht zufrieden mit mir ist, weil ich *nicht* konzentriert bin, *nicht* im Augenblick lebe, *nicht* zuhöre, weil ich eben nur rede und nicht tue, was ich rede, dem rufe ich hoch und heilig zu: »Könnte doch schlimmer sein!« Und die meisten stutzen dann, lächeln anschließend und geben mir recht. Vipassana ist keine Heldenschmiede, aber es schmiedet Werkzeuge, die das Leben »frisieren«, seine Spannweite tunen, sie ausdehnen. Damit einer abhebt und sich traut.

Irgendwann ist es wüstenstill in der *Dhamma Hall*. Leise wie Luft. Und irgendwo auf der Erde wird ein Kind Mund-zu-Mund-beatmet, fliegen Schwalben in den Süden, warten Millionen in den Highway-Staus, eröffnet ein Wohltäter ein Hospiz in Lesotho, lieben sich Männer und Frauen in Hotelzimmern, hassen sich Männer und Frauen in Hotelzimmern, sterben die einen an Hunger und sterben die anderen an Übergewicht, spaziert eine Schulklasse durch einen Bach in Tirol, werden in dieser Minute 35 Chinesen geboren, wollen Tausende nicht mehr leben, ringen Tausende um ihr Leben, gewinnen Wenige im Lotto und verlieren Hunderttausende alles, schleckt ein afghanischer Hund seine Ekzeme, schreibt ein Afrikaner einen Thriller und bindet sich ein Selbstmordattentäter den Dynamitgürtel um die Hüften. Und sitzen achtzehn Männer und fünf Frauen in einem halbdunklen Raum und meditieren. Lautlos wie ein Gedanke. Weite, unfassbare Welt.

19 Uhr, *day eight discourse*. Zuerst hebt Goenka wieder zur Bergpredigt an, wiederholt mit der Geduld eines Unerschöpflichen, dass das Training von Vipassana die innere »Balance« schaffen soll. Keine Gier, keine Wut und keine Sehnsucht sollen uns davontragen, in keine Richtung soll das Herz ausschlagen.

Das fängt mich auch heute nicht ein. Ich bin kein Unerschöpflicher, bin auch am achten Tag nur Mensch, nur weißer Mann, nur einer, der nicht gut werden kann, nur besser. Wenn ich Glück habe und meine letzten Reserven mobilisiere. So wie ich »Gebrauchslyrik« lese, die ich im konkreten Leben gebrauchen kann, so will ich Reden hören, die mich nicht niederschmettern mit ihren Ansprüchen, sondern alltagstauglich machen.

Aber dann kommt ein Satz, der wieder nach Wirklichkeit klingt: »Manchmal ist es notwendig, entschieden zu handeln«, so Goenka, »denn man hat das Problem erklärt, beharrlich, höflich, mit einem Lächeln. Doch der andere reagiert nicht.« Und der Friedsame wächst über sich hinaus, fügt tatsächlich an: »So wird klar, dass der andere nur harte Worte, nur hartes Handeln versteht. Deshalb ist hartes verbales und physisches Vorgehen notwendig.« Natürlich geht es nicht in erster Linie um verbale und körperliche Gewalt, sondern um eindeutige Zurechtweisung, um eindeutige Maßnahmen. Und Goenka besteht darauf, dass man nicht aus Rache reagiert, nicht, um jemanden zu zerstören, sondern aus Gegenwehr, aus Notwehr.

Ich mag solche Aussagen, denn der »Du-bist-Liebe-Ich-bin-Liebe«-Gargel ist nicht auszuhalten. Dieser Wortschwall aus dem Operetten-Vokabular des Gutmenschen, der sich – konfliktfeig – weigert, einen Blick auf die Realität zu riskieren. Ich mag die Sanften, die bei Gelegenheit die Sanft-Mut abstreifen und Mut an den Tag legen. Gandhi berichtete von einer Szene, in der ein Junge die Straße entlangging und weinte. Ein Erwachsener kam vorbei und fragte, was passiert sei. Und der Kleine erzählte, dass er von einem Klassenkameraden eine Backpfeife bekommen habe. Worauf der Mann wissen wollte, ob er sich verteidigt habe. Als der Junge verneinte, verabreichte ihm der Fremde noch eine Ohrfeige. Das ist eine rüde Geschichte, aber sie hat was. Sie hat den vorzüglichen Hinweis, dass wir nicht als Schlachtvieh geboren wurden, sondern als empfindende Wesen, die empfinden, sprich, kontern sollen, wenn andere sich an uns vergreifen.

Am Schluss von Goenkas Diskurs darf wieder gelächelt werden. Aus Dankbarkeit für den poetischen Ausdruck. Denn er bittet uns, die letzten zwei Tage noch alles zu versuchen, um ein »master of the present« zu werden. Auf deutsch hört sich das noch schöner an: *Ein Meister der Gegenwart.* Eben kein »master of the universe«, sondern nur einer, der es geschafft hat zu leben. Weil er sich nicht fortlaufend, fort-laufend, in die Vergangenheit oder die Zukunft verkrümelt, sondern mitten im Leben bleibt, im Augenblick.

Schon erstaunlich der Optimismus, der den Guru die ganzen 85 Jahre begleitete, sein pädagogischer Eros, der ihn nie verließ, der ihm immer weismachte, dass Meditation Berge versetzen kann. Vielleicht haben sie im Orient noch nichts davon gehört, dass inzwischen alle Ideologien und Religionen abgewirtschaftet haben. Zerbrochen an ihrer großen Klappe, die alles versprach und nichts einlöste, ja, die Mord- und Totschlagrate nur noch erhöhte. Eben das Geleier vom irdischen oder himmlischen Paradies an der Wirklichkeit zerschellte, am tatsächlichen Leben.

Doch hier im Fernen Osten sind ihnen die strahlenden Begriffe noch nicht ausgegangen. Hier versprechen sie noch Erleuchtung, die uferlose Menschenliebe, ja, den komplett runderneuerten Menschen. Wirbt ein Heidelberger Bordell mit »All you can fuck«, so machen sie hier Werbung mit »All you can dream of«. Um konkret zu bleiben: Goenka rechnet noch mit allem Guten und Schönen, das er uns vermitteln kann, seine Erwartungen an unsere (innere) Wandlungsfähigkeit scheinen ungeheuer. Meister sollen aus uns werden. Im Westen priese man unsere zehn Tage mit »Stressfrei durch den Alltag« an. Würde ein Veranstalter »Komplette Buddhaschaft« aufs Plakat schreiben, die Leute gingen kopfschüttelnd weiter.

Ich meditiere noch in der Zelle. Aber die »soft version«, den Rücken an die Wand gelehnt. O.k., ich meditiere nicht, ich kontempliere wieder. Ich will das Glück auskosten. Es gibt eine freudige Unruhe, die genausowenig zum Schlafen einlädt wie Freudlosigkeit. Und ich habe Grund zur Heiterkeit. Weil der Tag voller Erfahrungen war, weil ich bei Goenka noch immer keine Winkelzüge entdeckt habe, noch immer überzeugt bin, dass ihn nichts anderes anstiftet als Wärme für seine Mitmenschen. All unsere Mühe hier wäre umsonst, wenn nur ein Schatten von Verdacht auf ihn fiele. Von Korruption, von Raffen, von bösartiger Indoktrination. Wie ich mich nach Leuten sehne, die keinen Lockruf ausstoßen, um abzuzocken. Bei Goenka kann man nichts shoppen. Er verkauft nichts und ist – unverkäuflich.

Zuletzt liege ich im Dunkeln, noch immer euphorisch. Denn mir fällt die Mail eines Lesers ein, die ich vor ein paar Wochen bekam. Er berichtete darin von dem Ergebnis einer Umfrage in mehreren europäischen Ländern. Eine deutliche Mehrheit gab zu, dass sie lieber im Mittelalter gelebt hätte. Trotz Raubrittertums, Pest und Glaubensterror. Weil – so der Grund – die Befragten vermuteten, dass sie damals ein intensiveres Dasein geführt hätten, eines mit mehr Dramatik, Gefühlen und Hochspannung.

Ich will nicht ins Mittelalter zurück, Herr bewahre. (Obwohl die Zelle und ihre Einrichtung irgendwann um diese Zeit entstanden sein müssen.) Das Wort »modern« klingt noch immer viel versprechend. Aber Vipassana – nochmals 1500 Jahre älter – wäre nicht das schlechteste Rezept, um dem Seichtgebiet gehypter Banalität souverän auszuweichen.

NEUNTER TAG

Als ich kurz nach halb drei aufwache, rettet mich der Gedanke, dass ich nur noch zwei Tage durchstehen muss. Zwei, nicht mehr. Ich will die Bemühungen zur Förderung meines Charakters nicht übertreiben. Wie gewalkt liege ich darnieder. Und bin zu schwach, um mir den *einen* Traum zu verbieten. Seit dreißig Jahren ist er immer derselbe: Ich wache nach einem Zehn-Stunden-Schönheitsschlaf in einem Zehn-Sterne-Hotel auf, ein Zimmermädchen zieht behutsam den Vorhang zurück, Vögel zwitschern, eine Sänfte kommt und zwei (stumme) Männer tragen mich zu einer Playboy-Wanne, in der ich mein erstes Moorbad nehme, nebenbei mein erstes Frühstück genieße. Der Traum ist ewig lang, drei Jahrzehnte hatte ich Zeit, ihn auszuschmücken. Immer wieder kommt es zu Änderungen, sicher ist, dass er abends mit dem Besuch der Dorfschönsten in meinem Baldachin-Bett endet.

Trotz der Einsicht, dass es sich um einen ziemlich abgeschmackten Machotraum handelt, erliege ich ihm immer wieder. Er wird erst aufhören, wenn ich die Stoppuhr zur Seite lege und ihn mir genehmige. Daran werden auch Vipassana und der feste Wille, endlich erwachsen zu werden, nichts ändern. Selbst Masochisten haben ein Recht auf drei Wochen Nichtstun ohne Gewissensbisse.

Goenka erwähnte einmal, dass Schlaflosigkeit ein bewährtes Mittel sei, um zu meditieren. Im Liegen. Nicht sich wälzen und sein Leben verfluchen soll einer, sondern sacht und konzentriert den Atem beobachten. Ich praktiziere das, seit ich davon weiß. Funktioniert es (manchmal nicht, dann muss ein Buch her), so vernehme ich weniger frustriert die Glocke, bin zwei, drei Grade weniger tot. Heute gelingt es ausgezeichnet. Als es um vier Uhr bimmelt, stehe ich drei Sekunden später kerzengerade neben dem Bett. Letzter Auftrieb kam genau von jenem Gedanken, der seit ebenfalls dreißig Jahren meinen Traum in Schach hält: Lebe! Faulen und modern kannst du hinterher, hundert Ewigkeiten lang!

Das Training läuft, manchmal schaffe ich fünf Durchgänge, in denen ich bis zehn zähle, ohne abzuschweifen. Ich mache die schöne banale Erfahrung, dass Vipassana üben nicht anders funktioniert als Ballett tanzen oder japanische Kalligraphie pinseln lernen oder als Trapezkünstler proben: wiederholen, wiederholen, wiederholen. Bis der Vorsatz ins Unbewusste rutscht und Teil der Person wird. Bis Hände und Füße und der Atem das tun, was sie sich zehntausend Mal weigerten zu tun. Und endlich tun. Konkret bei Vipassana: dass ich immer aufmerksam genug bin, um zu bemerken, wenn ich nicht aufmerksam bin. Noch konkreter: Egal, was ich tue, es soll immer das Wichtigste sein. In diesem Augenblick. Ja, wäre das nicht ein unglaubliches Zeichen von Respekt, wenn ich in den Momenten, in denen zwei miteinander zu tun haben – sei der andere ein Schaffner, der Hausarzt, die Putzfrau, der Briefträger, eine Geliebte – wenn ich also in diesen Augenblicken ganz »da« bin? Ihm – dem Fremden oder dem Freund – somit das Kostbarste schenke, was ich je hatte und je haben werde: meine Lebenszeit?

Ich muss nur einen ruhigen Blick auf mich werfen, die Myriaden von Situationen Revue passieren lassen, in denen ich nur als halbe Portion vorhanden war, schlampig zuhörte, schlampig antwortete, mit den Gedanken an einem Ende der Welt unterwegs, mit den Gefühlen am anderen, mich überall befand, nur nicht hier, nur nicht vor Ort.

War eine solche Situation zu Ende, überkam mich regelmäßig der Eindruck, uns beide betrogen zu haben, ja uns drei: den anderen, mich, das Leben. Was mich rettete, zumindest verhinderte, dass ich mich als Blamierter verabschiedete, war die Tatsache, dass der Mensch, mit dem ich fünf Minuten oder fünfzig oder eine Nacht geteilt hatte, ähnlich unbewusst und zerstreut durch die Welt ging. Seiner »Bewusstlosigkeit« war es zu verdanken, dass ihm meine entging. Nun, dieses Schuldgefühl, mich und andere zu hintergehen, war einer der Gründe, warum ich zu meditieren anfing. Als Konsequenz des lang schwelenden Wunsches, mein Leben zu intensivieren.

Dieses Bedürfnis, wenn es denn auftauchen sollte, muss sich jeder allein erfüllen. Von der Gesellschaft ist mit keinerlei Hilfestellung zu rechnen. Sie hat alle Hände voll zu tun, das Niveau der Seichtheit, nein, spaßigen Seichtheit, zu halten. Womöglich zu heben. Sie will den Hype, das Gegenteil von Intensität. Sie will unsere Birnen in der Lauge permanenter Infantilisierung einweichen. Sie will, andersherum formuliert, auf jeden Fall verhindern, dass wir anhalten und uns fragen, ob das ein gutes Leben ist, das wir führen, oder ein Scheißleben. Sie will den Status quo, den mündigen Shopper, den gewieften Zeittotschlager.

Stopp, das ist immer noch ungenau formuliert. In einer angesehenen deutschen Zeitung wurde eine ganze Seite gräulich-schauriger Statistiken zum Thema »Horror Rauchen« veröffentlicht. Doch der hier als Gesundheits-Ayatollah tätige Redakteur wusste Abhilfe, er schrieb: »Aber auch positive Anreize erleichtern den Schritt zum Abgewöhnen: etwa wenn man einem Raucher, der täglich eine Packung Zigaretten kauft, vorrechnet, dass er sich von dem gesparten Geld nach einem halben Jahr einen Fernseher kaufen kann.« Es muss also heißen: Die Gesellschaft will den mündigen, *gesunden* Shopper, den gewieften, *gesunden* Zeittotschlager. Fit und bescheuert, so wollen sie uns. Ein kranker Bescheuerter schadet dem Inlandssozialprodukt.

Ich erinnere mich an eine Autowerbung in den französischen Kinos (positive Anreize, den Leuten das Autofahren abzugewöhnen, gibt es nicht). Ein Mann fährt in seinem unübersehbar neuen Wagen durch die Landschaft, biegt irgendwann links ab auf einen Strand, hält und steigt aus. Schnitt auf eine hübsche Frau am Meer, unübersehbar die hübsche Ehefrau, daneben das hübsche Kind. Die Frau sieht den Mann, strahlt, rennt mit ausgebreiteten Armen auf ihn zu, rennt an ihm vorbei und – umarmt das Auto. (Wäre es wenigstens der Porsche 550 *Spyder* von James Dean gewesen; natürlich nicht, nur irgendeine dieser gräulich gesichtslosen Mittelklasse-Kisten stand da.) Man muss der Werbeagentur gratulieren, sie hat den Zeitgeist durchaus mit Witz getroffen. Blech sollen wir umarmen, dabei strahlen und womöglich »geil, geil!« stammeln.

Die erfreulichste Meldung als Anhang: Der Spot wurde bald zurückgezogen. Da er meist Unwillen bei den Zuschauern hervorrief. So verdummt, so konsum-erniedrigt wollten sie sich doch nicht dargestellt sehen. Standing ovations!

Sehnsüchte loswerden (und Gier ist eine mächtige Sehnsucht), wie geht das? Bin selbst gierig. Laut Goenka und der reinen Lehre müssten sie alle weg. Selbst jenes Verlangen, leben zu wollen. Nichts soll im wahren Buddhisten den Wunsch erzeugen, etwas festhalten zu wollen. O.k., diese Phase habe ich bereits überwunden, indem ich die Sehnsucht aufgegeben habe, ein wahrer Buddhist zu werden. Das sind Aufgaben für Titanen. Ich bin keiner. Bin schon froh, wenn ich als Mensch über die Runden komme.

Soweit die Theorie, jetzt das nackte Leben: Wieder furzt jemand in der *Dhamma Hall*, nach Tagen wieder zum ersten Mal.

Direkt vor mir. Und gleichzeitig mit dem Wahrnehmen des Gestanks, der jetzt durch meine Nasenlöcher zieht, weiß ich, dass die Sehnsucht nach unverstunkener Luft nicht aufhören wird. Auch nicht am Jüngsten Tag. So beginnt das Dilemma, denn Goenka würde sagen: »Entspanne, alles geht vorüber, auch die Fürze in einer *Dhamma Hall.*« Und ich sage: »Nein, ich will mich nicht ununterbrochen entspannen, ich will jetzt aufjaulen und dem Prolo eine Kopfnuss verpassen!« Schon verstanden, dass das Leben ein einziger rauschender Strom des Glücks wäre, wenn nichts und nie etwas in mir aufbegehrte, wenn ich jeden und alles hinnähme, den Furzer, den Gröler, den Widerling, den Hornochsen, die Kuh, den Bäumeausreißer, das Stinktier. Aber so ticke ich nicht.

Zuzeiten ermatten mich diese Aufrufe zur Heiligkeit, denn bisweilen will ich die Sau sein, die von links oder rechts reingrätscht, sich zu Wort meldet, zum Widerwort, zum Schrei. Ich liebe Vipassana und seine Mahnungen zur Beherrschung, und ich liebe zwischendurch das Haltlose, die Ekstase, die schwitzende Geilheit, den Drang, vor Freude (oder Zorn) in den Himmel zu johlen. Lauter Sehnsüchte, die bleiben sollen. Keiner soll mich verdächtigen, hier ein Benimm-Buch abliefern zu wollen. Ich will den finden, der ich bin, sonst nichts. Wie alle hier. Unter Zuhilfenahme einer rabiaten Meditationspraxis. Eingedenk der Masken, die wir uns umhängen, und die andere uns aufpappen, ist das ein hartes Brot. Aber nur so entsteht Reibung, eben Wärme, Hitze, eben Leben.

Exempel: Kurz vor der Ankunft in dem Vipassana-Zentrum aß ich in einem Hotel zu Abend. Freundliche Atmosphäre, der Speisesaal ist gut besucht, Geschäftsleute, Familien. Handys läuten, aber die Angerufenen antworten zügig und diskret, kein Problem. Bis ein Telefon losgeht, dessen Besitzer sich als Klingelton den Sound von Stalinorgeln ausgesucht hat. In Stalingrad-Lautstärke. Jetzt wird es spannend, denn der Mann denkt gar nicht daran, das Gespräch anzunehmen, wie Stinger-Raketen jagen die Töne über uns hinweg. Kein anderes Geräusch ist mehr zu hören. Betroffene Gesichter, nervöse Blicke hin zu den Kellnern, nichts. Zehn Mal, elf Mal, zwölf Mal läutet es. Wieder nichts. Ich siede inzwischen, halte mich aber zurück, will wissen, wie das ausgeht. Irgendetwas muss passieren, denn hier handelt es sich um Körperverletzung.

Und es passiert. Eine kleine Inderin erhebt sich, streicht noch einmal über ihren Sari und geht auf das Eck zu, in dem ein offensichtlich Geisteskranker beschlossen hat, uns zu terrorisieren. Und der Mensch sieht tatsächlich aus wie einer dieser unrasierten Kanaillen, die in Bollywood-Filmen den Zuhälter spielen. Ich liebe solche Aufregungen, denn jetzt sind die Verhältnisse nicht mehr umkehrbar, jetzt kommt ein Finale. Und die Kleine liefert es, schreitet festen Schritts durch die Reihen und stellt sich vor die Visage. Alle starren auf die beiden, während der Flugzeugträger im Handyformat weiterhin in den Raum feuert. Jetzt die siebzehnte Salve. Und jetzt stemmt die Sari-Frau ihre beiden Fäuste in die nackten Hüften und brüllt, brüllt wie eine Sopranistin, so scharf, so gläsern hell, so unüberhörbar: »Switch your fucking phone off!« Ungeheuerliche Worte aus dem Mund einer Inderin. (Hinterher habe ich mich vergewissert, um sicher zu sein, richtig verstanden zu haben. Ja, richtig.) Und der Große tut, was die Kleine ihm anschafft. *Just like that.* Mitten in die neunzehnte Granate platzt die Stille. Zwei, drei Atemzüge lang, dann tosender Applaus. What a woman, what a courage.

Missis Sharma, so der Name der Entschiedenen, war ganz Vipassana. Meisterlicher hätte man der Herausforderung nicht begegnen können. Gedanke, Wort, Aktion. Ohne die geringste Irritation hat sie den Auftrag erfüllt, den sie sich erteilt hatte. Kein spirituelles Murmeln, kein »All-you-need-is-love«-Gegreine, kein zahnloses Psychologisieren. Dreimal Nein. Einzig eine Tat konnte die Tatsachen ändern. Und sie handelte.

Ich handle nicht. Ich lasse mich einfurzen und – schön aberwitzig – beobachte meine Nasenlöcher. Statt dem Zwanghaften die längst fällige Kopfnuss zu verabreichen. Oder – die Fäuste in den Hüften – scharfzüngig in sein Ohr zu flüstern: »Stop your fucking farts!« Wie hätte die Inderin reagiert? Jetzt grinse ich, immerhin.

Mittagspause. Ich tröste mich bei den Rosen, stecke den Kopf hinein und rieche. Als Antiserum. Und betupfe mit Tau – der Tag ist kühl – meine Wangen. Schönheit repariert auch. Wie benommen sitze ich neben dem Rosenbusch. Vipassana macht verwundbar. Jetzt tut Schönheit fast weh, so nah kommt sie, so transparent wird die Haut, so widerstandslos dünn.

Wieder brodelt das Wasser im großen Kessel. Und wieder weichen viele ihre Wäsche ein. Wie ich sie bewundere. Die Kraft, die Ausdauer. Und heimlich lächle. Als ich mein erstes Honorar bekam, hatte ich längst bestimmt, wozu Geld in meinem Leben da sein sollte. Ich las damals einen Spruch, der es fehlerlos formulierte: »Leben und waschen lassen.« Das zeigt einmal mehr nur den Schlechtmenschen in mir. Zu meiner (matten) Verteidigung könnte ich anführen, dass ich korrekt bezahle. Sonst nichts. Und dass ich keinen Bock auf ordinäre Haushaltsgeräusche habe. Zu den attraktiveren Dingen, die Geld kann, gehört Lebenszeit kaufen. Daran wird auch Vipassana nichts ändern. Im Gegenteil, so penetrant wie in diesen Tagen habe ich schon lange nicht mehr erfahren, dass nichts schneller entschwindet als das bisschen Zeit, die uns gegeben wurde. Hier in der Welt.

Ich vermute, dass jeder von uns diesen Garten genießt. Jeder Blick, jeder Schritt, jedes Einatmen versöhnt. Heute pflügen die Gärtner das gestern abgeerntete Kartoffelfeld. Ohne das kleinste Detail zu verändern, könnte man hier einen Film drehen, der im 17. Jahrhundert spielt. Die Kurta, das weite Hemd, der Dhoti, die weite Hose, der Turban, die nackten Füße. Vor vierhundert Jahren sahen die Bauern nicht anders aus. Und der Pflug ist ein schmales Brett, auf dem einer kauert und zwei ihn mittels dicker Schnüre über den Acker ziehen. Kein lautes Wort fällt, und die drei bewegen sich mit einer Gelassenheit, die sich sogleich auf den Betrachter überträgt. Ich blicke auf sie, als säße ich in einem Kinosaal. Wie gern wüsste ich, wie sie fühlen und denken. Sie sehen aus, als wären sie vollkommen einverstanden. Vielleicht bin ich nur ein unbedarfter Schönredner, vielleicht legen sie sich nach dem Pflügen auf die Couch des Dorf-Psychiaters und beklagen ihre zerrissenen Seelen.

Unser letzter Nachmittag mit striktem »noble silence«. Unser letzter, gut so. Inzwischen haben sich eine Million Wörter in mir gestaut, die ich hören oder reden will. Natürlich kommen Zweifel, ob sich die Zeit hier »gelohnt« hat. Ja, ich bin ein einfacher Mensch, ich will einen Lohn für die Lasten und Einsamkeiten, die ich ausgehalten habe. Aber ich werde nicht auf »instant gratification« pochen, nicht der »holy indifference« harren. Ich werde Vipassana Zeit geben, um seine Wohltaten an mir loszuwerden. Hier in Indien schlucke ich die Medizin und im Laufe der Zeit wird sie wirken. Mit meinem Zutun.

In seinem Buch »De l'amour« vergleicht der französische Schriftsteller Stendhal den Wandel durch Liebe mit einem winterkalten Zweig, den man in den Schacht einer aufgegebenen Mine bei Salzburg wirft. Und ihn nach ein paar Monaten wieder zurückholt. Aber jetzt ist er bedeckt mit »cristallisations brillantes«, nicht wiederzuerkennen, da nun besetzt von winzigen, blendenden Diamanten, den Kristallisationen. So würde es jedem ergehen, der geliebt wird. Liebe verziert, macht funkeln.

Nun, ich will mich nicht überheben. Auch Vipassana nicht. Edelsteine werden nie auf meiner Seele wachsen. Aber der Vergleich hat was, trotzdem. Wenn die Nachwirkungen, die Nebenwirkungen von Meditation nicht eines Tages fruchten, dann stimmt etwas nicht. Entweder nicht mit der Methode oder mit dem Anwender. Müssen ja nicht gleich Juwelen sein, die den Schüler verschönen. Aber ein paar Wärmegrade mehr sollten irgendwann von ihm ausgehen. Auch der Glanz in seinen Augen sollte zulegen. Auch das Wissen um die Einmaligkeit seines Lebens. Dass er es nur einmal hat und dann nie wieder.

Bleibt all das aus, dann soll einer das Kissen verbrennen, den Goenka vergessen und wieder mit dem Nasenbohren anfangen. Oder shoppen, bis ihm die Schultergelenke auskugeln. Oder sich die Fernbedienung in die rechte Hand schweißen. Auf dass kein Gramm Hirn und keine Sekunde Weltwachheit ihn belästigen auf seinem Weg ins schwarze Loch.

Immer, wenn ich schwach werde, wenn ich spüre, dass die Konzentration nachlässt, sie selbst für die einfache Form der Meditation – Atem beobachten, Atemzüge zählen – nicht mehr reicht, dann fängt mein Kopf zu flanieren an. Und flanieren ist sinnlicher als sitzen. Die Synapsen entkrampfen, Einfälle trudeln, Erinnerungen. Als eine Art Belohnung. Das ist *nicht* die Hohe Schule von Vipassana und zu meiner Rechtfertigung kann ich nur anführen, dass zwischen meinen Fluchtgedanken und dem Pflichtprogramm (Meditieren!) ein vager Zusammenhang besteht. Ein vager, wie jetzt:

Ein Artikel fällt mir ein, ein unvergesslicher, den ich vor etwa zehn Jahren gelesen habe. Ich nahm damals an einem Yogakurs in Pune teil und las die Newsweek-Reportage noch am selben Tag ein paar Teilnehmern vor. Wir haben herzhaft gelacht. Der Bericht hörte sich wie eine Depesche aus dem Irrenhaus an.

Mit wunden Nervenspitzen muss der Autor sie verfasst haben, der Ton war hochdramatisch, absatzweise hysterisch. Während der Lektüre stellte ich mir vor, dass ein Mensch aus einem anderen Jahrhundert am selben Tisch sitzt und mitliest. Er müsste unweigerlich zu der Auffassung kommen, dass die seitenlange Hymne einem Giganten der Menschheit gewidmet war. Vielleicht Jean-François Champollion, dem Mann, der 37 Sprachen beherrschte und die Hieroglyphen dechiffrierte. Oder Jonas Salk, der den Impfstoff gegen Kinderlähmung erfand. Oder Beniamino Gigli, dem Tenor, der vom Himmel fiel. Oder Arminius, dem Mann, der unser Germanien befreite.

Alles falsch. Die Hagiographie galt Michael Jordan, der am weltbesten einen Gummiball in ein Gumminetz werfen konnte. Und der nun wieder einmal mit seinem Rücktritt drohte. Und Amerika stand wieder einmal am Rande einer nationalen Krise, ja lief Gefahr, von der Weltkarte zu verschwinden. So unfassbar, so unerträglich schien die Vorstellung, dass der begnadetste Gummiballwerfer aller Zeiten die Basketball-Arena verließ. Obwohl – ich habe die Zahlen damals auswendig gelernt – er ein festes Gehalt von 35 Millionen Dollar bezog und weitere 45 Millionen als Werbeträger für Fruchtsäfte und Gummischuhe (und und und) verdiente. Wegen all dieser die Grenzen des menschlichen Geistes auslotenden Tätigkeiten, wegen all des Segens und Nutzens, den durch die Luft schwirrende Gummibälle einem Volk zuteil werden lassen, für all das hatte der damalige Präsident Bill Clinton Mister Jordan zum »Vorbild der amerikanischen Jugend« erklärt.

Seltsamerweise war ich nach dem Lesen nicht zermürbt, nicht moralisch entrüstet. Ich mag Geld. Würde mich morgen der Verlag anrufen und den Vorschuss auf achtzig Millionen aufstocken, ich wäre viel zu kraftlos, um nein zu sagen. Dass Bimbos – seien sie schwarz oder weiß oder gelb – fürs Bimbosein Unmengen kassieren, ist ein alter Hut. Nein, ich war wunderlich amüsiert. Denn mein Blick auf die Fotos mit den enthusiastischen Massen, die sich bald vor Trauer krümmen würden, löste ein anderes Bild in mir aus. Auch mit Massen, auch von Sinnen, auch wegen eines Mannes. Es entstand nicht lange vor Jordans (möglichem) Ruhestand, am 20. Februar 1997 in Kolkatta (früher Kalkutta). Ich weiß es, denn ich war dabei.

An diesem Tag organisierten die *Indian Railways* ein »reenactment« der Ankunft eines Zuges, der vor genau hundert Jahren, eben am 20.2.1897, im Hauptbahnhof der Stadt eingelaufen war. Damals kam einer der berühmtesten Inder aus den USA zurück, wo er gelehrt hatte, Swami Vivekananda. Er gehört zu den indischen Urheiligen, er war Hindu, Mönch, Gelehrter mit westlicher Bildung. Ein Meditationsgenie, das nichts als unverwüstliche Nächstenliebe verkündete. Später gründete er die *Ramakrishna Mission*, bescheiden nach seinem eigenen Lehrer benannt. Erste Aufgabe der Organisation war nicht, die Thesen des Meisters zu verbreiten, sondern sozial tätig zu sein. Ohne Rücksicht auf Kaste, Religion, Nationalität. Krankenhäuser, Schulen, Heime für Waisen und Bibliotheken entstanden. Auch im Ausland. Der folgende Auszug aus einer Rede in Chicago zeigt, wie großartig, revolutionär und naiv Vivekananda gedacht hatte: »Wenn das *Parlament der Religionen* der Welt etwas gezeigt hat, dann das: (…) dass Heiligkeit, Reinheit und Mildtätigkeit nicht ausschließliche Besitztümer irgendeiner Kirche in der Welt sind und (…) dass ich angesichts dieser Tatsachen denjenigen von ganzem Herzen bemitleide, der vom ausschließlichen Überleben seiner eigenen Religion träumt und von der Zerstörung der anderen; und ich zeige ihm, dass auf dem Banner jeder Religion trotz Widerstands bald geschrieben stehen wird: ›Hilfe und nicht Kampf‹ und ›Gegenseitiges Durchdringen und nicht Zerstörung‹ und ›Harmonie und Frieden und nicht Widerspruch‹.«

Und so fuhr an diesem Donnerstag, jenem 20. Februar 1997, ein Zug in Kolkatta ein, in dessen Mitte sich ein mit Blumen überladener Waggon befand. In dem natürlich kein Heiliger saß. Was nicht die geringste Rolle spielte für die Tausende, die sich versammelt hatten. Die Dampflok kam zum Stehen und eine überirdische Freude brach aus, ein Schreien und Hüpfen, ein Leuchten und Zittern, ein Sinnentaumel, in dem jeder bereit gewesen wäre, sein Leben herzugeben. So redeten alle, mit denen ich hinterher sprach. Nein, die Männer und Frauen redeten nicht, sie haspelten, sie stotterten, sie schienen noch immer versunken in Trance.

So fallen die einen in Ohnmacht, weil jemand einen Gummiball zielgenau nach vorne schleudern kann und dabei 219.178 Dollar pro 24 Stunden verdient. Und sinken die anderen in Verzückung, weil einer etwas von den Zuständen inneren Glücks wusste und nie eine Rupie mehr verlangte, als er gerade brauchte. Andere Länder, andere Götter.

Nach dem Ausflug in Kopfgeschwindigkeit zu Michael Jordan und dem Guru kann ich wieder meditieren. Als hätte ich mein Pensum an Auslauf erledigt, meinen Drang nach Welt und Abwechslung befriedigt. Und ich mache in den restlichen Stunden eine Erfahrung, die ich in besten Meditations-Zeiten immer mache: Mitten im Sitzen und Atmen werde ich eine (materielle) Sehnsucht los, irgendein Teil, das ich mir einbildete, kaufen und haben zu müssen, will ich ab sofort nicht mehr kaufen und haben. Ich streiche den Posten, ersatzlos. Das süße Gift des »Neinsagen-Könnens« überschwemmt mich wieder. In der Stille und von keiner Ablenkung irritiert – Vipassana heißt doch »Einsicht« – erkenne ich plötzlich, dass dieser oder jener Besitz überflüssig ist, schlimmer, Lebenszeit fordern würde: hingehen müssen, sich anstellen müssen, kaufen müssen, nach Hause schleppen müssen, installieren müssen. Ich begreife, dass mein Leben reicher wird, wenn ich mir den Wunsch nicht erfülle. (Andere Wünsche durchaus.) Nicht aus finanziellen Gründen, nicht aus einem asketischen Dünkel heraus, sondern aus der logischen Erkenntnis, dass ein »schlankes« Leben beweglicher ist, sinnenfroher. Während andere ihre Hifi-Türme montieren, gehe ich zum Schmusen ins Kino. Kein Turm der Welt kann es damit aufnehmen.

19 Uhr, *day nine discourse*. Wieder redet Goenka so vernunftbegabt. Denn er sieht uns als ganz normale Männer und Frauen, aus denen niemand Heiligenfiguren klonen kann. Sieht uns als Menschen unserer Zeit, die schon heilfroh sind, wenn ihnen in Zukunft ein Leben mit weniger Fehlern gelingt. Und wenn sie schon Irrtümer begehen, dann zumindest neue Irrtümer. Wir sollen uns in den kommenden Wochen genau beobachten und wenn wir »einmal« – in zehn negativ geladenen Situationen – anders reagieren, dann ist keine Stunde hier umsonst gewesen. Eben nicht mit Negativität, nicht mit der eigenen Bosheit antworten, sondern besonnener und cooler, milder, mitfühlender. Gelänge uns das, dann hätten wir es bei diesem einen Mal geschafft, als »master of the present« vom Platz zu gehen. Und nicht (schon wieder) als Würstchen, das hilflos in den Fängen seiner Emotionen zappelt. »Lebe deine Gefühle nicht aus, unterdrücke sie auch nicht, nie. Beobachte sie, nur das.« Doch rechtzeitig sollen wir hinschauen: *bevor* die Zündschnur abgebrannt

ist, *bevor* der Gefühlscrash stattfindet. Goenka gibt zu, dass die Herausforderung enorm ist.

Der Meister erzählt die Geschichte eines Mannes, der sich im Recht fühlte und bis zum Obersten Gerichtshof ging. Wegen einer Nichtigkeit, einer Bagatelle. Und Recht bekam. O.k., jetzt hat er Recht. Und sieben Jahre einen höllischen Stress erlitten. Und verursacht. Ich mag die Parabel, sie trifft mich. Mitunter bin ich dieser Mann, der nicht loslassen will. Und ums Prinzip kämpft. Und sei es trivial, nur eitel und nie einen Kampf wert.

Dem Ende zu schwächelt Goenka dann doch noch. Ohne eine kleine Festrede auf Nibbana und »totally clean« will er uns nicht entlassen. Ich schmunzle wieder gnädig mit dem Inder, der uns alle, mich allemal, schwer überschätzt. Das Ego dimmen, gern. Aber das Ego wegdimmen, nie. Das wäre, als forderte mich mein Verleger in der nächsten Mail auf, in Zukunft wie Shakespeare zu schreiben. Shakespeare oder kein Vertrag. Nein, der Vergleich hinkt. Zaubern lernen wie das englische Genie ist wohl noch unmöglicher als ein Super-Ego einzustampfen. Ich sehe es schon kommen, ich werde enden wie die meisten von uns: ohne Genie und noch immer geschlagen mit Träumen, Sehnsüchten und der Lust, ab und zu Recht zu haben.

Bizarrerweise fällt mir in der Zelle, nach der gemeinsamen Schlussmeditation, ein Mann ein, den ich im Gefängnis von Philadelphia getroffen habe. Das Kaff – nicht zu verwechseln mit dem berühmten, großen Philadelphia – liegt in Mississippi. Ein paar Kilometer außerhalb der Ortschaft wurden am 21. Juni 1964 drei Bürgerrechtskämpfer vom Ku-Klux-Klan hingerichtet und verscharrt. Regisseur Alan Parker hat über den Fememord und die Untersuchungen des FBI den Film »Mississippi Burning« gedreht. Jahrzehnte später kam ich als Reporter, um über den Stand der Dinge zu berichten. Das Kaff war noch immer ein Kaff und die Mehrheit der Schuldigen lief noch immer frei herum. Und der Ku-Klux-Klan hasste noch immer die »Niggers« (wenn auch diskreter, das schon).

Der Sheriff mochte mich, warum auch immer. So konnte ich eine Nacht mit Richard S., einem jungen Officer, auf Streife mitfahren. Das Übliche. Betrunkene Männer verprügeln betrunkene Frauen, Spurensuche nach einer gemeldeten Vergewaltigung, ein Spanner (»Peeping Tom«) soll unterwegs sein, wir verfolgen zwei Raser, der Manager von McDonald's bekommt Begleitschutz, als er die Tageseinnahmen zum Banksafe bringt (im Gegenzug freie Kost für die Ordnungshüter), eine Rauferei in einem Laden wird geschlichtet. Und Pornos aus der Videothek geholt. Die Sexfilme gehen ebenfalls kostenfrei über die Theke. Auch die Polizei muss sich entspannen. Von Korruption spricht hier keiner, eher von guter Nachbarschaft. Richard sucht den Dreiteiler »Caught from behind« aus.

Morgens um drei Uhr früh fahren wir zu den sechs Zellen zurück, dem Dorfzuchthaus hinter dem *Police Department*. Schmierige Wände, vollgekritzelt (»Born to be dead«), leicht überfüllt, augenblicklich 27 Insassen. Darunter Terence N., der Mörder. Ihn werde ich nicht vergessen. Nicht, weil er seine Lebensgefährtin getötet hatte (es war Mord, kein Eifersuchts-Totschlag), sondern weil er vollkommen einverstanden war mit seiner (höchstwahrscheinlichen) Zukunft: der Giftspritze.

Wir saßen uns auf zwei Pritschen gegenüber und redeten, Terence war schwarz, seine Aussicht auf ein milderes Urteil schien somit noch geringer. Doch der 38-Jährige blieb gefasst. Seine Augen waren klar (kein Koks), sein Atem sauber (kein Alkohol), seine Unterarme ohne Einstiche. Unsinnigerweise fragte ich ihn, ob er meditiere. Natürlich nicht, er kannte das Wort nicht einmal. Was dann? Nun, der Lastwagen-Fahrer redete vom »Gottessohn«, den er entdeckt und dem er sich »ergeben« habe. »Als

Mörder habe ich getötet, aber als gläubigem Menschen hat mir Jesus verziehen.«

Der Satz klingt mir zu raffiniert, als dass er zu dem Häftling passen würde. Vielleicht hat er ihn vom Zuchthaus-Pfaffen, der gerade seine Runde beendete, als Richard und ich eintraten. Jedenfalls ein abschüssiger Satz. Ich begreife schlagartig, wieder einmal, welche Macht der Glauben hat. Ein »Vermögen«, zu dem Vipassana nie fähig wäre. Keine Atemtechnik der Welt vergibt dir den gewaltsamen Tod eines Menschen. Terence rettete die wahnwitzige Vorstellung, dass ihn irgendein himmlisches Phantom von seinem Verbrechen freispricht. Nicht, dass er die Mutter des Opfers um Nachsicht gebeten hätte. Vom Vergebungswillen der Toten, hätte sie noch einen, gar nicht zu reden. Der »Herr der Herrlichkeit« hat dem Messerstecher vergeben. Basta. Und seine Schuldgefühle gelöscht. Man fragt sich, was schwerer wiegt. Die bodenlose Dummheit oder die bodenlose Frechheit? Doch am erstaunlichsten: Was Gehirnwäsche alles vermag. Oder ist der Begriff in sich schon falsch? Weil nichts gewaschen werden kann, wo nichts ist?

ZEHNTER TAG

Der zehnte Tag ist ein guter Tag, ein letzter. Ab 4.30 Uhr bin ich beflügelt. Gleichmut will mir nicht eine Sekunde gelingen. Dafür Freude in allen Herzkammern. Ja, Vorfreude auf jede Stunde bis Mitternacht. Denn Ideen trudeln, Einfälle, Pläne. Ich will bei jedem Atemzug anwesend sein. Aber mein Kopf wird streunen, so vieles stürmt auf ihn ein.

Als der kanadische Sänger und Poet Leonard Cohen seinen Aufenthalt in einem kalifornischen Zenkloster beendet hatte, schrieb er das Gedicht »Abschied von Mount Baldy«. Dort stand seine Hütte. Man liest es mit Genugtuung: »... Es dauerte, bis ich endlich begriff / wie unbegabt ich bin in spirituellen Dingen. (...) Nicht wenige / darunter Leute mit Praxis / fingen an, mich auszufragen / und schienen böse zu sein / Ich schätze / sie sehen nicht gern / wenn der alte Jikan eine raucht.«

Jikan, der Stille, war sein Mönchsname. Cohen hat drei weise Dinge notiert: dass sich seine Begabung für Spiritualität in Grenzen hält (trotz der Faszination, die Meditation auf ihn ausübt). Dass er keine Antworten auf letzte Fragen hat (obwohl andere das jetzt von ihm erwarten). Und dass er sich nicht zum närrischen Gesundheitsapostel gewandelt hat (sondern weiter an den Sünden der Welt teilhaben will). Wie erfrischend wahr und unprätentiös. Kein Erleuchtungs-Gehabe, kein über die »letzte Schau aller Dinge« schnöselnder Schüler, keine Heilsverkündung vor versammelter Fangemeinde. Just cool.

Es soll mir ergehen wie dem Alten. Aushalten, dass man nichts weiß. Lieber staunen. Auch auf die Gefahr hin, dass man jeden Tag inniger staunt. Da einen täglich mehr Rätselhaftigkeiten überfordern. Aber Staunen klingt aufregender als Auswendiglernen höchstheiliger Ladenhüter. Vipassana soll wie ein Herzschrittmacher darüber wachen, dass ich nicht schwächle. Und mich tot sein lassen, wenn es soweit ist. Lieber nicht sein als doof sein.

Um neun Uhr fordert uns Goenka zur *Metta Bhavana Meditation* auf. Nur »loving kindness« – so übersetzt er die beiden Paliwörter – soll von uns ausgehen. Liebende Freundlichkeit, ja, liebende Güte für jeden in unserem Leben, jeden Freund, jeden Feind. Das scheint die mustergültigste Prüfung, um umweglos ins Nibbana zu fahren. Natürlich kann ich nicht – auch nicht am zehnten Tag – ab sofort allen Niederträchtigen, deren Niedertracht ich kennenlernen durfte, mit Herzenswärme begegnen. (So wenig wie sie mir, so ist zu vermuten, meine Niederträchtigkeiten vergeben.) Aber ich kann ein paar Fälle abheften, abschreiben, weder mit Hass noch mit Erbitterung an sie denken. Sie loslassen. Auf dass sie mein Denken und Fühlen nicht weiter wie toxischen Sperrmüll vergiften. Das scheint ein akzeptabler Kompromiss.

Über eine Stunde dauert die Meditation und der Teufel will mich zuletzt ernüchtern. Indem er mich an meine kleine Seele erinnert, die man nicht überfordern darf. Er lässt eine Erinnerung wach werden, die mir zeigen soll, was ein Mensch mit einem anderen Format vermag: Ich sehe eine Zeitungsseite vor mir, auf der die Meldung stand, dass die jordanische Regierung beschlossen hatte, eine Million Koranausgaben zu drucken. Um sie anschließend weltweit zu verschicken. Die Nachricht ist keine Zeile wert, denn kaum jemand würde einen Zusammenhang zwischen Religion und Nachsicht herstellen. Der Clou war ein Foto, zwei Fingerbreit daneben. Auf dem sah man Nelson Mandela seine Frau Graca Machel küssen. Ich weiß nicht, ob das Layout bewusst so gestaltet wurde. Auf jeden Fall war die Provokation gelungen. Hier die bornierte Doktrin, dort ein Mann, der vergeben konnte wie nicht viele. Und eine Frau küsste. Warum kann ich nicht wenigstens eine Woche lang als Mister Mandela unterwegs sein? Wäre das nicht eine großartige Errungenschaft, sich den Charakter eines Heldenhaften auszuleihen? Um zumindest für kurze Zeit ein Gefühl dafür zu bekommen, wie anders man mit der Welt und den Weltbewohnern umgehen könnte?

Aber ich wachse tatsächlich über mich hinaus. Ich segne den Wahnsinnigen neben mir, der nach einer Nasenrotz-Attacke und einer Husten-Attacke nun per Nies-Attacke seine Bazillenarmee mit mir teilt. Rückhaltlos teilt. Vollkommen mysteriös bleibt der Umstand, dass der junge Kerl im Freien, in den Pausen, still wie ein Stein ist. Kein Laut. Nur Krach macht, wenn er meditiert. Was will uns sein Unterbewusstsein damit sagen?

Genau um 10.10 Uhr hört die Welt auf, verschwiegen zu sein. Die Meditation ist zu Ende und mit ihr das »noble silence«. Harisingh lacht verschmitzt und kündigt das »noble chatting« an, die noble Schwatzsucht. Allerdings »don't touch each other« und Damen und Herren müssen getrennt schwatzen. Zudem verweist er auf die Möglichkeit, jetzt eine Spende loszuwerden.

Das ist eine weitere Gelegenheit, um herauszufinden, dass keiner hier abzockt. Ein kleiner Tisch wird gebracht, ein Kistchen mit Wechselgeld, ein paar Stifte. Und mit einem freundlichen »thank you« und einer Quittung wird der Beitrag – allein vom Spender festgelegt – bestätigt. Ansonsten kein Kommentar. Der indische Handwerker vor mir, der hundert Rupien (zwei Euro) dalässt, wird nicht anders behandelt als der Ausländer, der mehr geben kann. Die Spenden sind die einzige Einnahmequelle für das Zentrum, um die Kosten für das Essen, das Personal und den Unterhalt der Anlage zu finanzieren. Fairer geht es nicht.

Alle schwatzen, jeder leuchtet. Ich suche umgehend meinen Nachbarn auf, an dem ich so viele Male wie ein stummer Schatten vorbeigegangen bin. Joshua ist genauso sympathisch, wie ich ihn »gefühlt« habe. Wir setzen uns in die Sonne und reden. Er ist Mitte dreißig, hat das College abgeschlossen und »nothing else«. Kein Hochschulstudium, keine Berufsausbildung. Geld hat er in einer großen Kanzlei in Houston verdient. Um erfolgreich und depressiv zu werden und vor sechs Monaten zu kündigen. Zuletzt war er nur noch »disgusted«, angeekelt von einer verrohten Kundschaft, die – angespornt von raffgierigen Anwälten – nach nichts anderem trachtete, als die Gegenpartei finanziell zu ruinieren. (In Amerika sind Rechtsanwälte prozentual an der Gewinnsumme beteiligt. Ein Anreiz zu noch mehr Gier)

Seit langem blickt Joshua mit schwarzen Augen auf die Welt. Und sucht nach Licht, nach Freude, nach einem Ziel. Zuerst bei den Hare-Krishna-Jüngern, dann per Philosophiestudium, jetzt in Indien. Vipassana soll ihm helfen, den einen, den ihm gemäßen Weg zu finden. Er weiß nur, dass er nichts machen will, was anderen schaden könnte. Sein Vater ist Farmer, hat einen Hof und wünscht sich den Sohn als Nachfolger. Doch der zögert, scheint vielmehr von dem wahnwitzigsten Wunsch überhaupt beseelt: nur jenen Beruf auszuüben, den er liebt.

Solche Reden verbünden mich sofort mit jemandem. Weil der andere nicht von »lots of money« spricht, die er anhäufen will, sich nicht mit Träumen voller Geldtruhen kaufen lässt. Gleichzeitig werde ich melancholisch. Ich habe zu viele Leute getroffen, die diesem geradezu frevelhaftem Wunsch frönten: sich zu »verwirklichen«. Eben *wirklich* zu werden und nicht als Büroleiche zehntausend Bürostunden auszusitzen. Aber der Preis für ein solches Leben ist der reinste Wucher, er könnte höher nicht sein: alles geben müssen. Sonst nichts, nur alles. Und alles ist vielen zu viel.

Wenn ich jetzt dem Texaner zuhöre, der ein angenehmes Englisch spricht (und kein Redneck-Texanisch), dann kommen die Zweifel. Denn Joshua scheint zu weich, zu besiegt. Die Härte fehlt, so etwas Unbedingtes, das nicht mit sich verhandeln lässt. Ob Vipassana da aushelfen kann? Ich halte lieber den Mund. Aber dass einer in seinem Alter noch sucht, dass Joshua noch nicht speckschwartenschwer in seinem von Hypotheken umzingelten Vorstadt-Häuschen schmort und darüber nachdenkt, ob er vor seinem Selbstmord noch die Familie abknallen soll oder nicht, das allein ist schon Beweis genug, dass er »gesund« ist, noch zu unterscheiden weiß zwischen Träumen, die tot machen, und Träumen, die zu mehr Innigkeit, mehr Frechheit und Mut anstacheln.

Ich klopfe an die Zelle von Jayden, dem zweiten Amerikaner hier. Ende vierzig, hager, fast kahl. Er saß rechts vor mir, ein guter Meditierer mit einer konzentrierten Ausstrahlung. Er war immer Vorbild für mich, wenn ich zu wetzen anfing. Auch von ihm ging etwas Warmes, »Gesammeltes« aus. Ironischerweise sagt er gleich, dass er wohl bemerkt habe, dass ich immer wieder die Position wechselte. Aber ich sei mit Rücksicht vorgegangen, so geräuschlos wie möglich. Immerhin.

Jayden ist ausgebildeter Englischlehrer, lebt gewöhnlich in Kyoto, wo er mit einer Japanerin verheiratet ist. Aber irgendwann hatte er genug vom Sprachunterricht. Vor ein paar Monaten zog er nach Kathmandu und quartierte sich in einem Kloster ein. Um bei einem Meister das Malen von Thangkas zu lernen, von »buddhistischen« Bildern. Malen als eine andere Form der Meditation. Ist er begabt, kann er damit seinen Lebensunterhalt bestreiten. Der Kunstmarkt interessiert sich seit gewisser Zeit dafür.

Er hat sich als Laie in Japan ordinieren lassen, die »fünf Grundregeln« sind für ihn bindend. Täglich. Trotzdem, die zehn Tage haben ihn erschöpft. Keine Rede von immer »da« sein und immer bewusst atmen. Ein paar hundert Gedanken kreisten um seine (fragile) finanzielle Situation, um Möglichkeiten, diesen unguten Zustand zu ändern. Sex-Fantasien, natürlich frage ich danach, kamen auch. Doch drängten sie weniger heftig. Er hat, sagt er, tatsächlich gelernt, mit ihnen umzugehen. Er verhält sich dann nicht anders, als wenn er auf der Straße einer begehrenswerten Frau begegnet: Er schaut hin, observiert seine Reaktion, lässt aber keine »Nähe« entstehen, kein Verlangen, keine – ach, du Glücklicher – Abhängigkeit.

Ethan, der Australier, radelt seit eineinhalb Jahren durch Asien. Mit schmalen Schultern und Lance-Amstrong-Waden. Auch suchend. Seit der studierte Ingenieur herausgefunden hat, dass er nichts mehr konstruieren will, das er für »unnötig, meist hässlich und oft nur dem Profit dienlich« hält. Die zehn Tage brachten Klarheit: Er wird nochmals an die Universität zurückkehren. Um Lehrer zu werden.

Man kann ihn nur anfeuern. Das wäre immerhin der wichtigste Beruf: Kindern vom Reichtum der Welt zu erzählen, ihre Neugierde zu entfesseln, sie zu begeistern für ein »anderes Leben als das meiner Eltern«. Die im australischen Häuschen sitzen und, so Ethan, »gnädigerweise versäumt haben, aufzuwachen«. Der 37-Jährige kann reden. Hammerhart und ohne Schnörkel. Dafür ist gewiss Vipassana verantwortlich, mitverantwortlich. Man verliert das Talent zum Schwallen, zum Formulieren dubioser Ausreden. Sprache wird nicht mehr als Weichzeichner verwendet, sondern als Vergrößerungsglas.

Ich frage ihn, was er gerade liest. Und Ethan (noch ein Heimlich-Leser) zieht diskret unter der Matratze ein Buch mit dem Titel »Indian Travel Diary of a Philosopher« heraus, die indischen Tagebuch-Aufzeichnungen von Hermann Graf Keyserling. Deutscher Schriftsteller, ein Zeitgenosse Stefan Zweigs. Ich finde eine Stelle, die der Marathon-Radler dick und rot unterstrichen hat: »Der Impuls, der mich in die weite Welt treibt, ist genau derselbe, der so viele ins Kloster treibt: die Sehnsucht nach Selbstverwirklichung.« Da steht es wieder, das magische Wort, der magische Bestimmungsort. Wobei es ja noch einen dritten Weg gibt, den wohl auch Ethan geht: (Viel) Welt und (bisweilen) Kloster. Nur »außen« oder nur »innen«? Irgendetwas fehlte da.

Der Ex-Dipl.-Ing. verfügt über Humor, sagt noch: »Ich hatte noch nie so viel Sex wie in diesen zehn Tagen.« Wir beide wissen, was er meint: So viel Hirnsex. Das ist jener Sex, der immer dann – als virtueller Quälgeist – auftaucht, wenn er nicht stattfindet.

An den Schweizer und den Japaner, die beiden Vipassana-Götter, komme ich nicht ran. Sie haben ihre Türen verriegelt und – meditieren. Ihr Motto, noch immer: Hier sitze ich und kann nicht anders! Sie haben die Welt möglicherweise schon hinter sich. Sie wollen in ihr Innerstes. Da, so reden die Initiierten, kann man von allem leichten Herzens Abschied nehmen. Wir anderen sind noch nicht soweit, wohl nie soweit. Sind noch immer heillos verliebt in die Oberflächen der Welt.

Die meisten Inder kann ich nur anlächeln und grüßen. Mehr Kommunikation geht nicht. Weil wir keine gemeinsame Sprache haben. Über Umwege ist zu erfahren, dass sie andere Gründe motivieren als die Westler. Sie kommen hierher, oft mehrmals pro Jahr, um sich zu »zentrieren«. Sie bringen keine schwerwiegenden Wünsche mit, sind eher gekommen, um Abstand zu ihrem Alltag zu gewinnen. Um sich – ganz unwestlich – auf ein Alter vorzubereiten, in dem sie den Abstand als endgültige Lebensform etablieren. Und ihr Heim verlassen, um woanders zu leben. Mit Mönchen in einer Gemeinschaft, in einer Waldsiedlung mit Gleichgesinnten, allein irgendwo im Himalaya. Nur immer weit weg vom Getriebe ihres bisherigen Lebens.

Doch ich finde zwei junge Inder, die ein wenig Englisch sprechen. Chitto gehört den *Nocte* an, einer Ethnie in Arunachal Pradesh, dem östlichsten Bundesstaat. In den letzten Jahren kamen sie wegen »Terroranschlägen« ins Gerede. Ein paar Irrlichter fordern die Unabhängigkeit von Neu-Delhi.

Der »Economics«-Student fordert ähnlich Unmögliches: eine Antwort auf die Frage, wie er die nächsten fünfzig Jahre hinter sich bringen soll. Er scheint verwirrt wie ein New Yorker Halbwüchsiger, scheint einem Westler entschieden näher als seinen (gelassenen) Landsleuten. Nun, vielleicht muss sich der 26-Jährige ein neues Studium suchen. Durchaus vorstellbar, dass die jahrelange Ausbildung zum Geschäftemacher, dessen unermüdlichstes Ziel ist, immer profitablere Geschäfte zu machen, irgendwann zum Grübeln verführt. Und irgendwann zum Meditieren. Weil man das irritierende Gefühl nicht mehr loswird, dass es sinnlichere Tätigkeiten gibt, als dem indischen Volk Staubsaugerbeutel oder Nachthemden für Schwangere zu verkaufen.

Drei Zellen weiter wohnt Vinay, der Wahnsinnige, der jeden Tag eine halbe Tonne Mikroben, Keime und Bakterien in der *Dhamma Hall* mit mir teilte. Jetzt lächelt er und – geheimnisvolles Indien – kein kleinster Huster entfährt ihm. Mein erster Ratschlag an ihn lautet folglich, sofort mit Vipassana aufzuhören. Um zu gesunden. Der Student der Agrarwissenschaft versteht die Ironie und lächelt gequält. Der Typ hat Charme und hält eine ganz unerwartete Erklärung bereit, warum er an den zehn Tagen teilnahm: »Each day should be enthusiastic.« Nach ein paar weiteren Antworten wird klar, was er meint: Vinay langweilt sich an der Uni. Die Regeln sind strikt und die Studentinnen unerreichbar. Er spricht nur wahr. In diesem Land bewegen sich Abermillionen von religiöser Scheinheiligkeit versiegelter Geschlechtsteile aneinander vorbei. Das schmerzt vor allem die Männer.

Vinays Begründung für seine Anwesenheit hier ist natürlich ausgesprochen originell und jederzeit auf viele Lebensbereiche – jenseits allen Eros – übertragbar: »Jeder Tag soll enthusiastisch sein.« Das ist ein Kinderwunsch, aber wenn Erwachsene es schaffen, sich immerhin zweimal die Woche enthusiastisch zu fühlen, dann hätte sich die Investition Vipassana gelohnt. Man stelle sich vor: Mehrmals pro Monat bricht Enthusiasmus im Kummerland Deutschland aus! Das klingt wie Märchenfunk.

Den halben Nachmittag sitze ich bei Harisingh. Er hatte ein gutes Leben, sagt er. Verbrachte viele Jahre in Afrika, um als Experte den Bau von Straßen zu leiten. Bis er alle seine Träume erfüllt hatte: einen gehobenen Mittelklasse-Wohlstand mit Haus, Familie, mit Auto, Ansehen und Konto. Und – ganz der Tradition verpflichtet – plötzlich jedes Interesse daran verlor und auf alles verzichtete. Er ordnete seine letzten »weltlichen« Angelegenheiten, verteilte alles an seine Frau und die Kinder und – verschwand. Hierher. Um als Hausmeister, Faktotum und »Dhamma Server« tätig zu sein. Eben anderen zu helfen, ja zu »dienen«. Er befinde sich genau an dem Ort, bemerkt er versonnen, an dem er sein wolle.

Ich frage ihn, warum eine der beiden Französinnen verschwunden ist. Nun, sie habe die Helfer um immer mehr Decken für die Nacht gebeten. Irgendwann wurde sie gefragt, wozu sie die zwölf Stück benötige. »Um mich vor meinen Verfolgern zu schützen«, so die einfache Antwort. Harisingh hat daraufhin mit ihr gesprochen, ihr eindringlich geraten, sich in medizinische Behandlung zu begeben. Denn hier sei der gänzlich falsche Ort, um ihr Leiden zu lindern. Die Moral von der

Geschicht? Vipassana ist ein Kraftsport. Wer labil ist, muss zuerst fit werden, o.k., leidlich fit. Sonst besteht die Gefahr, dass ihn die Stille in Tiefen reißt, die ihn überwältigen.

Der 80-Jährige weiß abstruse Anekdoten. Schließlich hat er nicht wenige Männer und Frauen hier einziehen sehen. Einmal kamen eine Mutter und ihr Sohn. Die Inderin schien während der ganzen Zeit todunglücklich. Bis sie am letzten Tag bei Harisingh beichtete: der Sohnemann habe ihr mit Selbstmord gedroht, falls sie nicht teilnehmen würde. Die nächste Moral? Vipassana hat etwas mit Freiheit zu tun. Jemanden zu seinem Glück zu zwingen, maßvoller formuliert, jemanden zu Hilfsaktionen gegen sein Unglück zu nötigen: Das endet in nackter Wut. Oder im Schluchzen einer Mutter.

Als Ergänzung liefert Harisingh noch die folgende Geschichte: Erleuchtete Vorgesetzte haben den Wert von Vipassana für die hiesigen Polizeikräfte (Varanasi und Umgebung) erkannt. Um deren Gewaltbereitschaft einzudämmen und anders mit dem Volk umzugehen als mit Arroganz und Lathi-Stock. Und so wurde in regelmäßigem Abstand ein Trupp Bullen hierher geschickt. Auf dass sie Maß und Respekt verinnerlichten.

Und die meisten kamen und saßen. Bis zum Ende. Doch einmal trafen fünfundzwanzig Polizisten ein, bei denen die Medizin nicht anschlug. Bis zur dritten Nacht hielten sie still, dann liefen sie davon. Radikal entschlossen, weiterhin ganz unerleuchtet ihre Bambus-Prügel zu schwingen. Das schien ihnen – vorläufig zumindest – amüsanter und dem eigenen Frust zuträglicher, als »Einsicht« zu trainieren und loszulassen von vertraut gewordenen Reflexen.

Aber Harisingh weiß auch Gutes über den *Indian Police Service* zu berichten, der dramatisch unterbezahlt und weltrekordverdächtig korrupt auf dem Subkontinent sein Unwesen treibt. Was war? Vor ein paar Monaten stürmten revolverfuchtelnde

Ganoven das Zentrum. (Nach der Attacke wurde der Stacheldraht auf den Mauern montiert!) Es geschah in der »Zwischenzeit«, während derer kein Kurs stattfindet. Sie forderten »money« und für die Zukunft »protection money«. Wohl um die Einrichtung ab dem nächsten Tag vor ihnen zu schützen. Für indische Ohren ist das ein durchaus logischer Satz. Wie dem auch sei: Sie hatten ein Häuflein Bargeldlose überfallen. Sie stöberten überall und fanden überall nichts. Mit leeren Jutesäcken zogen sie wieder ab.

Nicht ohne Nachspiel. Denn einer von Harisinghs Söhnen arbeitet als Inspektor bei der Polizei. Die Missetäter wurden identifiziert und – unübertreffliches Indien – von der Polizei verwarnt: »Noch ein Überfall und wir räumen mit euch auf!« Verwarnt, nichts weiter. Nicht festgenommen, nicht angeklagt, nur markig informiert. Man könnte jetzt ein Buch über die Machenschaften schreiben, die zwischen den Gangster-Gangstern und den Polizisten-Gangstern liefen. Damit am Ende ein »Abkommen« ausgehandelt wird, das respektierlich aussieht und niemanden zwingt, sein Gesicht zu verlieren. Fest steht: Die Nächte sind wieder friedlich und keiner sucht hier mehr nach Geld, wo sie keines besitzen. Sicher ist diese Nachricht inzwischen überall angekommen. Auch bei allen Kleinkriminellen weit und breit.

Um 18 Uhr nochmals eine Stunde Meditation in der *Dhamma Hall*. Irgendwann fällt mir Charles Darwin ein. Kein Wunder, die Welt feiert gerade den 200. Geburtstag des Genies. Seinen provozierenden Satz – »survival of the fittest« – könnte man auch auf Vipassana anwenden. Denn Darwin redete ja nicht vom Überleben der Stärksten, sondern davon, dass sich die am besten behaupten, die am klügsten auf ihre Umwelt reagieren. Ich will hier nichts anderes lernen, als souveräner mit den Unabänderlichkeiten des Lebens umzugehen. Lernen, mich – im besten Sinne des Wortes – »anzupassen«: den Veränderungen, auf die ich keinen Einfluss habe. Manche Evolutionsbiologen sprechen inzwischen vom »Survival of the kindest«. Das wären jene Männer und Frauen, die am freundlichsten miteinander umgehen, die talentierter für Freundschaften sind als die eisenharten Einzelkämpfer, die vor Misstrauen stinken. Denn unsere (Um-)Welt wird eben im Wesentlichen von anderen Menschen geprägt.

Als ich merke, dass ich träume, wieder einmal darüber nachdenke, mit welcher Art von Wohltaten Vipassana mich überhäufen soll, kehre ich zurück zur Meditation. Ich will nicht träumen, will immer nur leben. Im Augenblick bedeutet das: sitzen, Rücken gerade, bewusst atmen. Je mehr ich fordere, desto weniger wird eintreffen. Ich weiß es und habe es noch immer nicht kapiert.

19 Uhr, *day ten discourse*. Ein letzter Versuch Goenkas, das Unerklärbare zu erklären: dass das ruhige, vollkommen neutrale Beobachten der »Sensationen« in unserem Körper zu der Einsicht führt, dass ein »Ich« nicht vorhanden ist. Weil die Empfindungen kommen und – entscheidend – wieder verschwinden, sprich, nicht »permanent« sind. Wie kann einer sagen, »ich habe ein Ich«, wenn es sich um einen so launischen Gegenstand handelt, der einmal vorhanden ist und einmal nicht. Und mit dem Ich verschwinden, selbstredend, die Ängste, die Sorgen, das Pech. Oder, anders ausgedrückt: Nichts kann den Ichlosen mehr »berühren«, nichts mehr ihn ängstigen und verzweifeln lassen.

Ich könnte noch zehntausend Reden des Inders hören und nicht einen Millimeter seiner (fixen) Idee näherkommen. Buddhas Idee, sagt er. Das ist mir zu sophistisch, zu abstrakt, zu weit weg von aller Wirklichkeit, die ich bisher erfahren habe. Vielleicht hat der liebe Alte Recht, aber diese Wahrheit scheint ganz nutzlos. So nutzlos wie der Gemeinplatz – auch von Goenka bemüht – vom »panta rhei«: Alles fließt! Ja, ja, wir wissen alle, dass man am Abend nicht denselben Fluss durchquert, den man morgens passiert hat. Nicht *ein* selber Tropfen wie vor zwölf Stunden. Und trotzdem, hundert Mal trotzdem, im richtigen Leben, im sinnlich erfahrbaren Leben, ist er der vollkommen gleiche Strom: noch immer bedrohlich, noch immer reißend, noch immer werde ich nass wie um sechs Uhr früh.

Warum zum Teufel soll es kein ICH geben? Und warum ist es nicht permanent? Seit Jahrzehnten mag ich Bäume, Bächlein, Sex, Bücher, Schönheit, Lederjacken, Regen, Papier, Haut, Zauberer, Schlittschuhfahrer, Prometheus, Michael Jackson, Tilda Swinton, Rumpsteak mit Champignons und saubere Fingernägel. Und ein paar Millionen andere Zustände und Gegenstände, ein paar Tausend andere Männer und Frauen sind mir auch noch nah. Und nichts hat sich daran geändert. Immer war es mein Ich, das sich für den oder die oder das entschied. Und natürlich – wer denn sonst? – hat mich mein ICH dazu gebracht, hier im indischen Outback aufzukreuzen.

Nun verweisen die Erleuchtungs-Optimisten auf die Tatsache, dass es doch Erleuchtete in der Geschichte gab, dass sie tatsächlich existierten. Menschen eben, die irgendwann ihr Ego erledigten und es verwandelten, das hässliche Ding, in namenlose Liebe, namenlosen Gleichmut. Glaube ich sofort. Aber mein Ich befindet sich nicht darunter. Ich bin zu schwach, zu minderbegabt für derlei metaphysische Glanzleistungen.

Nehmen wir Mozart, das Übergenie, die Leuchtrakete, der bis zum Jüngsten Tag die Welt mit seiner Kunst berauschen wird. Auf seine Art ein Mega-Erleuchteter. Kein Liebesgott, doch ein Musikgott. Man kann ihm nur zuhören und niederknien. Aber werden wie er kann man nicht. Und hätte man mich als Vierjährigen ans Piano gekettet und meinen Lehrer mit einer *Uzi MP7* ausgerüstet: Mehr als ein Bar-Klimperer wäre aus mir nicht geworden. So wenig wie heute ein Liebesapostel aus mir wird, ein Mandela, ein Gandhi, ein Vivekananda. Was mich allerdings von so manchem Erleuchtungs-Süchtigen unterscheidet, immerhin, ist meine (diesbezügliche) Bescheidenheit. Ich kenne meine Grenzen und spüre, wie die schwungvollen Ansprachen zur »letztendlichen Ichlosigkeit«, die unaufhaltsam Richtung Nirwana zieht, arg an meinen Nervenspitzen zupfen.

Seltsamerweise nicht bei Goenka. Er hat ja zwei Generationen lang bewiesen, dass er nicht als Sonntagsredner unterwegs ist, sondern als einer, der sich nicht schont. Auch nicht den Linkischen gegenüber, auch nicht bei jenen, deren Aufgeblasenheit nicht zur Erleuchtung, eher zur Verdunkelung der Welt beiträgt. Aber der gute Mensch aus Mumbai (und die anderen 6,5 Milliarden) müssen damit leben, dass meine »deep-lying impurities«, meine tiefliegenden Verschmutzungen, mich noch eine Weile begleiten werden. Beruhigend dabei nur das Wissen, für mich zumindest, dass ich mit der Bürde nicht allein bin. Auch das offenbart Vipassana: wie wir uns ähneln, wie das Unvollkommene uns näherbringt als die Vollkommenheit.

Die letzte Zellennacht. In Amerika habe ich zum ersten Mal den Ausdruck »disruptive experience« gehört. Die Frau, die ihn benutzte, erklärte, dass es sich um eine Erfahrung handle, die »stört«. Vor allem die Komfortzonen im Hirn. Da, wo das Gemütlichkeits-Gen liegt, die Trägheits-Drüse, die dafür sorgt, dass wir – bei gleichzeitiger Zunahme des Körpergewichts – geistig schwer abnehmen, sprich, immer schafsnasiger den obersten Schafsnasen zuwinken.

Vipassana ist so eine »disruptive« Erfahrung. Sie verstört, erinnert jeden daran, dass er zu keiner Ja-blökenden Herde gehören will. Man könnte diese Übung der Achtsamkeit als Impfbombe im Kampf gegen die Infantilisierungs-Epidemien einsetzen, denen wir ausgesetzt sind. (Während ich diese Zeilen schreibe, Monate später, lese ich als Aufmacher auf der Startseite von Yahoo, meinem Email-Provider: »Promi-Gaudi auf der Wiesn«. Das ist die phänomenalste Nachricht aus der großen weiten Welt an diesem 23. September 2009, um 7.23 Uhr. Sie ist verräterisch. Dauergrinsende, mit bayerischen Maßkrügen schunkelnde Celebrities sollen uns in Atem halten. Schon verblüffend, für wie stupide, für wie genügsam wir inzwischen gehalten werden.)

Ich sitze auf der Holzpritsche, mache Notizen, lese, verbleibe hagentreu in der Gegenwart. Nur einmal strauchle ich. Kurz vor Mitternacht denke ich an den nächsten Tag und an den Hotelbalkon, auf dem ich einen Zigarillo rauchen und schier blöd vor Freude auf jenen Knopf drücken werde, der einen guten Geist veranlasst, den besten Kaffee Varanasis zu bringen. Der argentinische Schriftsteller Jorge Luis Borges definierte das Glück einmal als ein lässiges Leuchten in den Augen. Es hülfe auch jedem anderen beim Glücklichsein, der gerade vorbeikommt. Und dauerte es nur diesen einen Blick lang. Jenes Glück, das nur mit immer mehr Protz über die Runden kommt, dieses armselige, das nie genug haben kann, das meinte er nicht.

ABSCHIEDSTAG

Zum elften Mal schlägt einer die Glocke um vier Uhr, kommt anschließend mit seinem Glöcklein an unseren Türen vorbei. Wie froh ich bin, dass ich da war. Und wie froh, dass ich jetzt davon darf. Ob einer hier unter uns ist, der anders empfindet?

Diesmal versammeln wir, die Ausländer, uns in der *Mini Dhamma Hall*. Und Goenka quetscht nochmals seine Stimmbänder, singt nochmals schaurig gräulich in die Nacht. Um anschließend – als Redner – zu famoser Form aufzulaufen. Denn er spricht ganz irdisch. Einmal mehr ist ihm bewusst geworden, dass uns mit Predigten aus dem Meditationshimmel hier auf Erden nicht geholfen ist. Er sagt lauter schöne, verständliche Sätze: dass wir erst am Anfang stünden. Dass wir nichts erhoffen sollten, nichts erwarten. Erst recht nicht Erleuchtung. Dass wir unwiderruflich jeden Tag Achtsamkeit trainieren sollten. Dass es sich hier um einen »lifetime job« handle. Dass wir darüber nicht diskutieren sollten. Einfach sitzen, einfach tun. Nicht immer neu verhandeln, ob richtig oder falsch. Nein, Mund halten und das Flehen des faulen Fleisches eiskalt überhören. Und das ist der Höhepunkt dieses *pep talks* (siehe aufpeppen): Vipassana ist der nutzloseste Zeitvertreib, wenn sich der Freundlichkeits-Quotient nicht erhöht. Wenn die Achtsamkeitsspanne nicht wächst. Wenn der Grad an Lässigkeit im Umgang mit der Welt nicht zunimmt. Wenn die Lebenstemperatur nicht steigt, nicht dieses verheerend schöne Gefühl, sich lebendig zu fühlen.

Noch einmal meditieren wir alle zusammen in der *Dhamma Hall*. Noch einmal *Metta* üben, Liebeswellen an die Menschheit verschicken. Mir ist alles recht, ich segne jeden, nur schnell muss es gehen. Denn jetzt brenne ich nach Action, nach Tun, nach Welt, jetzt will ich hinaus. Und es geht schnell. Packen, die Zelle säubern, ein letztes Frühstück, ein letztes Umarmen. Und um 7.57 Uhr durch das Tor schreiten und noch nicht wissen, dass eine triumphale Stunde bevorsteht. Wobei alle anderen Akteure triumphieren, nur ich nicht. Was diesem warmen Wintermorgen nichts von seinem Zauber nimmt.

Mulalal wartet schon, der kleine, drahtdünne Rikscha-Fahrer, der mit seinen Irrfahrten dazu beigetragen hat, dass ich vor elf Nächten hier eintraf. Zuverlässig wie ein Freund ist er zum verabredeten Zeitpunkt zur Stelle. Ich drücke ihn voller Freude an mich und der Kleinunternehmer ringt nach Luft, ruft leicht verzweifelt: »Thank you, Andrew, thank you, thank you.«

Wir fahren los und ich muss an mich halten, sonst bricht das Heulsusen-Syndrom aus. Aber Indien sieht wieder einmal zum Weinen gut aus. Die Nebelschwaden lichten sich langsam und erste Sonnenstrahlen treffen auf unsere Gesichter. Aus dem Dunst und der Sonne treten die Inder, die Kühe, die Hunde, die Schulmädchen, die Ziegen, ein Verirrter mit Unterhose. Und wie in einer Theaterlandschaft ziehen wir an dem schmalen Kanal entlang, der links der Straße verläuft, ziehen vorbei an Bäumen, an Feldern, den Bauern, die zur Arbeit gehen. Noch ist die Welt still, morgenstill, noch braucht sie eine Weile, um indienlaut aufzudrehen.

Ich spüre meinen Körper, spüre seine Sehnsucht, sich zu bewegen. Zu lange saß er in den Boden geschweißt, ohne Auslauf. Ich frage Malulal, ob er mich die Rikscha fahren lässt. Die Antwort ist zögerlich. Er ahnt schon, wie linkisch ich damit umgehen werde. Immerhin sein einziges Produktionsmittel. Aber ich bettle. Und sitze auf und lege los. Und jetzt wird die Welt schon lärmiger, denn alle lachen, an denen wir vorbeikommen. Der reiche Westler als Kuli und der indische Habenichts als Pascha. Die

Situation ist umso absurder, als nicht zu verheimlichen ist, wie unbeholfen ich das Schwermetall mit starrer Nabe und störrischem Linksdrall bearbeite. Ich trete rein, als müsste ich einen Panzer chauffieren. Bei Malulal – er fleht inzwischen inständig, wieder ans Steuer zu dürfen – sah das spielerisch aus, ja elegant.

Und es kommt, wie es kommen muss, wenn Talentlose das Ruder übernehmen. Zudem haben die Zuschauer ab sofort Gelegenheit, den Abgesang bis zum Ende mitzuverfolgen. Sekundenlang ist er voraussehbar und nicht mehr aufzuhalten: Mitten im Dorf kommt uns auf der schmalen Straße ein Laster entgegen, drängt uns links auf die zwei Meter breite Wiesennarbe ab. Ich versuche wie von Sinnen, gegen die Schlagseite des Getüms anzusteuern. Was noch weniger gelingt als zuvor, da wir uns gerade auf sacht abschüssigem Gebiet befinden. Jetzt fangen die Dorfbewohner Feuer, denn sie sehen, dass hier ein schuldloser Inder Opfer eines Verrückten wird, der die Herrschaft über sein Vehikel verloren hat und unwiderruflich auf den Kanal zudriftet. Hundert Gedanken schießen mir durch den Kopf, zwei davon: Kann Malulal schwimmen? Und was wird aus meinem Macintosh? Wobei ich nicht genau weiß, welche Not mich mehr bedrängt. Wahrscheinlich die des Computers, denn einen untergehenden 35-Jährigen kann ich retten, einen nassen Laptop jedoch nicht. Und noch eine dritte Frage kommt hoch, eher philosophischer Natur: War ich dafür zehn Tage im Kloster? Um jetzt mit Sack und Pack ins Wasser zu gehen? Nein, das darf nicht sein. Ich drehe mich um und fordere mit überschlagender Stimme den dreifachen Familienvater auf, abzuspringen. Und was sehe ich? Malulal hat den kleinen Rucksack, den wertvollen, bereits an sich genommen und umarmt ihn wie ein Baby. Könnte ich gerade, wie ich wollte, ich würde die Hände falten und ihn anbeten. Aber das geht nicht. Ich blicke wieder nach vorn, begreife, dass der Linksdrall mächtiger ist als alle meine

Muskeln, sehe die letzten fünf, sechs Meter, die uns noch vom Untergang trennen, sehe plötzlich einen Baum, der schon immer da stand, und den ich bisher blindwütig übersehen hatte, sehe unsere einzige Chance und halte auf ihn zu, verbissen gegen die Urkräfte eines indischen Fahrrads kämpfend. Lieber auf Holz landen als im Kanal, einen Schritt daneben. Und wir landen. Nein, ich lande.

Ein fulminantes Ende. Zwei Atemzüge zuvor war Malulal tatsächlich abgesprungen, Beinbrüche und lädierte Kniescheiben riskierend. Um mein Notebook zu retten. Und sich. Jetzt liegt er im Gras, den Rucksack hochgestreckt, schüchtern grinsend. Die Kinder kommen gelaufen und umringen uns. Zwei Kühe schlendern in unsere Nähe. Der Baum war gnädig, denn zuletzt entdeckte ich noch eine Handbremse. Ich knote ein Taschentuch um meine rechten Fingerknöchel, knie mich hin und verneige mich vor Malulal, dem Helden. Das muss sein. Alle lachen über uns Bruchpiloten. Dann vollführe ich eine Bewegung, die ich seit meiner Jugend nicht mehr gemacht habe: Ich stelle das Vorderrad zwischen meine Beine und richte den Lenker wieder gerade. Kein Land hat mich je so verwöhnt. Ich zittere. Wohl vor Glück.

NACHWORT

Wieder zu Hause sammelte ich sogleich meine fünf Buddha-Statuen ein und verschenkte sie. Schmerzloser hatte noch nie eine Hinrichtung stattgefunden. Der Mann musste weg, musste fort. So dankbar ich ihm auch war, so hilfreich er in mein Leben eingegriffen hatte! Über Jahrzehnte. Mit Gedanken, mit Ideen, mit Vorschlägen zur Menschenfreundlichkeit, Achtsamkeit, Gottlosigkeit und – das Wichtigste sicher – seinen Aufrufen zur geistigen Unabhängigkeit. Jetzt hatte ich dank Buddha genug vom Buddhismus. Buddhist sein klingt in meinen Ohren heute so absurd wie Moslem sein oder Christ. Als ob eine, nur eine, Lehre ausreichen würde, um mit der aberwitzigen Vielfalt des Lebens, der Welt, der Weltgeheimnisse fertig zu werden. Ich will wieder zu jenen zurückkehren, die ich schon immer für ausgesprochen attraktiv hielt: zu den Fassungslosen, den haltlos Überwältigten.

Das Himmelreich Nirwana, wohin alle Egolosen pilgern möchten, bleibt mir so suspekt wie die Kinderpopo-Märchen der Monotheisten mit ihren Höllenschlunden und Paradiesgärten (einmal – Modell Islam – mit achtzig allzeit einverstandenen Jungfrauen, einmal – Herr Wojtyla hat es 2002 so bestimmt – ganz und gar sexlos). Wobei sich, natürlich, das buddhistische Jenseits wohltuend vom Jüngsten Gericht der beiden anderen unterscheidet. Wieder einmal kommt es ohne die Worte »Abrechnung« und »Strafe« und »Verdammnis« und »Rache« und »Qual« und »Zorn Gottes« etc. aus. Dennoch bleibt es suspekt, weil ich die Ichlosigkeit für einen Witz halte, den Wunsch nach ihr für unmenschlich, irgendwie auch für maßlos und kindlich. Erst mit dem abgeschlagenen Kopf in der Hand lässt mich mein

ICH in Ruhe. Das gilt für jeden, der schon mal gelebt hat, und für alle, die noch sterben müssen.

Aber, zum letzten Mal: *bearbeiten* kann man es, mit mehr Wärme und Herzensgüte ausstatten. Wie umgekehrt kein Versuch schadet, die Luft im aufgeblasenen Ego etwas abzulassen. Auch das ist möglich, meist. Mit Vipassana, zum Beispiel. Dieses Juwel werde ich behalten. Wobei mich nie die Erinnerung an den Mann verlassen wird, dem ich dieses kleine Wunder, ja Wunder der Technik, verdanke.

Vor vielen Jahren hörte ich in Indien zum ersten Mal den Satz: »Triffst du Buddha auf der Straße, dann töte ihn!« Es dauerte eine Weile, bis ich jemanden fand, der ihn mir erklären konnte: Buddha soll dir Hebamme sein, Guru und Mentor. Um das in dir schlummernde Potential zu wecken, es zur Welt zu bringen. Aber wenn es geweckt ist, dann musst du dich verabschieden, ihn von dir weisen, ihn »töten«. Selbstverständlich nicht durch einen mörderischen Akt (wie auch?), sondern mit der symbolischen Geste eines definitiven Abschieds. Jetzt muss, jetzt will der Schüler ohne Krücken leben, ohne Hilfestellung, ohne »Eltern«. In seinem letzten Diskurs hätte es Goenka unausweichlicher nicht formulieren können: »Der spirituelle Lehrer ist nur Wegweiser. Du musst dein eigener Meister werden.«

Als ich Mitte der achtziger Jahre in New York in Behandlung war, erzählte mir mein Psychiater, dass er kein anderes Ziel habe, als seine Patienten loszuwerden. Das sei die schönste Auszeichnung für ihn als Therapeuten. Sie sollten ihn verlassen, sobald sie fähig sind, ohne ihn, ohne »shrink«, ohne Ersatzvater, ihr Leben zu meistern. Wenn sie bereit sind, »erwachsen« zu sein. Erwachsene, sagte er noch, sind all jene, die aufgehört haben, nach Sündenböcken zu suchen, und bereit sind, Verantwortung für das zu übernehmen, was sie tun. Ich schenkte ihm den uralten Satz aus Indien. Wir sahen beide, wie modern er klang.

Vor ein paar Tagen las ich von neuem die *Selbstbetrachtungen* von Marc Aurel. Während ich die letzten Seiten meines Buchs schrieb. Und wie vor langer Zeit, bei der ersten Lektüre, strich ich denselben Satz an. Diesmal feuerrot. Vor knapp zweitausend Jahren hatte der römische Kaiser notiert: »Die Lebenskunst ist der Kunst des Ringens ähnlicher als der Tanzkunst.« Heute ist meine Antwort auf die elegante Metapher noch eindeutiger: Ich will beides, das Ringen und das Tanzen. Ich will den Schweiß und den Swing. Und zwischen den beiden will ich still stehen, still sitzen, will mich versenken. Ins Innerste. Damit mir die Kräfte nicht schwinden, und nicht die Neugier, nicht diese fiebrige Lebensfreude.